당신을 위한
나의 정치는 이렇게
시작되었습니다

일러두기

- 인터뷰이의 이력 및 의정 활동은 2025년 8월을 기준으로 작성하였다.
- 단행본·잡지·신문 등은 《 》로, 논문·작품·편명 등은 〈 〉로 표기했다.

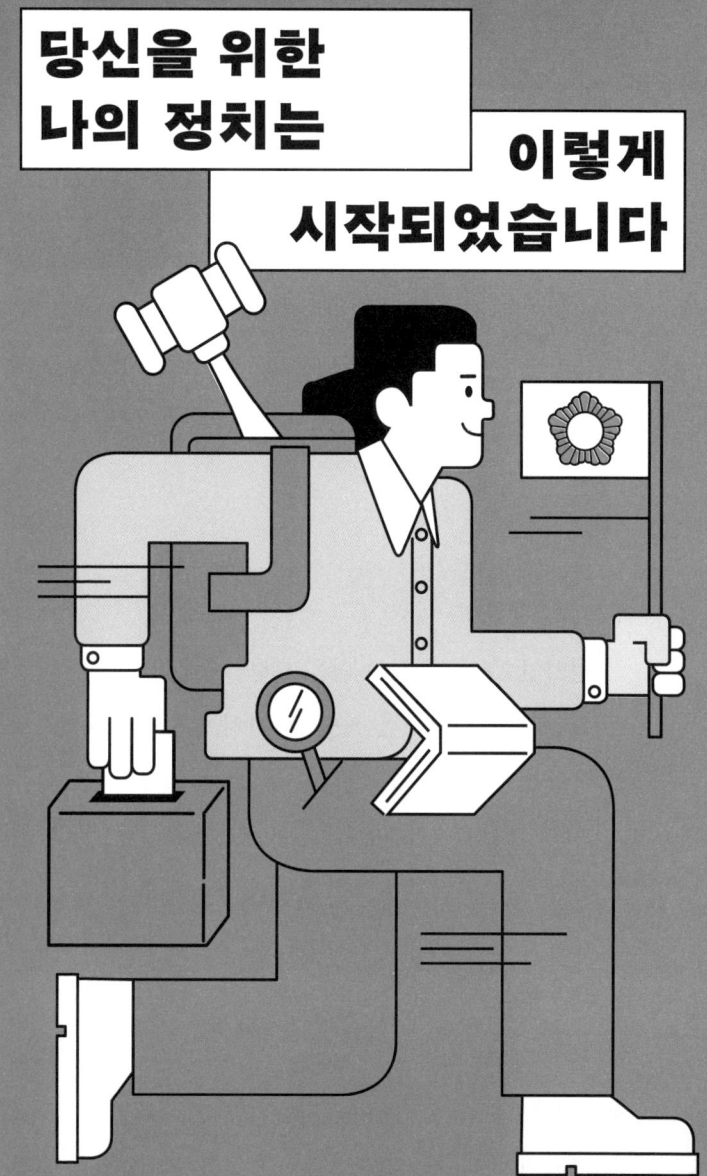

> 들어가며

정치를 하는 이유

정치, 왜 할까요?

정치인으로 활동하고 있는 사람, 이제 막 정치를 시작한 사람, 그리고 정치에 도전하는 사람까지 정치에 조금이라도 관심이 있다면 이런 질문을 한 번쯤 들어봤을 것입니다.

2025년 1월 동아시아연구원EAI이 한국리서치와 함께 실시한 정치 양극화 인식 조사에서 전체 응답자의 68.4퍼센트가 평소 정치 문제에 관심이 있다고 응답했습니다. 응답자의 67.6퍼센트가 우리 사회의 중요한 정치적 문제가 무엇인지 잘 알고 있다고 답했습니다. 그만큼 우리 사회는 정치에 관심이 많으며 삶에 중요한 부분이라고 생각하고 있습니다.

그런데 응답자의 90.5퍼센트가 선거에서 선출된 많은 이들의 행보를 실제로 체감한 경우는 별로 없다고 응답했습니다. 정치인들은 자신의 특권을 보호하기 위해 타협으로 마무리한다고 응답한 사람이 86.2퍼센트, 엘리트와 국민 사이의 정치적 입장 차이가 일반 국민들 간의 입장 차이보다 크다고 답변한 사람도 응답자의 72.5퍼센트였습니다. 이 수치들은 우리 정치에 대한 불신과 체념이 얼마나 뿌리 깊게 자리 잡고 있는지 여실히 보여줍니다.

이런 상황에서 자신의 역량을 걸고 정치에 도전하겠다고 누군가 말한다면 어떤 대답이 돌아올까요? 아마 처음에는 참여 자체에 대한 반대의 목소리를 마주할지도 모릅니다. "정치는 지저분한 곳이야. 괜히 욕만 먹을 텐데 왜 하려고 해", "정치판에 들어가서 무슨 부귀영화를 누려보겠다고 그래"와 같은 비판적인 반응을 듣게 됩니다. 이러한 반응 앞에서는 아무리 열정이 강한 사람이라도 정치에 대한 의지를 꺾을 수밖에 없을 것입니다.

또한 그들 자신이 추구하는 정치적 가치에 대한 의심의 목소리를 듣게 될지도 모릅니다. "말은 그럴싸한데 결국 자리 하나 차지하려는 거 아니야?", "그렇게 안 봤는데 권력 지향적이네"와 같은 반응 앞에서는 아무리 의지가 선하더라도 자신의 정치적 지향점을 의심할 수밖에 없을 것입니다.

당사자의 역량을 불신하는 목소리도 들을 수 있습니다. "줄 잘 서서 자리 하나 받는 게 최고의 능력 아니야?", "정치인치고 제대로 역량 갖춘 사람 하나도 못 봤어"와 같은 반응 앞에서 자신의 역량을 제대로 발휘할 수 있는 사람은 거의 없을 것입니다.

그런데도 정치, 왜 하는 걸까요?

이 책은 바로 그 질문에서 출발합니다.

우리의 정치는 삶에서 비롯되었다

이 책에는 열두 명의 청년 정치인이 등장합니다. 모두의 문제의식은 다르지만 공통적으로는 하나의 결심으로 정치에 뛰어들기 시작한 이들입니다. 누구도 나서지 않는 문제 앞에서 이들은 "이대로는 안 될 것 같아. 내가 한번 해보겠어"라고 말했습니다. 시대에 뒤처지는 정치가 아닌 시대의 문제를 끌고 갈 수 있는 정치를 만들어보겠다고 했습니다. 혼자 감당하는 정치가 아닌 함께 지속하는 정치를 만들어보겠다고 했습니다. 충분히 할 수 있을 것 같다고 했습니다.

이들의 정치는 어느 날 갑자기 거창하게 시작되지 않았습니다. 오히려 일상의 깊은 상처와 작은 불편, 사소해 보이는 문제를 끝까지 붙잡는 마음이 출발점이었습니다. 삶의 아주 구체적인 지점, 예컨대 어느 날 느낀 분노, 어느 가족의 아픔, 자신에게 벌어진 불공정한 일 하나가 이들을 정치의 길로 이끌었습니다. 그 일들은 때론 내 아이 삶과 맞닿은 문제였고, 때론 장애가 있는 아이도 비장애인 아이와 함께 뛰어놀 수 있는 공간을 만들고자 하는 염원이었고, 때론 사라져가는 고향 마을을 지키려는 절박함이었습니다.

이들은 스스로가 대단하다고 말하지 않습니다. 처음부터 정치가 목표였던 것도, 치밀하게 계획했던 것도 아니었습니다. 오히려 대부분은 '삶에서 비롯된 문제'에 대해 정치를 통해 답해보려 했던 사람들입니다. 어떤 이는 경력 단절을 겪으며 체감한 돌봄의 구조를 바꾸고 싶었고, 어떤 이는 삶에서 체감하지 못하는 정치 구조를 현실과 맞닿는 정치로 바꾸고 싶었습니다. 책상 위 보고서로만 남게 되는 정책을 현실화하고 싶었습니다.

정치를 믿고 싶은 사람들에게 보내는 응답

이들의 정치는 평범해 보여도 아주 특별한 지점을 품고 있습니다. 바로 '삶에서 출발한 정치'라는 점입니다. 권력이나 특별한 자리가 먼저가 아니라, 문제와 질문이 먼저였으며 실천하기 위해 정치에 뛰어든 사람들입니다. 정치를 한다면 그 모든 부정적 인식을 더 가까이에서 마주치게 될 걸 알면서도 이 자리를 선택했습니다. 선거에서 한 번도 이긴 적 없는 지역 정치에 균열을 내고 싶었습니다. 수많은 정치 도전자를 좌절시킨 보이지 않는 벽을 깨고 싶었습니다. 더 많은 청년이 살아남고 더 오래 활동할 수 있는 정치 환경을 만들어내고 싶었습니다.

그러한 정치를 마음속에 품게 된 이유를 직접 듣고 싶었습니다. 단순히 정치적 행보를 나열하는 인터뷰가 아니라 그 결심의 원점까지 따라가고 싶었습니다. 왜 그 길을 선택했고 어려움 속에서도 왜 포기하지 않았는지 묻고, 그들의 목소리를 통해 우리 시대 정치의 새로운 가능성을 발견하고자 했습니다. 이 책의 제목이 『당신을 위한 나의 정치는 이렇게 시작되었습니다』로 지어진 배경입니다.

이 책은 열두 명의 '정치'에 관한 이야기이지만, 결국은 정치를 믿고 싶은 우리 모두에게 들려주는 응답이기도 합니다. 정치는 완벽한 사람이 하는 일이 아닙니다. 모든 것을 꿰뚫어야 앞에 나설 수 있는 일도 아닙니다. 그저 '이 문제는 외면할 수 없어'라고 깊이 체감한 사람이, 무언가를 바꾸고자 질문을 멈추지 않는 사람이 함께해보자며 손 내밀어 걷기 시작하는 일입니다.

그 첫걸음을 보여주는 사람들이 바로 여기에 있습니다. 정치를 다시 믿고 싶은 분들께 이 이야기가 또 다른 시작이 되기를 기대합니다.

2025년 가을
인터뷰어 김희원

차례

들어가며 정치를 하는 이유   4

김미주_개인의 고충에 연대하는 정치   12
김보미_누군가의 삶을 대신 질문하는 정치   46
김샤인_반 걸음 앞서 미래를 이끄는 정치   82
노두섭_삶의 문제와 제도의 간극을 줄이는 정치   114
노성철_현장의 절박함에 반응하는 정치   148
노연수_그 누구도 배제하지 않는 정치   182

박주리_약속을 반드시 지키는 정치 **216**
신종혁_구체적인 변화가 느껴지는 정치 **256**
오현식_다음 사람의 토양이 되어주는 정치 **286**
이혜인_끝까지 책임지는 정치 **316**
정보현_소외된 목소리를 대변하는 정치 **348**
주무열_공동체의 논의 위에서 움직이는 정치 **378**

나가며 정치인이란 질문하는 사람 **410**

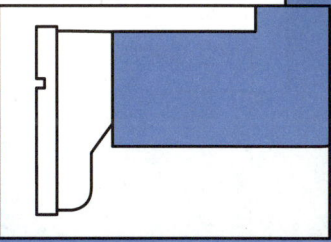

김미주

1982년생. 제9대 서울특별시 구로구의회 의원이다. "우리에게 필요한 것들을 콕콕 짚어 말씀해주셔서 너무 감사합니다"라는 주민의 말을 듣거나 "그동안 도움만 받았으니 이제는 우리가 도움이 될 차례"라면서 당원가입에 힘써주시는 분들을 볼 때 보람을 느낀다. 바쁜 의정 활동 속에서도 내면을 다스리고 에너지 채울 시간을 확보하려 노력한다. 누구도 소외되지 않는 세상, 문턱과 경계를 넘어 모두가 인간다운 삶을 영위할 수 있기를 소망한다.

"저에겐 하고 싶은 이야기가
있었거든요."

제92회 아카데미 시상식 감독상 수상소감 자리에서 봉준호 감독은 "가장 개인적인 것이 가장 창의적인 것이다"라고 말했습니다. 그 말은 개인의 이야기가 예술로 승화될 때 어떤 울림을 줄 수 있는지를 함축적으로 표현해주고 있습니다. "가장 개인적인 것이 가장 정치적인 것이다." 김미주 의원과의 인터뷰에서 개인의 이야기가 정치가 될 때 어떤 힘이 나오는지 느낄 수 있습니다.

김미주 의원은 영어와 일어에 능통한 호텔리어이자 강사, 방송인으로 사회적으로 인정받는 직업으로 일했습니다. 하지만 결혼과 출산은 그 삶을 완전히 바꿔버렸습니다. 사랑하는 아이를 돌보는 일은 세상 그 무엇보다 소중했지만, 그 가치가 사회적으로 제대로 인정받지 못하는 현실에서 존재감을 잃어가는 고통을 겪었습니다. 단순히 직업을 잃는 것을 넘어 사회와의 연결이 끊어지는 것처럼 느껴졌습니다. 양육자가 되었다는 이유로 사회인으로서 가능성이 단숨에 닫히는 사회의 구조적 문제에 부딪힐 수밖에 없었습니다.

그러나 그는 좌절하는 대신 자신의 이야기를 말하기 시작했습니다. 덕분에 그 이야기는 개인의 아픔에서 그치지 않고 우리 모두의 문제로 다뤄지기 시작했습니다. 그 이야기가 정치가 되었습니다. 김미주 의원의 정치에는 가장 개인적인 이야기가 정치가 되면서 생기는 힘이 있습니다. '경력 단절'이라는 말에 감춰진 수많은 여성의 좌절을 정치로 풀기 위해 힘써 달려온 여정이 있습니다.

이 글을 통해 당사자의 목소리로부터 시작하는 변화의 정치를 볼 수 있기를 바랍니다. 그리고 언젠가 여러분의 이야기도 정치가 되어, 우리가 마주한 수많은 문제를 함께 풀어갈 수 있기를 소망해봅니다.

아이는 엄마가 아니라 사회가 키우는 것

'똑소리 나는 우리 동네 대변인'이라는 인사말이 인상 깊어요. 의원님께서는 더불어민주당 서울특별시당 대변인도 맡고 계신데요, 남을 대변하는 역할을 담당하리라 예상하셨나요?

전혀 예상하지 못했어요. 그저 제가 잘할 수 있고 좋아하는 일을 하며 살아왔어요. 영어와 일어를 전공하고 호텔리어와 영어 강사로 일하면서 나름 사회적으로 인정받는 커리어를 쌓아왔죠. 그런데 결혼과 출산을 겪으면서 모든 게 변하기 시작했어요.

어떤 점이 가장 크게 달라졌나요?

입덧이 너무 심해 늘 자신 있던 '말하는 일'을 하지 못하고 그저 누워만 있어야 했어요. 일하며 쌓아온 성취감과 자존감이 제 삶에서 중요한 부분이었는데 그게 무너지니 우울이 저를 덮치더라고요.

출산 후엔 돌봄이라는 새로운 책임이 주어졌어요. 사랑하는 아이를 돌보는 건 세상 그 무엇보다도 소중하고 가치 있는 일이에요. 하지만 돌봄에 집중할수록 사회에서 소외되는 것 같았어요. 매일 최선을 다하고 있음에도 사회적으로 그 노동의 가치를 인정받지 못하니, 저라는 사람의 존재감도 함께 작아지는 것 같았어요.

우리 사회에서 여성은 보통 결혼하면 누구의 아내, 출산하면 누구의 엄마로서만 존재를 인정받는 것 같아요. 점점 작아지는 듯한 경험은 어떤 영향을 끼쳤나요?

경력 단절이 단순히 직업을 잃는다는 의미가 아니라, 사회와의 연결이 끊어진 것처럼 느껴지더라고요. '내가 잘할 수 있는 게 이제는 없는 걸까? 다시 사회생활을 할 수 있을까?' 그런데 주변을 둘러보니 이건 비단 저만의 고민이 아니더라고요. 결혼과 출산을 겪은 많은 여성이 똑같이 겪는 어려움이었어요. 그때 깨달았죠. 이건 개인의 능력 문제가 아니라 우리 사회가 가진 구조적 문제구나. 우리 사회에서는 결혼하면 자연스럽게 아이를 낳아야 한다고 말하면서도 '낳는 것'에서 논의가 멈춰요. 그 이후의 삶에 대해서는 아무도 언급하지 않죠. 아이를 낳으면서 겪는 신체적인 변화뿐 아니라 사회적인 역할의 변화가 너무나도 큰데 그 모든 것을 스스로 감당해야 해요. 모든 책임이 개인에게 전가되는 구조예요. 이렇게 변화의 한복판에 놓이다 보면 정신적으로도 흔들리기 쉬워요. 저 역시 산후우울증을 심하게 겪었어요. 우리 사회는 산후우울증을 누구나 겪을 수 있는 일이라며 대수롭지 않게 넘기거나, 유난스럽다며 쉽게 평가하는 경향이 있는 것 같아요. 당사자에게는 그 시간이 얼마나 외롭고 힘겨운지 제대로 들여다보지 않아요.

출산하는 여성이라면 누구나 그 과정을 겪지만 누구에게나 똑같은 강도로 다가오진 않잖아요. 각자 겪는 변화가 다를 것이고 어려움의 양상 또한 판이할 텐데, 이전이나 지금이나 그걸 너무 당연하게 생각하는 것 같아요. 그 힘든 시간을 어떻게 이겨내셨나요?

이대로는 정말 죽겠다 싶어 다시 일을 시작하게 되었어요. 방송 일도 하고 강의도 하며 누구보다 바쁘게 살았어요. 아이를 키우면서 방송 일을 한다는 게 그렇게 힘난할 줄 몰랐어요. 직무 특성상 일정이 들쑥날쑥하니 돌봄이 제대로 이루어질 수 없더라고요. 제 공백을 채워줄, 믿고 맡길 만한 사람이 없다는 게 제일 힘들었어요. 외국인 가사도우미의 도움도 받아봤고 시골집에 아이를 보내기도 했죠. 결국 은퇴한 또 다른 여성인 저희 어머니가 저를 대신해 돌봄의 현장으로 돌아와야 했어요.

국가와 사회가 나눠 지고 가야 할 돌봄의 책임을 개인이 오롯이 감당하고 있는 것 같아요. 개인이 감당하기 어려워지면 가장 가까운 존재인 조부모들이 황혼육아에 나서야만 하는 상황이고요. 아이를 돌보며 일할 때 의원님은 어떠셨나요?

"아이는 최소 36개월까지 엄마가 돌봐야 하지 않아요?"라는 이야기를 정말 많이 들었어요. 아이를 두고 일하러 나가는 것에 대한 일종의 사회적 손가락질을 느낄 수 있었어요.

돌봄과 일을 병행하기는 쉽지 않아요. 낮에는 정신없이 일하고 저녁에는 아이를 돌보고, 그에 더해 밀린 가사노동까지 하다 보면 어느새 저 자신이 사라져요. '왜 이렇게 힘든 걸까? 무엇을 위해 이렇게 바쁜 걸까?'를 고민하던 시기에 "엄마가 아이 놔두고 얼마나 번다고 일

올 하고 그래"라는 주변 어르신의 말을 들었을 때는 정말 마음이 무너지는 것 같았어요. '내가 나쁜 걸까? 내 선택이 잘못된 걸까?' 고민도 많이 했어요. 감사하게도 저희 아이가 어린이집에 잘 적응해줬죠. 제가 일이 바쁠 때 저희 아이는 어린이집에 가장 일찍 들어가 제일 늦게 나오는 아이였어요. 그런데 그 힘든 시간을 보내는 중에 또 아이가 생긴 거죠.

둘째는 또 다른 차원의 문제였을 텐데 어떠셨나요?

둘째를 낳은 지 50일 정도 되었을 때였을 거예요. 다시 방송하기 위해 면접을 보게 되었어요. "좋아요. 그럼 첫 방송 일정을 언제로 잡을까요?"라는 확정적인 말까지 오갈 정도로 분위기가 긍정적이었어요. 그리고 마지막으로 "가족 관계가 어떻게 되세요?"란 질문을 받았어요. 제가 "50일 된 딸이 있어요"라고 답하자마자 공기가 확 바뀌었어요. 순간 정적이 흘렀죠. 잠시 뒤에 면접관이 조심스럽게 입을 열었어요. "저도 쌍둥이를 키워봐서 아는데, 아이가 어리면 아무래도 일에 지장이 생길 수밖에 없더라고요. 능력도 좋고 참 괜찮으신데, 미안합니다." 그 말 한마디로 모든 게 끝났어요. 아이를 낳았다는 이유만으로 사회인으로서의 가능성이 단숨에 닫히던 그 순간과 그때 흐르던 어색한 침묵, 그리고 관계자의 "미안합니다"라는 인사까지. 그 모든 장면에서 제 존재 전체가 부정당하는 느낌을 받았어요. 저에게는 평생 잊히지 않을 장면이 되었죠.

우울한 마음으로 집에 돌아왔는데 친정어머니를 비롯한 가족들이 오히려 "애가 어린데 무슨 돈을 벌러 나가냐. 차라리 잘되었어"라고 하더라고요. 저에게는 단순히 돈의 문제가 아니었어요. 스스로는 여전히 일할 역량이 있다고 믿었는데, 단지 결혼하고 아이를 낳았다는 이유만으로 계속 취업에서 밀려나다 보니 아무리 할 수 있다고 믿으려 해도 흔들리더라고요. 사회가 저에게 "세상은 네 생각과 달라. 이제 너는 일할 수 없을 거야"라고 말하는 것 같았습니다. 제 존재 전체가 부정당하는 느낌이었어요.

저출산·고령사회위원회가 2024년 5월 2일 발표한 '결혼·출산·양육 인식조사'에 따르면 출산 의향이 있는 여성의 88.8퍼센트가 자녀 출산 이후에도 경제활동을 지속하기를 희망한다고 해요. 특히 25~29세 여성의 경우에는 92.8퍼센트가 출산 이후에도 경제활동을 계속하길 바란다고 하니, 이제는 달라진 시대에 맞는 새로운 돌봄 문화와 정책이 필요한 것 같아요.

돌봄은 단순히 아이를 키우는 일이 아니잖아요. 비혼과 비출산이 사회 문제라고들 하지만, 저는 결혼과 출산이 두려워지지 않는 사회적 분위기가 더 먼저라고 봐요. 결혼과 출산을 선택한 모든 책임이 개인에게만 지워지는 구조라면 아무리 출산을 장려해도 결국 낳기 어려울 수밖에 없잖아요.

'경력 보유'와 '경력 단절'을 구분해서 써야 한다고 늘 생각해요. 돌봄을 위해 잠시 일을 멈춘 시간을 단절로 볼 게 아니라 그 또한 하나의 경력으로 자연스럽게 인정받아야 하거든요. 더 근본적으로는 아예 일을 그만둘 수밖에 없게 만드는 사회적·문화적 구조부터 바꿔야 하죠. 구조가 바뀌지 않는 한, 경력 단절은 우리 사회 안에서 계속 반복될 수밖에 없으니까요. 저는 저는 그 구조를 바꾸기 위해 정치를 하고 있는 것 같아요.

가장 빠르게 사회를 바꿀 수 있는 수단

의원님은 변화를 만들기 위한 정치의 현장으로 어떻게 들어오시게 된 건가요?

민주당을 늘 지지하긴 했지만 당원은 아니었어요. 노무

현 전 대통령께서 돌아가셨을 때, 남편과 데이트를 포기하고 함께 국화꽃 한 송이를 헌화하려고 밤새 줄을 서 기다렸던 정도의 시민이었어요. 한 나라의 시민으로서 마음을 보태왔을 뿐, 정당 활동은 생각해본 적이 없었죠. 그러다가 문재인 전 대통령께서 당 대표 시절에 도입했던 온라인 당원 가입 시스템이 저를 당원으로 이끌어 주었어요. 그때만 해도 당원 가입을 어떻게 해야 하는지 전혀 알지 못했거든요. 하지만 온라인으로 쉽게 가입할 수 있는 길이 열린 덕분에 남편이 먼저 가입했고, 저는 테러방지법 필리버스터가 벌어지던 그 밤에 당원이 되기로 마음을 굳혔어요. 그때 둘째 아이를 갓 출산했을 무렵이었거든요, 새벽까지 잠들지 않는 아이를 안고 자장가를 불러주며, 필리버스터 상황을 생중계로 지켜보던 기억이 아직도 생생해요. 그렇게 민주당 활동들을 지켜보다가 이후 더불어민주당 온라인 당원이 되었어요. 저를 정치로 이끌었던 건 더불어민주당으로부터 온 한 통의 문자였어요. 2019년 더불어민주당 서울특별시당에서 보낸 제1회 여성 연설대회 안내 문자를 받고 '아, 이거다!'라고 느꼈어요. 그래서 무작정 지원서를 내고 참여했습니다.

일반 당원, 특히 오프라인 활동 경험이 없는 온라인 당원이 오프라인 대회에 참석하기는 쉽지 않잖아요. 게다가 일과 돌봄을 병행하는 힘든 시기였을 텐데요. 그런 어려움이 있음에도 여성 연설대회에 참가하신 이유는 무엇인가요?

하고 싶은 이야기가 있었거든요. 연설대회에서 가서 저의 이야기를 나누고 싶었어요. 경력 단절 이야기, 돌봄 이야기, 존재의 가치에 관한 이야기와 사회적으로 인정받지 못하고 있는 현실을 이야기했죠. 이 대회에서 최우수상을 받게 되었는데요. 저에게는 수상보다 저의 이야기를 듣고 고개를 끄덕이며 공감해준 사람들을 마주했다는 게 더 의미 있었어요. '내가 혼자가 아니구나, 내 사연이 나만의 이야기가 아닌 이 시대를 살아가는 우리의 이야기구나'라는 것을 알았죠. 그리고 세상을 바꿀 수 있는 가장 빠른 길이 바로 정치라는 걸 그때 체득하게 되었습니다.

봉준호 감독의 "가장 개인적인 것이 가장 창의적인 것이다"라는 말이 생각나네요. 봉 감독 같은 경우는 개인의 경험이 예술로 확장된 것이라면 의원님의 경우에는 개인의 경험이 정치로 확장되는 경험을 하셨는데요, 정치로의 확장 과정은 어떻게 진행되었나요?

김미주 의원이 지역 행사에서 주민과 함께 장단에 맞춰 춤을 추고 있다.

연설대회 입상자 명단을 보고 지역위원회에서 연락이 왔어요. 전통적으로 정당 행사에는 지역위원회에서 활동하던 사람들이 참여해요. 말씀하신 것처럼 온라인 당원이 참여하는 경우는 드물거든요. 그래서 지역위원회에서 저를 궁금해하셨던 것 같아요. 이후 지역위원회로부터 지속적으로 연락을 받게 되었고 핵심 당원 교육도 받을 수 있었어요. 그렇게 자연스럽게 정책 제안도 하며 지역위원회 활동에 참여하게 되었어요.

당원을 넘어 정치인으로 활동을 확장한 계기는 무엇인가요?

지금도 저는 "당사자께서 목소리를 내주시면 좋겠어요. 그렇게 함으로써 정치적 효능감을 느껴보시면 좋겠어요"라고 주변에 말씀드립니다. 꼭 현실 정치에 참여하지 않더라도 효능감을 느껴야 정치에 관심이 생기게 되거든요. 저는 정당 활동, 지역위원회 활동으로 정치적 효능감을 느낄 수 있었어요. 이런 경험을 하며 '정치적 필요성을 직접 느낀 사람이 정치를 하면 얼마나 좋을까', '정치적 필요성을 전달하는 사람이 아니라 해결하는 사람이 되면 좋겠다'라고 생각하게 되었어요. 그래서 여성의 문제와 일자리 문제, 경력 단절 문제와 돌봄 문제를 겪는 당사자로서 정치를 해야겠다고 마음먹게 되었죠.

이후 지방선거 비례대표 경선에서 57.58퍼센트의 지지를 받을 수 있었어요. 이런 과정을 거쳐 지금 구로구에서 정치를 시작하게 되었어요.

당사자로서의 정치가 이제는 당사자를 대변하는 정치로 확장한 거네요. 제9대 서울특별시 구로구의원으로서 본격적으로 정치를 시작하며 어떤 생각을 하셨나요? 어떤 정치를 해야겠다고 마음먹으셨나요?

여성으로서 겪었던 일을 이야기하며 정치에 입문했기 때문에 자연스럽게 여성이 겪는 삶의 문제를 풀어내는 쪽으로 방향이 잡혔던 것 같아요.

의정 활동을 시작하고 가장 먼저 마주한 문제도 구조적 차별이었어요. 그중 하나가 방문간호사 임금 격차 문제였습니다. 구청 소속 방문간호사들이 같은 업무를 하고 있음에도 정규직, 계약직, 기간제 등 채용 형태에 따라 임금이나 출장비 지급에 차이가 있다는 걸 확인하게 되었어요.

이 문제는 사실 제가 의정 활동을 시작하기 전부터 여러 차례 지적되어온 사안이었어요. 그런데도 별다른 변화 없이 시간만 흘러가는 상황이었죠. '이건 계속 밀어붙여서라도 바꿔야 하겠구나'라고 생각하고 행정사무감사와 간담회 등을 통해 꾸준히 문제를 제기했고, 관련 법령과 지침들을 하나씩 찾아보며 실질적인 개선책을 모색하기 시작했어요.

국가인권위원회에서는 동일노동 동일임금 원칙에 따라 임금 격차를 해소하라는 권고를 이미 내놓고 있었고, 고용노동부 가이드라인에서도 출장비나 복리후생비 역시 불합리한 차별 없이 지급하라는 기준이 명시돼 있었어요. 이 기준들을 구청에 적극적으로 제시하면서 실태조사와 제도 개선을 요구했어요.

결국 이 문제는 공무직 조례 제정을 통해 상당 부분 개선되었고 이후엔 노사협의체가 구성되어 상시 논의 가능한 구조가 마련되었어요. 특히 협의의 주체들이 직접 의제를 공식 테이블에 올리고, 이를 정례적으로 논의하는 구조가 만들어졌다는 점에서 이 노사협의체에 의미가 있었어요. 그 구조를 만들기까지 저 역시 많은 설득과 조율의 노력을 기울여야 했어요. 다행히 구청도 그 과정에 적극적으로 협조해줬습니다. 쉽지 않았지만 돌이켜보면 가장 보람 있는 일 중 하나였어요.

또 하나 상징적이었던 사례는 구로문화재단에서의 성별 임금 공시 문제였어요. '남녀고용평등과 일·가정 양립 지원에 관한 법'에 따르면 일정 규모 이상의 공공기관은 성별 임금 공시 의무가 있는데, 구로문화재단은 이 의무 대상이 아니라는 이유로 성별 임금 자료조차 제출하지 않고 있었거든요. 저는 이게 단순히 법의 문제가 아니라 기관의 인식과 태도 문제라고 느꼈어요. '이 조직 안에서 여성과 남성이 어떤 조건에서 일하고 있는지, 그 차이가 어떻게 발생하는지조차 모르는데 어떻게 개선이 가능할까' 싶었거든요.

행정사무감사에서 이 부분을 공식적으로 문제제기했어요. 법적 의무가 없더라도 스스로 성별 임금 공시를 시행하고, 단순 공시를 넘어서 직급별·근로형태별 임금 차이를 분석하도록 권고했죠. 그냥 통계 수치를 맞추는 게 아니라 실제 일하는 여성들이 어디에 집중되어 있고, 어느 지점에서 승진이 멈추고, 어디에서 임금 차이가 발생하는지 조직 스스로 들여다보자는 거였어요. 그래야 진짜 균형 있는 인사와 공평한 임금 체계가 만들어질 수 있으니까요.

이 일들을 통해 아무리 법적 근거와 지침이 잘 마련돼 있어도 실제로 움직이지 않으면 아무 일도 일어나지 않는다는 걸 다시금 느낄 수 있었어요. 이런 문제들을 끝까지 들여다보고 스스로 변화를 촉발시키는 게 결국 정치가 해야 할 일이지 않을까, 그게 지금 제가 하고 있는 정치의 본질이 아닐까, 현장에서 매일 체감하고 있어요.

보이지 않는 불안을 보이는 쪽으로

변화는 한번에 만들어지지 않잖아요. 작은 변화가 계속 쌓여야 하는데, 이러한 흐름을 공공기관부터 만들어야 할 것 같아요. 그런 의미에서 여성 노동 문제 외에도 또 다른 변화를 이끌어낸 분야가 있을까요?

공공영역에서 여성들이 느낄 수 있는 '불안함'에 주목했습니다. 많은 여성이 공공장소, 특히 공중화장실을 이용할 때마다 '혹시 불법 촬영용 카메라가 있지 않을까?', '내가 지금 안전한 걸까?' 싶어 불안감을 많이 느낍니다. 이런 이야기를 여성들끼리 나눠보면 바로 공감해요. 이 문제를 공론화하고 제도적으로 해결해보고 싶었어요. 그래서 공중화장실 내 불법 촬영을 방지할 수 있게 화장실 내부에는 안심 스크린과 안심 벨을, 외부에는 CCTV를 설치하도록 하는 '서울특별시 구로구 공중화장실 등의 불법 촬영 예방 조례 일부 개정 조례안'을 첫 조례로 성안했어요.

이 조례를 발의할 때만 해도 주변에서는 얼마나 효과가

있겠냐는 의구심이 많았어요. 하지만 조례가 통과되고 실제로 구로구 내 공중화장실에 관련 시설이 설치된 이후에는 "이전보다 훨씬 안심하고 이용할 수 있게 되었어요"라는 피드백을 지역 내 많은 여성분이 주셨습니다. 정말 뿌듯했죠. 이 조례를 통해 작은 변화를 만드는 게 중요하다는 것을 다시금 깨닫게 되었어요. 여성 안전 문제처럼 아무리 큰 이슈여도 그 해결의 시작은 작은 변화에서부터라는 사실을 알게 되었어요. 이 작은 변화들이 누군가의 삶에는 긍정적인 영향을 준다는 것도 깨달았고요. 작은 변화들이 모여 결국 더 큰 변화를 만들어낼 거라고 믿으며 지금도 의정 활동을 하고 있습니다.

구로구 내에 있는 많은 공중화장실에 관련 시설이 설치되었다면 작은 변화라고 말할 수 없을 것 같은데요. 주변의 의구심을 넘어 조례가 통과되기까지 넘어야 할 산이 많았을 것 같은데 그 과정은 어땠나요?

사실 쉽지 않았어요. 조례안을 발의했지만 의회의 파행으로 인해 몇 달 동안 논의조차 하지 못했어요. 지난 4년간의 속기록을 모두 들여다보고 의정 활동을 시작했는데요. '의회라면, 의원이라면 마땅히 이럴 것'이라고 생각했던 예상이 하나도 맞지 않던 첫 6개월이었어요.

의원이라면 당연히 입법 활동을 열심히 해야 한다고 생각해요. 국회라면 법안 발의일 테고 지방의회라면 조례 발의를 열심히 하게 되겠죠. 다양한 조례가 많이 발의되어 더 많은 사람들에게 혜택이 돌아가야 한다고 보는데 저와 생각이 다른 의원들이 계시더라고요. "초선은 일단 아무 말 없이 보고 듣고 배우는 게 우선이야"라며 가만히 있기를 바라는 의원들도 계셨고요. 왜 이렇게 조례를 많이 발의하냐며 두드러진 활동을 싫어하시는 분들도 계셨어요. 대화와 토론을 통해 서로 이해하며 정책을 만들어가는 모습을 기대했는데, 막상 정치에 뛰어들어서는 파행과 이해되지 않는 의회 문화부터 접했죠.

"초선은 아무 말 없이 보고 듣기만 해야 해"나 "열심히 하지 말고 튀지 말아야 해"라는 말은 열심히 정치한다는 의원들이라면 대부분 한 번쯤은 들어봤을 거예요. '어떤 사회에서 오랫동안 지켜 내려와 그 사회 구성원들이 널리 인정하는 질서나 풍습'이 관습의 사전적 의미인데, 그 구성원들이 인정이 아닌 변화를 말한다면 더는 관습이 아니잖아요. 이제는 정말 변화해야 할 때인 것 같아요. 하지만 이런 상황 앞에서도 끊임없이 대화를 시도해야 하는 게 또 정치잖아요? 조례를 통과시키기 위해 어떤 노력을 기울이셨나요?

우선 데이터와 근거를 들고 찾아가 설득했어요. 공중화장실에서 일어나는 불법 촬영이 얼마나 심각한 문제인지, 실제로 여성들이 느끼는 불안감이 얼마나 큰지, 이와 관련된 데이터와 기사들을 정리해 보여드리며 설득했어요. 그다음으로는 개개인별로 찾아가 적극적으로 이 조례의 취지와 필요성을 설명했어요. 마지막으로는 당사자의 목소리를 전달하고자 했어요. 이는 여성만의 문제가 아니라 우리 스스로와 가족 구성원 모두의 문제임을 전달하고자 했어요.

설득하는 과정을 통해 함께 만들어가는 정치가 누구나 바라는 모습 아닌가 생각되네요. 그런 정치를 추진하는 의원님만의 힘은 무엇이라고 생각하세요?

투명성과 소통이 중요하다고 생각해요. 정치가 신뢰받으려면 추진 과정이 투명해야 하고, 무엇보다 진정성 있게 소통해야 해요. 그래서 저는 동료 의원들을 설득할 때 조례 제정의 의미와 내용, 통과되면 예상되는 정책적 변화 등 관련 내용을 투명하게 공유합니다. 반대에 부딪히더라도 그 반대하는 이유를 그냥 넘기지 않고 깊이 숙고하고 그에 대한 의견을 상세히 밝히며 설득하고요. 이런 과정을 통해 저의 진정성을 전달하고자 노력하고 있어요. 물론 의회의 모든 과정이 그렇게만 흘러가지는 않는다는 걸 알고 있어요. 대화와 설득만으로 해결되지 않는 경우도 많다는 걸 깨닫곤 하죠. 그래도 여전히 희망이 있다고 믿어요.

무엇보다 항상 주민 중심으로 정치를 하는 게 가장 큰 힘이 돼요. 의정 활동의 시작도 끝도 결국 주권자인 주민분들이기에, 그분들을 중심으로 의정 활동을 하는 게 가장 중요하다고 생각해요. 그래서 주민들께 우리 정치가 진행되는 과정을 투명하게 알려드리고 있어요. 저의 의정 활동 과정도 하나하나 공유하고자 노력하고 있고요. 이러한 소통을 통해 본인들의 목소리가 정치에 반영된다는 걸 주민들께서 느끼신다면 우리 정치에 힘을 실어주시지 않을까요. 그래서 의회 상임위원회도 생중계해야 한다고 주장했어요.

이런 생각을 바탕으로 토론회 운영 지원 조례안을 발의했어요. 주민들의 삶과 연결된 조례라면 당연히 그분들의 생각을 반영해야 하잖아요? 의회는 전문가 그룹의 의견뿐 아니라 주민분들의 목소리를 함께 담아내는 그릇이 되어야 하는데, 이를 위한 법적 근거나 시스템이 미비한 상태예요. 지금은 교섭단체의 운영비를 일부 활용해 간담회 형식으로 어렵사리 자리를 만들고 있죠.

그래서 토론회 조례를 준비했는데, 운영위원회를 통과하지 못하더라고요. 열심히 하는 의원만 이를 활용할 것이고 그런 의원들만 돋보일 것 같다는 게 반대 이유였어요. 저는 이 조례가 통과되어 구로구의회에서도 제대로 된 토론회를 멋지게 열 수 있게 계속 힘을 쏟을 거예요. 이 과정에 주민들의 지속적인 관심과 응원이 더해진다면, 반드시 변화하리라 믿고 있어요.

시민이 곁에 있음을 체감할 때

지역 주민과의 소통은 어떠한지 궁금해요. 주민들께서는 어떤 피드백을 주시나요?

'적어도 한 달에 한 번은 의정 활동을 정리해 지역 주민들께 알려드려야겠다'고 스스로 한 약속을 2년 넘게 계속 지켜오고 있어요. 처음 문자를 받았을 때는 사실 '당선되었을 때나 문자가 오지 계속하겠어? 그러다 말겠지'라고 생각했다고 하시더라고요. 2년이 지나다 보니 제 문자를 받는 분들의 답문이 점점 더 많아지는 걸 느끼고 있어요. 요즘은 오히려 제 건강을 걱정해주는 답문을 받아요. 가족과 여행 가서 찍은 풍경 사진도 보내주시고, 응원한다는 문자도 보내주세요.

이런 답을 받으면 정말 정성을 다해야겠다고 다짐하게 돼요. 정치가 무서운 게 주민들께서는 제가 정성을 다하는지 안 하는지 너무 정확하게 알고 계신다는 점이에요. 얼마나 많은 정치인을 보고 겪으셨겠어요.

전통시장을 방문하면 항상 저를 환대해주는 분이 계셨어요. 힘들게 다니다가도 "어머니, 커피 한잔 주세요" 하며 방문할 수 있는 편안한 곳이었죠. 뵐 때마다 저를 안아주고 웃어주시고 괜찮다고 격려하고 응원해주는 분이셨죠. 어느 날은 그분께서 가게를 접는다는 전화를 거셨어요. 전화를 받자마자 뵈러 갔는데 그분을 마주하니 그냥 눈물이 나는 거예요. 그런 저를 꼭 안아주시면서 "큰일 하는 사람이 울면 안 되지. 그래도 보고 싶은 사람을 볼 수 있어서 너무 좋네"라며 오히려 위로해주셨어요. 구의원 한 명이 주민들의 삶을 확 바꾼다는 것은 사실 불가능에 가깝죠. 그런데도 저를 지지해주고 응원해주는 분들을 만나면 '정치하기를 정말 잘했구나' 하고 다시금 느끼게 돼요.

보통 정치인이 받는 문자라 하면 대부분 한꺼번에 수백 통씩 오는 항의성 문자 폭탄을 떠올릴 거 같아요. 이렇게 격려의 문자, 삶을 나누는 문자를 서로 주고받으며 함께 나아가는 모습에서 새로운 변화가 일어나고 있음을 새삼 느끼게 되네요. 이런 문자를 받으면 어떤 생각이 드시나요?

무엇보다 '열심히 해야겠다'라고 다짐하게 되죠. 정치는 누구나 할 수 있지만 모두가 잘할 수는 없어요. 정말 해야 할 일도 많고, 알아야 할 것도 많아요. 주민을 대변하고 주민의 문제를 풀기 위해서는 왜 그런 문제가 발생했는지, 어떻게 해결할 수 있는지 공부해야 해요. 질의하기 위해서라도 정말 열심히 준비해야 하고요. 저는 "의원님, 공부 좀 그만하세요"라는 소리를 들을 정도로 해야 한다고 생각해요. 그런데 열심히 할수록 개선할 사항이 더 많이 보이는 게 또 문제예요.

또한 철저히 해야 해요. 제가 어떻게 하느냐에 따라 우리 지역 주민들의 삶이 달라질 수 있거든요. 공공건축물 관련 문제가 있다면 관련 규제에서부터 공사 계약 절차와 재무 상황까지, 공부해야 할 것이 너무 많아요. 발생하는 모든 문제에 대해 전문가처럼 빠삭하게 알 수는 없어도 적어도 전문가와 논의 가능한 수준까지는 파악해야 하죠.

그리고 정치인이라면 그 안에서 대안을 찾아낼 수 있는 능력까지 갖추어야 해요. 저는 이런 생각으로 의정 활동에 최선을 다하려 했어요. 그러다 보니 조금씩 변하는 지점들이 생기고 그 안에서 또 다른 정치적 효능감을 느껴요.

항상 열심히 하려 해도 그렇지 못할 때가 있잖아요. 힘들고 어려운 상황에 놓이기도 하고 의도치 않은 일로 곤경에 처하기도 할 텐데, 그런 상황을 어떻게 극복하시나요? 지치고 힘들어도 다시금 결의를 다지는 힘은 어디에서 오나요?

'내가 왜 정치를 하고 있나'라는 회의감에 낙담하다가도 "의원님 덕분에 문제가 해결됐어요"라는 주민들의 문자나 전화를 받게 되면 너무 신나요. "이런 점이 좋았어요", "의원님 활동 잘 보고 있어요. 응원합니다"라는 말 한마디를 들을 때마다 제가 왜 정치를 시작했는지, 왜 더 열심히 해야 하는지 알게 되죠.

무엇보다 제가 정치를 한다고 했을 때 정말 쌍수를 들어 환영해준, 저의 가장 큰 서포터이자 1번 지지자가 있어요. 바로 저희 남편이에요. 저희 남편은 제가 대변인 논평을 내거나 활동할 때는 가장 날카로운 1번 비평가가 되어주기도 해요. 또 제가 밤늦게까지 예산 관련 자료를 검토하거나 지역 주민들을 만나야 할 일이 있을 때는 저희 아이들이 저의 빈자리를 채워줘요. 이런 가족과 주민분들의 지지와 응원 덕분에 정치를 지속할 수 있는 것 같아요.

열심히 하는 만큼 변화가 생긴다고 생각하세요? 정치에서 어떤 변화를 느끼셨나요?

분명히 변하고 있어요. 정치라 하면 중앙의 이야기, 국회와 행정부의 이야기라고 생각했어요. 이제는 달라졌습니다. 지역에서부터 주민들의 참여가 많아지고 변화를 바라는 목소리가 커지고 있다는 걸 느껴요. 실제로 추진하는 조례나 정책에 관해 적극적으로 의견을 내고 동참해주는 주민들이 많아지고 있어요.

아울러 참고할 만한 좋은 사례가 많아지고 있어요. 다른 지역의 좋은 정책들을 우리 지역에 맞게 반영하여 도입해볼 수 있고, 이를 통해 우리 지역도 변하는 것을 체감할 수 있어요.

우리의 정치가 그대로인 것 같아 보여도 그 안에서는 다양하게 변화하는 중이죠. 더 많은 변화가 일어나기 위해서 무엇이 필요할까요?

새로운 시각을 가진 청년 정치인의 역할이 중요하다고 생각해요. 기존의 정치 구조에서는 변화가 더딜 수밖에 없어요. 이전에 했던 방식을 그대로 고수하거든요. 기존 정치의 관행과 문화에 '왜?'라는 질문을 던지는 것만으로도 변화를 만들어낼 수 있다고 봅니다. 물론 쉽지 않아요. 하지만 '왜?'라는 질문을 던져야 새로운 고민이 생기고 이를 함께 풀어가기 위해 노력할 때 새로운 해답이 나오잖아요.

함께 고민한다면 정말 많은 것들을 풀어갈 수 있게 될 것 같아요. 마지막으로 계속 변화를 만들기 위해 계획하고 계신 게 있나요?

지역 문제를 들여다볼수록 정치는 '이걸로 끝이다'라고 말할 수 없는 일임을 매번 실감해요. 문제 하나를 해결하면 그 밑에 더 복잡한 구조가 등장하고, 그 구조를 따라가다 보면 결국 '이 사회가 어떻게 설계돼 있는가'라는 질문에 닿게 되거든요. 그래서 지금보다 더 깊이 들여다보고 더 멀리 설계하는 정치를 추구하고 싶어요.
지금까지는 초선의원으로서 지역에서 눈앞의 문제들을 하나씩 배워가며 해결하는 데 집중해왔다면, 앞으로는 그 문제들의 근원을 거꾸로 추적하면서 구조를 바꾸는 데 더 힘을 써야 할 것 같아요. 특히 돌봄과 경력 단절 문제는 단지 여성 개인이 겪는 어려움이 아니라, 노동과

제1회 더불어민주당 서울특별시당 당원대회에서 김미주 의원이 시당 대변인으로서 사회를 보고 있다.

복지, 젠더, 교육과 도시 구조가 얽힌 복합적인 문제잖아요. 하나의 정책으로는 절대 해결되지 않아요.

예를 들면 지금 구로구 안에서도 어린이집 등·하원 시간을 감당하지 못해 맞벌이 가정의 돌봄이 조부모에게 전가되는 상황이 반복되고 있어요. 이건 시설 운영 시간의 문제일 수도 있고 돌봄노동의 공공성 자체가 취약하기 때문일 수도 있어요. 이런 문제들을 단순히 '지원 확대'로만 접근하지 말고, 서울시와 중앙정부 차원에서 제도 설계 자체를 다시 짜야 해요. 지역에서 출발한 이런 작은 문제의식이 제도와 법안으로 이어질 수 있도록, 그 징검다리를 만들어가고 싶어요.

무엇보다 저는 단지 '의정 활동을 잘하는 의원'만으로 남고 싶지는 않아요. '이 길이 여러분에게도 열려 있다', '누구나 정치에 닿을 수 있다'라는 걸 보여주고 싶어요. 기존의 정치 문법을 모른다고 해서 배제되는 게 아니라 오히려 그 낯설고 새로운 시선이 정치에 필요하다는 것을 저의 정치로 증명해 보이고 싶어요.

저의 정치를 지켜본 더 많은 여성들과 청년들이 정치를 꿈꿀 수 있게 된다면 정말 기쁠 것 같아요. 그분들의 시작점에 저의 활동이 아주 작은 매개체가 될 수 있기를 바라요. 앞으로도 그 변화를 위해 더 열심히 적극적으로 노력해보겠습니다. 제가 어디까지 이 길을 열어갈 수 있을지 함께 지켜봐주셨으면 해요.

김미주 의원에 대하여

1. 학력 및 이력

이화여자대학교 정치학 석사
성균관대학교 국정전문대학원 행정학과 박사과정 중
전 대통령 직속 자치분권위원회 정책자문위원
더불어민주당 서울시당대변인
더불어민주당 중앙위원
더불어민주당 정보통신특위 부위원장
제9대 서울특별시 구로구의회 의원

2. 의정 활동 직무 정보

• **소속 선거구 | 인구수**
서울특별시 구로구(비례대표) | 43만 7,499명
※ 주민등록상 인구 38만 8,169명, 등록외국인 2만 3,747, 외국국적동포 2만 5,583명

• **전체 예산(2024년, 추경 포함) | 의원 수**
1조 1,626억원 | 16명

• **월정수당 | 의정 활동비 | 세전 급여**
280만 5,130원 | 150만 원 | 430만 5,130원

- **대표 발의 조례**

  서울특별시 구로구 디지털 성범죄 방지 및 피해자 지원 조례

  서울특별시 구로구 청년 지원 기본 조례 일부 개정 조례

  서울특별시 구로구 순환경제사회 전환촉진 조례

  서울특별시 구로구 1인가구 지원 조례

  서울특별시 구로구 장애인 문화예술 활동 지원에 관한 조례

- **의정 활동 중 발의 조례 수**

  제정 13건, 일부 개정 발의 5건, 건의안 1건

3. 기타

- **SNS 계정**

  youtube.com/@mijukim0811

  facebook.com/mijukim0811

- **수상 및 출간 내역**

  서울시구의회의장협의회 주최 의장협의회 의정대상 (2025)

  여성신문사, 전국여성지방의원네트워크 주최 양성평등정책대상 지방의원 우수상 (2024)

  에코데일리 신문사 주최 대한민국 친환경 우수지방자치단체 및 우수의원 대상 기초의회 부문 대상 (2024)

  구로오늘신문사 주최 행정사무감사 우수의원상 (2022)

김보미

1989년생. 제8대, 제9대 전라남도 강진군의회 의원으로 활동하고 있다. 군민으로부터 위임받은 사명을 잘 해내고 싶다는 간절한 기도로 하루를 시작한다. 지방의원은 365일 휴일이 없는 직업이라 여겨 틈날 때마다 정치 관련 도서들을 섭렵하며 공부하는 중이다. 정치인에게 공감 능력 함양은 필수조건이라 생각하며, 정치는 약자의 편에서 쓰는 강한 무기여야 한다고 굳게 믿는다. 힘들 때마다 기도하고, 이장님들과 맛집을 다니고 수다를 떨며 스트레스를 푼다.

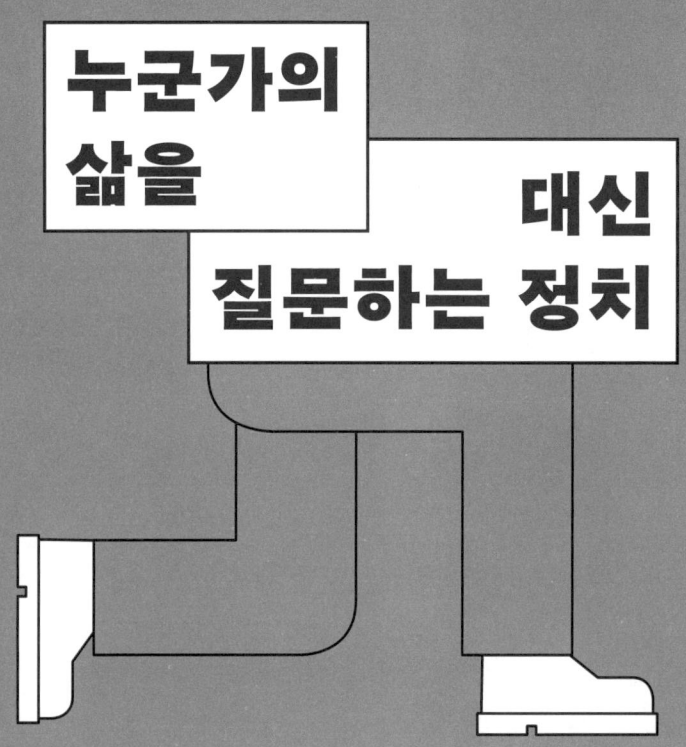

"정치라는 공간에는
여전히 단단한 벽이 있어요."

정치의 벽은 선한 마음으로 뛰어든 수많은 도전자를 주저앉게 만든 벽답게 너무 두껍고 단단해서 꿈쩍도 하지 않습니다. 해도 해도 안 되는 게 있다는 것을 깨닫게 하는 좌절의 벽입니다.

그래서 돌아서려는 순간, 그 벽 너머가 너무도 또렷하게 보입니다. 이루고 싶은 목표와 도달하고 싶은 목적지가 눈에 들어옵니다. 조금만 더 하면 될 것도 같아 다시 마음을 다잡게 합니다. 유리벽에 부딪혀 봅니다. 이때의 벽은 다시 힘을 내게 하는 희망의 벽입니다. 좌절과 희망이 겹쳐 있는 이 선명한 '유리벽' 앞에서 우리는 어떻게 해야 할까요?

김보미 의원은 단 한 명의 인맥도 조직도 없이 정치에 도전했습니다. "안녕하세요. 김보미입니다"라는 인사를 수없이 건네며 현장에서 직접 벽에 부딪혔습니다. 2018년, 전남 최연소 기초의원이 되었습니다. 곧 '제명'이라는 이름의 또 다른 벽을 마주했습니다. 정당한 질문을 던지다가 정당으로부터 내쳐졌습니다. 그러나 움츠러들지 않았습니다. 오히려 주민들의 삶 가까이에서 정치를 다시 시작했습니다.

재선이라는 또 다른 벽을 넘어 2022년 강진군의회 최초의 여성 의장, 전국 지방의회 최연소 의장이 되었습니다. 이번엔 '불신임안'이라는 벽이 나타났습니다. 아무런 설명도 없이 밀어붙이던 그 벽 앞에 다시 섰으나 이번에는 혼자가 아니었습니다. 성명서를 함께 읽어준 청년들, 다정하게 응원해준 어르신들, 말없이 곁을 지켜준 지역 주민들이 계셨습니다. 그 힘으로 그 벽은 멈추어 섰습니다.

이게 마지막 벽일까요? 아마 또 다른 벽이 기다리고 있을 겁니다. 하지만 이제는 알고 있습니다. 그 벽을 깨는 일이, 누군가의 삶을 더 나은 방향으로 이끄는 일이라는 것을 말이죠. 이번 인터뷰에서는 그 벽을 마주한 김보미 의원의 시간을 따라가보고자 합니다.

여러분 앞에는 어떤 벽이 세워져 있나요? 어떻게 그 벽을 깨고 나아갈 수 있을까요? 그 벽 앞에서, 우리 모두 멈추지 않기를 바랍니다.

전국 지방의회 최연소 의장으로 마주한 현실

2022년 만 서른둘에 강진군의회 최초 여성 의장이자 전국 지방의회 최연소 의장으로 선출되셨습니다. 지방의회 역사에서도 상징적인 일이었는데요, 그런데 임기가 보장되어 있는 의장을 동료 의원들이 불신임한, 극히 이례적인 일이 벌어졌어요. 임기 초반 그 모든 '축하'와 '기대'가 한순간에 무너지는 그 순간, 어떠셨나요?

지금도 그때를 떠올리면 마음 한구석이 쿵 내려앉는 기분이에요. 순간적으로 주변의 모든 소리가 멀어지고, 바닥이 꺼지는 듯했어요. 주민분들의 기대를 어떻게든 현실화하기 위해 하루하루를 채워가고 있을 때였거든요. '강진 정치에 새바람을 일으켜보자'라는 다짐으로 회의 운영부터 의정 시스템까지 하나씩 바꿔나가며, 주민들과 의회 사이에 숨통을 틔우는 구조를 만들고자 노력하고 있었어요. 동료 의원들과도 "우리 한번 잘해봐요"라며 서로 의지를 다지며 의정 활동을 하던 날들이었죠.

어느 날 그 말들은 사라지고 조용히 불신임 서명 용지가 돌고 있었던 거예요. 충격이었던 건, 단 한 마디의 설명이나 조율이나 대화도 전무했다는 점이었어요. 갈등도, 감정의 골도 없었는데 이렇게 일이 진행되었다는 게 정말 믿기지 않았어요. 의논이라도 해보자는 마음에 비 오는 날 한 동료 의원의 자택 앞에서 기다리기도 했어요. 하지만 마주한 것은 "불편한 건 없어요"라고 말하면서도 눈조차 제대로 마주치지 않는 모습뿐이었죠.

가장 마음이 아팠던 건, 서로를 누구보다 잘 안다고 믿었던 동료들이 그 불신임 안에 서명했다는 점이었어요. 정치란 설득과 조율의 과정이 필요하잖아요. 의견이 다를 수도 있고, 불편함이 생길 수도 있어요. 그렇다면 마주 앉아 이야기를 나누고 개선할 방법을 찾는 게 정치의 기본이라 생각하는데, 그 과정이 전무했죠. 그저 '불편함'이라는 감정이 곧장 '불신임'이라는 정치적인 판단으로 이어졌어요.

의장으로 선출해줬던 분들이 몇 달 사이에 아무 말 없이 등을 돌리고 서명지를 돌렸다니 쉽게 이해하기 어렵네요.

처음 의장이 되었을 때 동료 의원들께서 해주셨던 말들이 지금도 선명하게 기억나요. "막내지만 준비가 제일 잘되어 있었어요", "지금 아니면 이런 구조를 못 만들 것 같아요." 서로에게 힘이 되는 말들이었고, 그 말들 속에 믿음이 분명히 담겨 있었어요. 그런 분들이 아무런 설명도 없이 돌아선 모습을 보며 저는 혼란스럽고 깊은 상실감을 느꼈습니다.

개인적으로 의장 선거를 단순한 '자리 경쟁'으로 본 적이 없어요. 그 선거는 동료 의원들과 어떤 정치를 같이 만들어갈 것인지, 저는 어떤 정치인이 되어야 하는지 함께 묻고 답하는 과정이라 생각했어요. 그렇기 때문에 저의 태도를 먼저 치열하게 고민할 수밖에 없었죠. 재선으로 정치의 현장에서 계속 활동해오고 있었지만, 막내고 여성이자 청년으로, 늘 주변인이었지 중심에 있던 사람은 아니었거든요.

그래서 좀 더 평등한 정치를 꿈꿨어요. 주민들의 선택을 받은 사람이라면 누구나 권한이 동등하고 같은 무게의 책임을 나눠야 한다고 믿었어요. 연차나 나이, 성별, 혹은 익숙한 기존의 정치 문법에 영향받는 게 아니라, 어떤 관점과 태도로 임하느냐에 따라 결정되는 구조요. 그 구조를 의회 안에서부터 만들어보고 싶었어요. 평등한 정치는 '모두가 같은 생각을 하자'가 아니라 '서로의 다른 생각을 대등하게 존중하자'라고 생각했어요. 그 구조를 만드는 게 바로 의장의 역할이라고 믿었고요.

의장 자리를 권한의 상징으로 받아들인 적도 없었어요. 오히려 조율과 책임의 중심이어야 한다고 생각했고, 선출 이후엔 실제로 의회 운영의 전반을 더 공정하고 투명하게 만들기 위해 노력했어요. 회의 안건은 사전에 공유했고, 예산안은 동료 의원들과 함께 만든 '도군도군 공부 모임'에서 살펴봤어요. 제 생각은 간단했습니다. 숫자에 익숙하지 않은 의원들도 편하게 질문하고 함께 배울 수 있도록, 의장실을 모두의 공부방으로 만들어보자. 그렇게 정책들을 짚어나갔죠.

이전엔 관례로 통과되던 예산 항목들도 재검토하기 시

작했어요. 중복되거나 실효성이 적은 사업에 대해선 "이건 왜 필요한가요?", "다시 고민해볼 수는 없을까요?" 하고 제안했어요. 정치의 기본이 더 많이 보고, 더 많이 이해하고, 더 많이 토론하는 거라 믿었거든요.

하지만 생각보다 빠르게 저항을 마주했어요. "왜 그런 걸 묻나요?", "원래 하던 방식인데 왜 바꾸려 해요"라는 반응이 하나둘 나오기 시작했어요. 특히 특정 인물이나 단체와 연결된 사업 항목에 대한 점검이 이어지면서 정치적 긴장감이 눈에 띄게 높아졌어요. 의회 내부에서도 알 수 없는 조심스러움이 번졌고요.

어느 순간부터는 처음 약속을 나눴던 분들조차 점점 저와 거리를 두기 시작하더라고요. '그 약속을 붙잡고 있는 사람이 이제는 소수이구나' 싶어 외로웠죠. '불신임'이라는 결론은 단지 저 한 사람을 향한 결정이 아니었다고 생각해요. 아마도 오래된 정치 질서를 건드리는 사람은 어떻게 되는지 보여주는 기존 정치의 방식이었는지도 모르겠어요.

변화를 향한 노력이 만든 균열

분명 함께 시작한 길이었는데 어느 지점부터 어긋나기 시작한 걸까요. 누구도 크게 반대하진 않았지만 그 흐름의 균열은 분명 있었을 것 같아요. 그 시작이 어디였다고 생각하세요?

'예산안'을 더 자세히 들여다보기 시작하면서부터 균열이 생겼던 것 같아요. 예산안은 단순한 숫자의 나열이 아니라, 군민의 삶과 군청의 우선순위가 고스란히 담긴 문서잖아요. 그러다 보니 그냥 '승인해주는 목록'으로만 보기 어려웠습니다. 정말 군민에게 필요한 사업인지, 예산이 적절하게 쓰이고 있는지 함께 살펴보고 이해한 상태에서 결정하자고 제안드렸어요.

워크숍도 열었어요. 이전 회계자료를 나란히 놓고 흐름을 설명해드리기도 했고요. 반복되지만 뚜렷한 성과가 보이지 않는 사업, 이름만 바꿔 유지되는 유사 사업들, 집행률이 낮은데도 지속되는 항목까지. 그런 것들을 한 번쯤은 짚어봐야 한다고 생각했어요. 실제로 "예전부터 이상하다고 느꼈는데, 그냥 지나쳤어요"라며 함께 살펴보자는 의원도 계셨습니다.

그때까지만 해도 분위기는 나쁘지 않았어요. 뭔가를 뒤엎자는 흐름은 아니었고, 다 같이 "조금 더 보자", "한 번쯤 다시 들여다보자"라는 정도였거든요. 그러다가 분위기가 조심스레 흔들리기 시작했어요. 군청 내부에서 "불편하다"라는 말이 돌기 시작했고, 그 말이 지역 단체나 관계자들 쪽으로도 번졌거든요. 저는 그저 "이건 왜 필요한가요?"라고 물었을 뿐이에요. "설명해주세요"가 결코 무례하거나 공격적인 말은 아니잖아요. 더 나은 판단을 위해 필요한 정보를 요청했을 뿐이고, 정책 결정자로서 응당 해야 할 일이었어요.

하지만 "굳이 그걸 왜 물어요?", "그건 원래 하던 거예요", "자료가 방대해서 설명하기 어려워요" 같은 반응들이 하나둘씩 돌아오기 시작했어요. 제 질문들이 낯설고, 이전엔 그냥 통과되던 것들이 이제 설명을 요구받으니까 번거롭고 귀찮게 느껴졌던 것 같아요.

더 어려웠던 건, 그중 일부 사업들이 특정 단체나 인물과 연결되어 있었다는 점이었어요. "왜 우리만 문제 삼아요?", "지역 문화를 무너뜨리려는 거예요?"라거나 심지어 "그렇게 깐깐하게 굴면 다음 선거 때 가만두지 않겠어요"라는 위협까지 들었어요. 말 그대로 충격이었어요. 저는 그저 예산 항목 하나를 다시 보자고 했을 뿐인데, 어떤 분들에겐 그게 존재 자체를 부정당하는 일처럼 받아들여졌다는 게 정말 납득되지 않았어요.

불편한 기류가 지역과 행정 쪽에서 커지자, 의회 내부의 분위기도 조금씩 바뀌기 시작했어요. 처음엔 함께 보자며 응원해주던 의원들도 점차 말을 아끼시더라고요. "김의장이 너무 민감하게 생각하는 거 아니에요?", "꼭 그렇게까지 하나하나 따져야 해요?"라는 말들이 들려오기 시작했죠.

처음엔 서운했어요. 그런데 시간이 지나며 그 감정이 점점 두려움으로 바뀌었어요. 저는 뭔가를 뒤엎으려던 게 아니라, 그냥 조금 더 나은 방향을 함께 찾아보자고 제안했던 거였어요. 그게 어느 순간 기존 질서를 흔들려는 도전으로 보이기 시작했던 거예요.

돌아보면 균열은 이미 그 지점에서 시작되고 있었던 것 같아요. 아주 조용하게, 하지만 되돌리기 어려운 방식으로요. 설명을 요구했던 태도, 이해를 중시했던 접근, 정치의 당연한 책무라고 믿었던 그 모든 시도가 결국엔 저를 '불편한 사람'으로 만들고 있었던 거예요.

예산이나 회의 방식 같은 표면적인 이유도 있었겠지만, 그 일이 벌어진 시점을 생각하면 단순한 우연으로 보기엔 어려운 측면이 있어요. 바로 제22대 국회의원 선거를 불과 몇 달 앞둔 시점이었으니까요. 선거를 앞두고 '정리'해야 할 대상이 된다는 것, 특히 그게 여성 청년 정치인이라는 점이 의미심장하게 다가옵니다. 의원님에게 이 일은 어떤 메시지로 다가왔나요?

지역 안에서는 이미 '누가 누구를 밀 거냐', '어디에 줄을 서야 하느냐', '이번 공천은 어디서 결정될 거냐'라는 이야기들이 공공연하게 돌고 있었어요. 저는 그 모든 셈법에서 말 그대로 '애매한 위치'였죠. 누구의 줄에도 서지 않았고, 특정 계파에 이름을 얹지도 않았어요. 오히려 의장이라는 자리에 있는 이상 더더욱 중립을 지켜야 한다고 생각했어요. 그건 저의 책임이자 최소한의 상식이었거든요.

제 태도가 정치적 셈법 안에서 불편했던 것 같아요. "지금은 판을 짜는 시기인데 왜 혼자 중립을 이야기하느냐"라는 분위기가 있었어요. 특히 저는 청년이고 여성이었기에 더욱더 조용히 함께 따르는 게 우선이라는 기류가 깔려 있었어요. '쓸모는 있지만 믿기엔 불안한 사람', '힘도 자기 세력도 없는 사람'이라는 판단이 작동하고 있었던 것 같아요.

게다가 의장을 맡은 이상, 저는 구조적으로 계속 중심에 설 수밖에 없었어요. 회의를 주재해야 했고, 의회의 입장을 외부에 전달해야 했고, 예산이나 정책을 점검하는 책임도 피할 수 없었어요. 의회의 책무로서 점검했을 뿐이었는데, 그게 공천과 연결된 어떤 분들에겐 불편한 질문으로 다가왔던 거예요. 그 구조 안에서는 아무리 조심하려 해도 이미 '위협'으로 분류되었던 것 같아요. 제가 조심하지 않아서가 아니라, 조심한다고 해서 벗어날 수 있는 구조가 아니었던 거죠.

결국 '불신임'이라는 형식은 기존의 정치 구조가 저에게 내린 정치적 결론이었어요. '이곳은 너의 자리가 아니다', '줄을 서지 않는 사람은 배제된다', '자기 말을 하려는 사람은 오래가지 못한다'와 같은 메시지였어요. 저는 그 구조 안에서 정리의 대상이자 동시에 경고의 사례였다고 생각해요. 그 대상이 청년이고, 여성이고, 자기 관점으로 말하려 했던 정치인이었다는 사실은 결코 우연이 아니었어요.

의원님께서는 불신임의 순간에도 물러서지 않으셨어요. 의장으로서의 시간을 끝까지 책임지셨고요. 단순한 의지 이상의 무언가가 그런 결정으로 이끌었을 것 같아요. 그때 의원님을 붙잡아준 힘은 무엇이었나요?

그때를 떠올리면 몸보다 마음이 더 버티기 힘들었던 것 같아요. 단순히 '의장직을 지키느냐 마느냐'가 아니라, '내가 앞으로도 이 정치 안에 남을 수 있을까?', '계속 이

자리에 있어도 되는 걸까? 고생할 만큼 했으니 이쯤에서 그냥 그만두고 편하게 살까?'라는 질문이 계속 따라붙었거든요. 불신임이라는 이름 아래 설명조차 듣지 못한 채 집단에게 외면당하는 그 상황이 거의 '정치적 집단 린치'처럼 느껴졌어요. 솔직히 모든 걸 내려놓고 싶었어요. 그런데 정말 예상하지 못한 곳에서 저를 붙잡아주는 힘을 얻었어요. 바로 주민분들이었어요.

"의장님이 처음으로 우리 이야기를 정치에 반영해준 정치인이었어요", "이런 정치가 계속돼야 하는 거 아닌가요?"라는 이야기들을 문자와 쪽지로, 또 직접 만나서 전해주셨어요. 그중에서도 한 청년분의 메시지가 마음에 남아요. "저는 강진에서 살아야 하니까요. 변화가 멈추면, 저희는 또 아무 말도 못 하게 돼요"라는 말 앞에서 그냥 주저앉아 있을 수만은 없더라고요. 그 말은 단순한 응원이 아니었어요. '정치를 왜 해야 하는가'에 대한 너무도 또렷한 대답이었어요.

의장 불신임 결의안이 발의되자 지역의 어르신들과 청년들이 제 일처럼 먼저 나서 주셨어요. "기득권 구태정치 OUT", "청년 정치를 탄압하지 말라"라는 구호를 외치며 성명을 발표했고, 하루 만에 1,000여 명이 넘는 당원께서 자발적으로 서명운동에 참여해주셨습니다. 누구의 조직도 아니었고 어떤 큰 외부 단체도 아니었어요. 그저 지역에서 살아가며 저와 눈을 마주친 분들이 스스로 움직여주었던 거예요. 그 모습을 보고 나니 다시 생각하게 됐어요. '내가 지금 버텨야 할 이유는 권한이나 체면 때문이 아니라, 이분들의 기대와 지지에 응답하기 위해서다'라고요.

군청 안에서도 조용히 응원해주셨던 분들이 존재했어요. 상황상 직접 나서지는 못하지만 "의장님, 잘 버텨줘서 고마워요"라고 귓속말해주시던 분들, 문자로 응원해주셨던 분들, 회의 끝나고 "수고 많으셨어요"라며 조용히 다가와주던 분들이 계셨어요.

이러한 연대와 응원 덕분에 명분 없는 불신임 결의안은 본회의 상정 직전에 철회될 수 있었어요. 제가 다시 그 자리에 설 수 있었던 건 저 혼자였다면 불가능했을 거예요. 저를 '정치인'으로 여겨준 주민들과 '이 정치가 지속되길 바라는 마음'으로 지켜봐주신 분들의 지지와 응원 덕분이었죠. 정치가 사람을 배신하는 일이 아니라, 사람의 말을 끝까지 듣는 일이 되어야 한다는 것을 그분들에게 배울 수 있었어요. 그래서 저는 "무너질 뻔한 저를 다시 일으켜 세웠어요"라고 말하고 싶지 않아요. "지켜야 할 사람들의 목소리를 붙잡았기에 서 있을 수 있었어요"

전남도의회 기자회견 장면. 김보미 의장 불신임안 관련하여 전남 청년들이 '청년 정치 탄압 중단'과 '의장 불신임안 철회'를 촉구하며 목소리를 높이고 있다.

라고 고쳐 말하고 싶어요. 그게 저를 다시 정치의 한가운데에서 지금까지 움직이게 하는 가장 큰 힘 같아요.

정치에 질문을 던질 때

의원님의 정치 여정은 '극복'이라는 단어로 설명될 수 있을 것 같아요. 초선 시절에는 제명을 겪고도 복당했고, 오히려 후보 적합도 1위에 본선 최고 득표까지 얻었어요. 불신임 순간도 결국 버텨 더 크게 돌아오실 수 있었고요. 이러한 시기를 지나며 의원님 안에 무엇이 쌓였나요?

초선 때도 지금과 크게 다르지 않았던 것 같아요. 그때도 제게 주어진 자리에서 해야 할 질문들을 던졌을 뿐이었어요. 의정 활동에서 가장 기본이라고 생각했던 것들, 수의계약이 어떤 근거로 체결되었는지, 특정 예산 항목이 해마다 반복되는 이유는 무엇인지, 실제로 그 사업이 군민들에게 어떤 효과를 가져다주었는지 등을 묻는 일들이었죠.

그 후 납득할 수 없는 이유로 제명당했어요. 어느 날 지역 언론 기사에 뜬 '김보미 제명'이라는 문장을 보고서야 상황을 파악했습니다. 단체 메신저 방에서는 쫓겨나 있었고, 정당의 공식 모임에서는 자연스럽게 배제되기 시작했어요. 그때는 정말 '내가 여기에 있어야 하는 이유가 뭘까'라는 생각만 들었어요. 계속 떠오르는 그 질문에 답을 찾아야만 할 것 같았어요.

그 질문의 답을 찾기 위해 주민들 곁으로 더 깊숙이 들어갔어요. 어디 한 군데를 정해두지 않고 강진군 전역을 돌았어요. 밭일을 도우며 어르신들과 대화를 나누고, 막걸리 잔을 함께 기울이며 이장님들의 이야기를 들었어요. 아이 키우는 분들과는 육아와 생계 사이의 고단함을 함께 나눴고요. 그렇게 다니다 보니 자연스럽게 알게 됐어요. '정치는 멀리 있는 거대한 말이 아니라, 주민 한 사람의 삶을 함께 들여다보는 일이구나. 그 안에서 시작해야 하는 거구나.' 정당이라는 보호막은 사라졌지만, 지역 주민들과의 관계는 더 깊어졌죠. 결국 제가 찾은 답은 '정치'였어요.

그런 시간이 쌓여 다시 돌아올 수 있었던 것 같아요. 복당 후 후보 적합도 조사에서 1위를 했고, 본선에서는 전체 군의원 중 최다 득표를 받으며 재선에 성공할 수 있었어요. 재선에 성공했을 때는 주민들로부터 다시 '정치를 해도 된다'라는 허락을 받은 것 같았어요.

불신임의 순간도 그때와 크게 다르지 않았어요. 겉으로

는 예산이나 회의 운영 방식을 이유로 들었지만, 그 안에는 분명한 기류가 있었어요. 익숙함을 흔드는 사람에 대한 불편함과 '청년은 아직 말을 아껴야 하고 여성은 더 조심해야 한다'라는 묵시적 요구가 여전히 정치의 공기를 지배하고 있었어요. 제가 초선 때 겪었던 구조는 여전히 변하지 않았고, 저는 또다시 그 안에서 같은 질문을 던지고 있었던 거예요.

다만 이번에는 조금 달랐어요. 그 질문들에 동의해주는 사람이 더 많았고 지지해주는 목소리도 더 컸어요. 더는 혼자가 아니었어요. 지금 돌아보면, 제 안에 '의지'가 아니라 '신념'이 쌓였던 것 같아요. 한두 번 밀린다고, 거절당한다고 그만둘 수 없음을 알고 있었어요. 그 자리는 이제 제 것이 아니라, 주민들이 저를 통해 말하고 싶은 삶의 자리였으니까요.

제가 정치를 계속할 수 있었던 건, 그 신념 위에 쌓인 '신뢰' 덕분이었습니다. 저는 두 번이나 같은 방식으로 배제되었지만, 두 번 모두 주민들의 선택으로 돌아올 수 있었거든요. 그분들의 신뢰가 저를 단단하게 만들어준 것 같아요.

어려운 과정이었음에도 재선에 성공하신 이유 중에는 분명 의

정 활동의 성과도 있었을 것 같아요. 가장 보람 있었던 의정 활동은 무엇이었나요?

'강진군 다산 문화진흥조례'를 만들었던 일이 가장 먼저 떠올라요. 단순히 하나의 조례를 제정한 것을 넘어서, 이 지역에서 정치하는 사람으로서 꼭 해야만 했던 일이거든요. 강진은 다산 정약용 선생이 18년간 유배하며 머문 곳이에요. 그중 11년을 다산초당에서 보내며 실학사상을 완성하셨죠. 그런데도 정작 다산의 정신을 현대 행정이나 정치 시스템에 반영하려는 시도는 거의 없어 늘 아쉬웠어요. 그래서 다산의 정신이 윤리적 슬로건으로 끝나거나 단순히 기념하거나 콘텐츠 개발이나 관광 자원으로 소비하는 게 아니라, 지금 여기 '우리가 살아가는 행정과 제도 안에 어떻게 녹여낼 수 있을까'를 고민하게 되었어요. '공정', '청렴', '실용', '개혁'은 다산이 강조한 키워드인 동시에 제가 정치를 하면서 중요하게 여기는 가치들이기도 하니까요.

그래서 이 조례를 만들 때 정말 신중하게 접근했어요. 단순한 명분이나 형식이 아니라, 다산의 정신을 현대적으로 계승하겠다는 마음을 담아 조례를 준비했어요. 다산의 철학이 현실 행정 안에서 기능하게끔 고민했죠. 주민들이 체감할 수 있는 문화정책과 시민정신으로 연결시키고 싶었어요. 이를 위해 관련 논문을 찾아보고, 강진 지역의 향토사학자들과 교수들을 만나 여러 차례 자문도 나눴어요. 조례안에도 시민정신 함양, 문화예술인의 창작 활동 보장, 문화기획에 대한 주민참여 확대 같은 내용을 넣었죠. 특히 시군의 조례를 복사해 붙여 넣은 것이 아니라, 전국 최초로 강진에 오롯이 맞추어 설계한 조례였고 제정에 앞서 강진군의회 역사상 처음으로 군민 간담회를 열어 의견을 수렴하는 과정도 담아냈기에 의미가 깊어요.

저에게 이 조례는 새로운 변화를 위한 첫걸음이었어요. 그렇기에 마침내 의회에서 조례가 통과되던 날, 진짜 울컥했어요. 처음부터 끝까지 수많은 강진 주민의 기억과 바람, 그리고 지역이 품고 있던 가치가 제도 안으로 스며든 순간이었거든요. 아마도 그날을 평생 기억할 것 같아요.

다음으로 떠오르는 건 청년 정책이에요. 지난 제8대 의회에서 '강진군 청년 기본 조례'를 대표 발의해 제정했는데, 이 역시 저에게 정말 중요한 작업이었어요. 단순히 청년에게 혜택을 주기 위해 만든 조례가 아니었습니다. 청년이 정책 수립 과정부터 참여할 수 있도록, 청년이 스스로 목소리를 낼 수 있도록, 정치와 행정의 구조를 바꾸기 위해 발의한 조례예요. 정책 수립부터 예산 배정, 실행까지 청년이 참여할 수 있는 조항들을 담았죠. 이 조례를 통해 '청년이 떠나는 도시'가 아닌 '청년이 주체로 서는 도시'를 만들고 싶었어요. 이번 제9대 의회에서는 조금 더 발전하여, 이 조례를 바탕으로 강진군 청년위원회 내 청년 참여 비율도 높였고 청년 간담회도 정례화하여 진행하게 되었어요.

사회적 약자를 위한 조례들도 기억에 남아요. '아이 돌봄 서비스 지원 조례', '저소득 주민 생활안정 지원 조례', '장애인·노인·임산부 편의시설 조례' 같은 것들이죠. 이건 제 경험과도 닿아 있어요. 제가 어릴 때 가까운 분들이 복지 사각지대에 많았거든요. 그래서 그와 같은 분들의 삶을 조금이라도 덜 힘들게 돕는 제도와 구조를 만들어야겠다고 생각했어요. 혼자 살 수 없는 개인이 아니라, 혼자 살아야만 하게끔 만든 사회 구조를 바꾸고 싶었어요. 이런 사회의 구조적인 문제를 하나씩 바로잡는 것이야말로 정치가 해야 할 일이라 생각했습니다.

결국 주민들께서 저를 다시 선택해주신 이유도 이런 '정치의 과정'에 있지 않았을까 싶어요. 조례 하나하나가 단지 기록이 아니라 함께 나눈 약속의 증거였고 그 약속을 지키려 한 저의 태도였으니까요. 그렇게 쌓여온 신뢰가 저를 다시 일으켜 세워준 것 같아요. 그리고 그 신뢰 안에서 저는 정치를 더 단단히 이어가고 있고요.

항상 질문을 던지는 아이

의원님의 단단한 신념과 결심이 하루아침에 만들어지지 않았다는 게 느껴져요. 누구보다 어려운 상황에서도 끝까지 질문을 멈추지 않았던 그 마음은 어디서부터 시작된 걸까요?

제 산모 수첩에 적힌 태명이 '또나'였어요. 아들이 아닌 딸이 나와서, 셋째를 또 낳아야 한다는 의미였어요. 부모님께서는 농담처럼 말씀하셨지만, 저는 그게 무슨 뜻인지 금방 알 수 있었어요. 치킨의 닭다리는 늘 남동생에게 양보해야 했던, 눈칫밥 먹으며 자란 〈응답하라 1988〉 속 둘째 딸 덕선이 바로 저였어요.

저는 늘 미안한 사람이었어요. 태어나면서부터 '실망'을 안겨주었으니까요. 그래서 더 착해야 했고, 더 참아야 했어요. 누구도 불편과 불만을 해결해주지 않는 환경 속에서 제게는 '내가 해결해야 한다', '잘해야 한다', '실망시키지 말아야 한다'라는 압박이 그림자처럼 따라다녔어요. 타인의 감정과 기대에 맞추며 살아가는 건 조심스러웠고 때론 너무도 벅찼죠.

그러면서도 항상 질문을 던지는 아이였어요. "왜요?"라는 말이 제 안에서 늘 맴돌았죠. 어른들의 "원래 그런 거야"라는 말을 들을 때마다 답답해졌어요. 뭐든 그냥 넘기지 못했고, 의문이 들면 이상하다고 말했어요. 어쩌면 그때부터였는지도 모르겠어요. '나는 왜 이렇게 취급받아야 하지?', '왜 내가 미안해야 하지?' 같은 질문들이 마음속에 생겨나기 시작했어요. 단순한 호기심이 아니라 제 존재 자체에 관한 질문이었어요.

그렇게 쌓인 질문들에 점점 무게감이 더해졌고 언젠가부터 깨닫게 되었어요. '나만의 질문이 아니었구나.' 말하지 않았을 뿐 제 곁의 친구도, 우리 엄마도, 동네 아주머니도 모두 같은 현실을 마주하고 있었어요. 그걸 알게 되자 이 질문을 더는 혼자 간직해선 안 되겠다는 생각이 들었어요. 누군가는 말해야 한다면 그 사람이 말하는 이가 제가 되어야겠다고 생각했어요. 그래서 정치를 결심하게 되었어요.

애초에 저는 정치를 하려던 사람이 아니었어요. 단지 이상하다고 느낀 것을 말하고 싶었을 뿐이에요. 말할 수 없는 분위기, 유난스럽다고 침묵을 강요하는 구조, 불편함을 지적하면 배제되는 사회를 바꾸고 싶었어요. 그 구

김보미 의원이 지역 주민과 손을 맞잡으며 소통하고 있다.

조를 바꾸는 데 필요한 자리가 저에게는 정치였고 그래서 이 자리까지 오게 된 거예요.

지금도 저는 정치 안에서 묻고 또 묻는 사람이고 싶어요. 누군가는 불편해할 수 있겠죠. 하지만 저는 그 질문이 꼭 필요하다고 믿어요. 말하지 못했던 사람들, 말해도 묵살당했던 사람들, 그 사람들을 대신해서라도 질문을 멈추지 않을 거예요.

태어날 때부터 존재 자체로 미안했던 아이가 지금은 누군가의 삶을 대신 질문하는 자리에 있다는 것, 그건 저에게 기적 같은 일이에요. 그리고 동시에 제가 계속 정치를 해야만 하는 가장 분명한 이유이기도 해요.

정치의 유리벽을 깨기 위해

'말하고 싶다'와 '말할 수 있는 자리에 선다'는 건 또 다른 이야기잖아요. 그 사이를 어떻게 연결하셨나요? 그리고 '내가 해봐야겠어'라는 결심을 어떤 노력으로 '내가 하게 되었어'로 바꾸셨나요?

제 안에는 오래전부터 '이건 아니잖아'라는 말이 맴돌았지만, 밖으로 꺼내기까지는 시간이 오래 걸렸어요. 단지 말이 아니라 책임이 뒤따르는 일이었으니까요. 전혀 다른 용기가 필요했어요.

저는 누가 이끌어주거나 추천을 받아 나온 정치인이 아니에요. 인맥도, 조직도, 후원도 없었어요. 오직 '이상하다 느꼈던 것들을 직접 바꾸고 싶다'라는 마음 하나로 시작했어요. 그런데 그 마음을 현실로 만들기 위해서는 누군가에게 먼저 말해야 했어요. "제가 이 자리를 맡아보겠습니다"라고요. 말하기 쉽지 않았지만 결국 제 안에 있던 진심 덕분에 용기를 낼 수 있게 되었어요. 그 마음이 저를 움직이게 했어요.

그때부터 정말 무작정 다녔어요. 논두렁과 밭두렁, 장터, 마트 앞, 행사장 등 어디든 갔어요. 새벽부터 나가서 "안녕하세요, 김보미입니다"를 매일 수백 번씩 반복하며 저를 설명하고 기억해달라고 부탁드렸어요. 정당 행사에 가서도 저를 아는 사람 하나 없었지만, 한 분 한 분 앞에서 이름을 밝히고 제 이야기를 꺼냈어요.

처음엔 '누구세요?'라는 시선이 있었고, 어린 것 같은데 뭘 할 수 있을까?'라는 눈빛도 느껴졌어요. 그럴 때마다 제가 왜 정치를 하고 싶은지, 왜 이 자리에 서야겠다고 마음먹었는지 말씀드렸어요. 그리고 묻기도 했죠. "이 지역에서 어떤 게 제일 불편하신가요?", "뭘 바꾸고 싶으세요?" 그런 질문들이 오가면서 사람들이 저를 다시 보게 된 순간들이 있었어요. "그 말, 우리 애도 했어요", "그거 우리도 바라던 바예요." 이런 말들을 들으면서 '아, 내가 혼자 말하고 있는 게 아니구나'라고 느꼈습니다.

도당에 면접을 보러 갔을 때 한 당직자께서 제 재산 신고 내역을 보시더니 "돈도 없고, 부동산도 하나 없으면서 무슨 정치를 하느냐"라고 물으셨어요. 그때는 "제가 20대인데, 있는 게 더 이상한 게 아닌가요?"라고 웃으며 대답했어요. 지금 생각해보면 '면접 자리인데 좀 참았어야 하나 싶기도 해요. 하지만 오히려 저를 가장 잘 보여준 대답이었다고 생각해요. 있는 그대로의 저를 감추지 않고 그 순간마저도 저답게 버텼다는 점에서요.

물론 모든 분이 반겨주신 건 아니에요. "어린 사람이 무슨 정치예요", "여자라서 힘들 텐데 그냥 안 하는 게 나아요"와 같은 말도 들었어요. 그런데 그런 말보다 기억에 남는 건, 인사드리고 돌아서는 제 등을 토닥여주며 "당신 같은 젊은 사람이 바꿔야지"라고 말씀해주신 어르신들의 진심 어린 응원이었어요. 그런 말 한마디가 저를 다시 일으켜 세웠고, 끝까지 걸을 수 있게 해주었어요.

지금 이 자리에 설 수 있었던 건, 제가 발로 다닌 만큼 누군가는 마음을 열어주었고, 저를 믿어주었기 때문이에요. 제가 정치를 시작하게 된 것도, 지금도 계속하고 있는 것도 모두 그 진심이 이어진 결과예요. 그 길을 지금도 그분들과 걷고 있어요.

여러 어려움이 있었음에도 그때 무작정 걸었던 그 발걸음을 지금껏 지속해오고 계신데요. 그 걸음 속에 담겨 있었던 마음들은 지금 어떻게 달라졌을까요? 반대로 어떤 마음은 여전히 그대로인가요?

처음에는 그저 '움직이지 않으면 안 될 것 같아서' 발을 내디딘 사람이었어요. 하고 싶은 말이 있는데 돌이켜보면 참 간절했어요. 누가 저한테 "정치 왜 하려고 하세요?"라고 묻는다면, 저는 아마 그때도 지금도 같은 대답을 할 것 같아요. "바꿔야 할 것 같아서요. 혹시 바꾸고 싶은 게 있으세요?" 저에게 정치는 거창한 이론이나 명분이 아니라 '이상한데 왜 아무도 말을 안 하지?'라는 질문에서 출발했거든요. 그 질문 하나가 저를 여기까지 이끈 것 같아요.

정치를 하면서 그 질문조차도 쉽게 허락되지 않는다는 현실에 정말 많이 부딪혔어요. 특히 '청년'이라는 이유로 '여성'이라는 이유로 심지어는 '막내'라는 이유만으로 그 어떤 질문도 허용되지 않는 경험을 했어요. 바꾸기 위해 정치에 도전했고 그 자리까지 나아왔지만, 그곳에는 보이지 않는 '유리벽'이 존재했어요. 말을 꺼내면 "아직 경험이 부족하잖아요", 어떤 제안을 하면 "그 부분은 좀 나중에 이야기합시다", 뭔가를 시도하면 "그건 의장 혼자 정할 수 있는 게 아니에요" 같은 말들이 늘 따라왔어요. 저의 정치는 이 벽을 마주하며, 또 조금씩 깨면서 나아왔던 것 같아요.

계속 이야기하려 해요. "사실 여기 벽이 있어요"라고요. 예전 같았으면 그냥 참고 넘어갔을 일도 이제는 더더욱 '말해야겠다'라고 생각해요. 사실 이런 구조 속에서 살아남으려면 그렇게 하면 안 돼요. "정치 잘하고 계신데, 이젠 좀 조용히 하시면 좋을 것 같아요", "오래가려면 너무 튀면 안 돼요" 같은 피드백들을 받곤 해요. 어떻게 보면 맞는 말들이에요. 정치를 오래 하려면 질문을 줄이고, 주변의 기대에 맞춰야 하죠. 알지만 그러고 싶지 않아요. 제가 여기서 멈추면 그다음 정치에 도전하는 사람이 또 좌절하는 구조가 이어지잖아요. 그래서 저는 '그냥 계속하자, 흔들리더라도 혹 다치더라도 어쨌든 계속 말하자'라고 결심했죠.

단지 '내가 하고 싶어서'라는 마음만으로 정치를 시작한 건 아니었어요. '누군가 이 이야기를 해야 한다면, 그게 나일 수도 있지 않을까?'라는 마음이 더 컸던 것 같아요. 그래서인지 지금 이 자리에서도 여전히 '다음 사람'을 생각하게 돼요. 다음에 올 청년 정치인, 여성 정치인이 지금보다 더 많은 질문을 던질 수 있는 환경에서 정치를 시작했으면 좋겠어요. 저는 그걸 위해 먼저 겪었던 거예요. 그 벽을 허물기 위해서는 누군가 먼저 부딪혀야 하니까요.

지금도 누군가에겐 당연해 보이는 것도 저는 다시 물어봐요. 그 질문이 불편하더라도 다음 사람에게는 새로운 길이 될 수도 있으니까요. 청년 정치라는 말, 여성 정치라는 말, 처음 들을 땐 멋져 보였지만 실제로는 그런 이름이 붙는 순간 훨씬 더 어려운 길이 눈앞에 놓여요. 저처럼 한 번은 넘어져 본 사람이 다음 사람이 넘어지지 않도록 길을 다듬는 중이에요. 그게 제가 여기 있는 이유이고요. 제 질문들이 언젠가는 더 많은 사람의 목소리로 이어졌으면 좋겠어요.

의장으로서의 시간도, 불신임을 마주했던 시간도 모두 지나왔어요. 이제 다시 의원 김보미로서, 정치인 김보미로서 어떤 미래로 향하고 싶으신가요?

정치의 벽은 누가 일부러 쌓은 게 아니에요. 나이, 성별, 출신, 계파 같은 수많은 기준이 차곡차곡 더해 만들어진, 눈에는 보이지 않지만 분명히 존재하는 선명한 '유리벽'이에요. 그리고 그 벽은 지금도 여전히 누군가의 질문과 도전을 막고 있어요.

오늘날 강진은 지방소멸이라는 위기에 놓여 있어요. 청년들은 계속 떠나가지만 새로운 사람들은 좀처럼 들어오지 못하는, 소멸의 벽에 갇혀버렸죠. 일자리는 줄어들고, 학교는 줄폐교되고, 남아 있는 사람들은 "이곳에서 미래를 꿈꿀 수 있을까요?"라고 자꾸 되묻고 있어요. 단지 인구가 줄어드는 것이 아니라 '희망'이 빠르게 빠져나가고 있는 거예요.

지금이야말로 그 벽을 깰 제대로 된 정치가 필요한 시점이라고 생각해요. 다만 예전처럼 혼자 부딪히고 싶진 않습니다. 혼자 질문하고 혼자 싸우는 정치에는 한계가 분명하더라고요. 너무 쉽게 지치고 자주 외로워져요. 이제는 각자의 자리에서 질문을 멈추지 않는 동료 정치인들과 손잡고 함께 나아가고 싶어요.

강진에서 나온 질문이 대구의 답이 되고 제주에서 시작한 변화를 서울에서 이어갈 수 있도록 하는, '내가 하는 정치'가 아니라 '우리가 함께하는 정치'로 확장되는 혁신의 길을 준비하고 있어요. 지역을 넘고 세대를 넘어 연결되는 정치를 계속 만들어가고 싶어요.

앞으로도 이 길을 걸을 거예요. 더 많은 사람의 질문이 허용되는 정치, 더 다양한 목소리가 존중받는 민주주의를 위해 질문을 멈추지 않을 거예요. 그 질문이 이어질 때, 강진을 비롯한 전국 수많은 지역에도 다시 새로운 희망이 피어날 거라 믿고 있어요. 변화의 기운이 퍼져 나갈 수 있게, 그리하여 지역에 새로운 활력이 생기도록 이곳 강진에서부터 바꿔가고 싶습니다. 그게 지금의 저에게 주어진 역할이고, 제가 계속 정치에 남아야 하는 이유이기도 해요.

김보미 의원에 대하여

1. 학력 및 이력

전남대학교 학사 및 일반대학원 석사 수료
전 사)청년문화예술인협회 창립회장
전 제9대 전반기 강진군의회 의장
전 더민주전국혁신회의 상임대표
더불어민주당 청년정책연구소 부소장
더불어민주당 국가균형발전특별위원회 부위원장
제8대, 제9대 전라남도 강진군의회 의원

2. 의정 활동 직무 정보

- **소속 선거구 | 인구수**
강진군 나 선거구 | 1만 2,699명
※ 군동면 4,262명, 대구면 1,007명, 마량면 1,653명, 병영면 1,466명, 옴천면 565명, 작천면 1,705명, 칠량면 2,041명

- **전체 예산(2024년, 추경 포함) | 의원 수**
4,863억 7,244만 3,000원 | 8명

- **월정수당 | 의정 활동비 | 세전 급여**
184만 8,590원 | 150만 원 | 334만 8,590원

- **대표 발의 조례**
전라남도 강진군 다산문화 진흥 기본 조례(전국 최초)
전라남도 강진군 4.4 독립만세운동 등 기념사업 지원에 관한 조례
전라남도 강진군 청년 기본 조례, 아이돌봄서비스 지원 조례
전라남도 강진군 장애인·노인·임산부 등의 편의시설 사전점검 및 설치
지원 조례
전라남도 강진군 저소득 주민의 생활안정 지원에 관한 조례
전라남도 강진군 노인복지 증진에 관한 조례

- **의정 활동 중 발의 조례 수**
대표 발의 24건, 일부 개정 발의 2건, 공동 발의 160건

3. 기타

- **SNS 계정**
instagram.com/kimbomi1989
facebook.com/kimbomi1989
youtube.com/@kimbomi1989

김샤인

1982년생. 제9대 서울특별시 송파구의회 의원으로 행정교육위원회 소속이다. 하루 중 이른 새벽을 가장 좋아한다. 새벽에 일어나 그날 처리할 의정 업무, 공부할 내용, 운동 계획 등을 차근차근 세우다 보면 어느 순간 에너지가 채워지는 기분이 들기 때문이다. 석촌호수 산책, 헬스장에서 운동하기, 맛있는 음식 레시피 저장해두는 것을 취미로 삼고 있다. 앞으로도 무한한 상상력과 끝없는 의지, 압도적인 실력을 갖추어 계속 도전하는 가치 있는 삶을 지향하고 싶다.

"가능성을 발견하고
그걸 현실로 만드는 방법을
찾아야 해요."

당연하게 여기던 질서들이 너무 복잡하고도 빠르게 변하고 있습니다. 인공지능AI이 오늘의 노동을 바꾸고, 기후위기(기후재난)가 내일의 삶을 뒤흔들고 있습니다. 이러한 변화의 흐름 속에서, 정치는 과연 얼마나 민첩하게 반응하고 있을까요.

아마 대부분은 고개를 저을 것입니다. 가장 뜨거운 현실의 문제도 정치의 문턱을 넘는 순간 단숨에 식어버리는 경우를 너무 자주 목격했으니까요. 수많은 '검토'와 '협의'의 회전문 안에 갇혀 정작 중요한 변화는 요원해 보여 답답했으니까요. 그것이 정치의 현실일지도 모르겠습니다.

이런 정치의 현장에 김샤인 의원이 있습니다. NGO 활동가이자 사회적기업가로서 '일단 해보는' 사람이었던 그에게도 정치의 현장은 너무 더디게 느껴졌습니다. 처음에는 왜 이렇게 느린 것인지 수없이 질문했지만, 단순히 비판하는 데서 멈추지 않았습니다. 이제는 "정치가 느릴 수밖에 없는 구조라면, 그 대응 속도를 더 높이고 싶어요"라며 해답을 찾고자 노력하고 있습니다.

김샤인 의원과의 인터뷰는 정치가 어떻게 현실의 속도를 따라잡을 수 있을지 함께 고민하는 시간이었습니다. '빠르게 대응하는 정치'를 위한 끊임없는 학습과 변화의 노력이 현실이 되어가는 과정을 볼 수 있었습니다.

이제 정치는 몇 걸음 뒤처져 따라가는 게 아닌, 반 걸음 앞서 미래를 이끌어가야 합니다. 그 가능성의 실마리를 이 인터뷰를 통해 함께 찾아볼 수 있길 바랍니다.

왜 이렇게 느릴까

인공지능부터 기후위기까지 기술도 삶도 모두 급속도로 변하고 있는데, 정치만 그 흐름을 온전히 따라가지 못하는 것 같아요. 의원님은 어떻게 생각하세요? 정치와 사회 사이의 속도 차이를 체감하고 계신가요?

정말 많이 느끼고 있어요. 정치 밖에 있었을 땐 그 간극이 늘 의문이었죠. 국제 NGO에서 활동하거나 사회적기업을 운영할 때는 '일단 해보자'라는 용기 하나로 훨씬 더 빠르게 움직였거든요. 현장에서 문제가 생기면 바로 사람들과 논의하고, 작더라도 시도해보고, 그 결과를 바탕으로 바로 다음 단계를 고민했죠. 그게 현장에서의 가장 큰 힘이었어요.

정치는 다르더라고요. 간담회에 참석하고, 위원회에서 발언하고, 의견서를 내도 돌아오는 건 "검토해봐야 해요", "부처 간 협의가 필요해요"와 같은 말이었어요. 솔직히 답답할 때도 많았고요. 그 느린 속도가 낯설다 보니 처음에는 정치가 너무 비효율적으로 보였어요.

요즘처럼 변화의 속도가 유례없이 빠른 시대에는 문제를 작게 나누고, 빠르게 실험하고, 결과에 따라 곧바로 개선해가는 방식이 점점 더 보편화되고 있죠. 흔히 말하는 '린lean하고 애자일agile한 방식'도 정치에 반영된다면 훨씬 더 유연하고 현실적인 정책이 나오지 않을까 싶은데 어떻게 보시나요?

저도 그렇게 생각해요. 엠네스티 인터내셔널에서 일할 때는 시간도 인력도 늘 빠듯했거든요. 작게 시작하고, 바로 실험해보고, 즉시 고치는 게 저에게는 가장 익숙한 문제 해결 방식이었어요. '이론을 내세워 계획을 완벽하게 세우기보단 일단 해보는 실행력'이 훨씬 더 중요했죠. 교육 프로그램 하나를 만들더라도 그 지역의 문화나 감수성, 현장의 분위기에 따라 방식이 완전히 달라져요. 정해진 답이 없다는 걸 전제로 유연하게 움직여야 했어요.

한국에 돌아와 사회적기업인 드림메이커 인터내셔널을 창업했을 때도 마찬가지였어요. 처음엔 '착한공부 프로젝트'라는 저소득층 교육격차 해소를 위한 무상 교육 지원사업을 소규모로 시작했어요. 어떤 방식이 효과적인

지, 어떤 구조로 작동하는지, 시장 반응에 따라 메시지나 디자인, 유통 방식까지 현장에서 실험하며 계속 조정해나갔어요. '40240 독도커피'는 소비자의 역사 인식을 높이려는 시도였고요.

반면에 정치에선 실행보다 과정이 우선이더라고요. 문제를 공론화하는 데만도 시간이 오래 걸렸고, 조례 하나를 만들기 위해선 법적 검토, 부서 간 협의, 상임위원회 통과, 본회의 통과 같은 절차들이 먼저였어요. 타이밍과 정치적 맥락까지 고려해야 하니, 처음엔 솔직히 너무 복잡하고 느리게만 느껴졌어요. 검토와 회의만 이어지는 걸 보면서 '이래도 괜찮은 걸까?' 하는 의문도 커졌고요.

시간이 지나면서, 그 느림에도 나름의 이유가 있다는 걸 알게 됐어요. 사회적기업에서는 제가 내린 결정의 영향 범위가 비교적 제한적이었지만, 정치에서는 하나의 결정이 수많은 사람에게 영향을 주고, 그 책임도 여러 주체가 함께 져야 하거든요. 그러니 보다 신중해지고 느릴 수밖에 없는 구조더라고요. 단순한 비효율로 보였던 그 느림이 지금은 '책임과 숙의의 무게'라는 걸 이해하게 되었어요.

정치가 느릴 수밖에 없는 이유를 이해하는 과정에서 많은 도전과 시행착오, 노력이 있었을 것 같아요. 어떠셨나요?

이해하는 데 꽤 오래 걸렸어요. 처음엔 정말 자주 부딪혔죠. 당면한 문제라고 생각해서 늘 그래왔듯 빠르게 대안을 제시했는데, 돌아오는 대답은 대부분 "논의할 사안이 많아요", "예산 편성상 올해는 어려워요" 같은 말들이었거든요. 처음엔 그냥 "지금은 하지 맙시다"라는 대답으로 들렸어요. 그때마다 '마냥 손 놓고 있어야 하는 건가?' 싶어 마음이 복잡해졌죠. 정치에서는 '지금'이라는 말이 쉽게 허용되지 않는 것 같았어요.

그런 경험이 반복되면서 느린 구조에 어떤 이유가 있는지 하나씩 들여다보게 됐어요. 가령 제가 제안한 정책이 어떤 주민들에겐 꼭 필요한 일이지만, 동시에 다른 누군가에겐 오히려 불편을 줄 수 있다는 사실을 깨닫게 된 거죠. 정치는 그 특성상 다수에게 영향을 주기 때문에 그만큼 더 많이 고려해야 한다는 것을 알 수 있었어요.

정치는 한 사람의 판단이나 열정만으로 움직이는 게 아니라, 훨씬 더 많은 사람의 이해와 동의, 그리고 책임이 얽혀 있는 구조잖아요. 그걸 마주하면서 서서히 이해했던 것 같아요.

현실의 문제를 정치의 영역으로

"지금은 어려워요"와 같은 반응을 계속해서 받으면 낙담하고 무력해질 수밖에 없었을 것 같아요. 그런 상황 속에서 어떻게 다르게 접근했고 또 방향을 잡아가셨는지 궁금해요.

 처음엔 어떻게든 근거를 내고 필요성을 설명하고 설득하려 들었죠. 그런데 어느 순간 이건 내가 정치를 대하는 자세에 문제가 있다는 걸 깨달았어요. 그때부터 판단을 보류하고 "왜 안 돼요?" 대신 "그럼 뭐부터 하면 가능할까요?", "어디서부터 함께 풀어볼 수 있을까요?"라고 질문을 바꾸었습니다. 그러고 나니 대화의 분위기 자체가 달라지더라고요. "어려워요"라는 말 대신 "이건 가능할지도 모르겠네요" 같은 말들이 나오기 시작했어요.
 전략도 달라졌어요. 무조건 밀어붙이는 대신 일단 작게 시작해보자고 마음먹었어요. 공무원들보다 먼저 주민들을 만나 어떤 불편을 겪고 있는지 듣고, 이를 바탕으로 "이 정도 현장 피드백이면 시범사업 한번 해볼 수 있지 않을까요?"라고 물어보는 방식이었죠. 그렇게 소통을 이어가며 조금씩 신뢰가 쌓이니, 처음엔 조심스럽던 공무원들이나 동료 의원들도 어느 순간부터 먼저 '이런 것은 같이 해보자'라고 말씀해주시기도 했어요.

이 경험을 통해 확실히 알게 됐어요. 정치의 느린 구조를 단번에 바꾸겠다고 달려들면 너무 쉽게 지칠 수 있어요. 그 구조 안에서 가능성을 발견하고 현실로 만드는 방법을 함께 찾아야 해요. 어쩌면 정치를 하는 데 이러한 태도가 가장 필요한 게 아닐까 싶어요.

'가능성을 함께 찾는 정치적 감각'이 지금 이 시대 정치에서 꼭 필요한 부분 같아요. 혹시 그런 감각이 실제로 제도적 결과로 이어졌던 사례가 있을까요?

주저 없이 '서울특별시 송파구 기후위기 대응을 위한 탄소중립 기본 조례' 제정 과정을 꼽을 것 같아요. 제가 대표 발의했던 조례 중에서도 가장 오랫동안 힘을 들였고, 동시에 제일 많은 저항과 배움을 안겨준 안건이었거든요. 처음엔 어렵지 않게 통과될 거라고 기대했어요. 기후위기 대응은 논의의 시작점이 아니라 전제 조건이잖아요. 서울시를 비롯해 이미 여러 지자체에서 유사한 조례들이 제정되고 있었기에 송파구 역시 별다른 반대 없이 함께 발맞추리라 믿었죠. 적어도 "기후위기에 대응하자"라는 취지에는 모두가 동의하리라 생각했어요.

예상은 전혀 다르게 흘러갔어요. 첫 심의에서부터 제동이 걸렸거든요. 쟁점은 '온실가스 감축 목표 수치'였어요.

'청년 정치 참여 확대와 정신건강 증진 방안'을 주제로 열린 정책 토론 자리. 김샤인 의원이 대학생들의 제안을 경청하고 있다.

저는 상위법 기준인 40퍼센트보다 조금 더 높은 50퍼센트를 감축 목표로 제안했어요. 선도적으로 움직이는 지자체의 상징적 메시지가 필요하다고 판단했고, 실제로 해외 주요 도시들 역시 그런 방식으로 정책을 확장해왔으니까요. 그런데 생각보다 훨씬 큰 파장을 일으켰어요. "왜 굳이 중앙정부보다 앞서가려 하나요", "지자체가 이런 선언을 하는 건 너무 부담스러워요"라는 반대 의견이 잇따랐고, 논의의 중심은 어느새 기후위기 대응의 필요성에서 정치적 부담감과 실행 가능성의 문제로 옮겨갔어요. 어떤 분은 "그 수치 자체가 특정한 정치적 메시지처럼 읽힐 수 있겠는데요"라고까지 말씀하시더라고요. 결국 논의는 잠정 중단될 수밖에 없었어요.

중앙정부보다 앞서나가려고 할 때마다 지방정치와 지방자치단체가 항상 정치적 부담감을 느끼는 것 같아요. 이런 상황을 어떻게 풀어내셨나요?

그때는 정말 막막했어요. 저는 50퍼센트라는 수치를 그냥 숫자가 아닌 송파구가 앞으로 어떤 방향으로 나아갈지 보여주는 상징으로 여겼어요. 이 도시는 어떤 정체성을 가질 것인지, 기후위기에 대해 어떤 관점을 취할 것인지에 대한 선언이었어요. 그 수치가 '앞서간다', '부담스럽다'라는 이유로 논의조차 이어지지 못했다는 건, 조례 제정의 근본 취지 자체가 부정당한 것처럼 느껴졌어요.

그렇다고 물러설 수는 없었어요. 오히려 방식 자체를 완전히 바꾸기로 했습니다. '왜 이 수치여야 하느냐'를 설득하는 대신, '왜 이 수치가 결코 부담스럽지 않은지' 보여주는 데 집중했어요. 불안을 덜어내는 작업이었죠. 먼저 국제적인 맥락부터 설명했어요. 파리기후협약 이후 전 세계가 탄소중립을 향해 움직이고 있고 우리나라도 2050 탄소중립을 선언한 상황에서, 지방정부의 참여는 선택이 아니라 필수라는 점을 강조했어요. 송파구가 글로벌스탠다드 시대에 발맞추는 일이라는 점을 보여주고 싶었거든요.

동시에 우리 지역의 현실도 함께 보여줬어요. 송파구의 인구 구조, 온실가스 배출 특성, 고층 건물의 밀집도 같은 데이터를 하나하나 수집하고 분석했죠. 조례가 상위법과 충돌할 우려는 없는지 변호사의 자문을 받아 판례까지 조목조목 확인했고요. 그렇게 만들어진 자료를 바탕으로 의원 한 분 한 분을 직접 찾아뵙고 설명을 드렸어요. 회의장에 들어설 때마다 "김샤인 의원은 왜 이렇게 자료를 많이 들고 다녀요?"라는 말을 들을 정도였어요. 그렇게 근거를 쌓고 설명을 이어가다 보니, 어느 순간 분위기가 조금씩 바뀌기 시작했어요.

정치에는 데이터와 논리로는 설득되지 않는 훨씬 미묘한 장벽들이 있잖아요. 또 다른 벽은 없었나요?

수치보다 더 넘기 어려웠던 벽은 가치관의 차이였어요. 말씀하신 것처럼 수치나 근거는 어떻게 하든 논리적으로 설명할 수 있지만 가치관의 차이, 시각의 차이에서 생기는 벽은 두텁더라고요.

저는 '정의로운 전환'이 탄소중립 조례안에 포함되는 게 너무나 당연하다고 생각했어요. 이미 상위법인 탄소중립 기본법에도 명시되어 있는 표현이고, 기후위기 대응에는 결국 단순한 온실가스 수치 감축이 아니라 그 과정에서 생길 수 있는 불평등을 줄여야 한다고 믿었거든요. 피해를 보는 사람이 생기지 않도록, 혹은 특정인만 이득을 보지 않도록 지역이나 계층을 보호하고 그 전환을 설계하는 일. 그게 바로 '정의로운 전환'이라고 생각했어요. 즉 탄소중립 과정에서 피해를 입을 수 있는 지역이나 계층을 보호하고 그 부담을 사회적으로 분담하자는 정책 방향의 취지를 반영해야 한다고 봤어요.

문제는 전혀 예상치 못한 지점에서 터졌어요. '정의'라는 단어 때문이었어요. "그 단어는 정치적인 색깔이 너무 짙지 않나요?", "그 단어 때문에 조례에 대한 반감이 생길 수 있을 것 같아요"라며 이념의 프레임으로 읽히더라고요.

그때 정말 강하게 체감했어요. 정책은 사실을 담지만 정치는 해석을 담는다는 사실을 말이에요. 단어 하나로도 정책의 방향이 왜곡될 수 있더라고요. 정치에서는 모든 표현이 설계의 대상이 되어야 한다는 걸 처음으로 실감했던 순간이었어요.

'정의로운 전환'이 조금은 생소할 수도 있을 것 같아요. 에너지 전환 과정에서 생길 수 있는 일자리 충격이나 불평등 같은 문제의 해결 방안을 담은 게 바로 '정의로운 전환'이잖아요. 반대 의견을 어떻게 설득하셨는지 궁금해요.

너무 고민스러웠어요. "법에 있는 내용이니 무조건 통과시켜야 해요"라고 주장만 해서는 달라지는 게 아무것도 없을 테니까요.

그다음부터는 방향을 바꿔 모든 동료 의원을 직접 만나 뵙기 시작했어요. 같은 당 의원들은 물론이고, 다른 당 의원들, 무소속 의원까지 한 분, 한 분 찾아뵈었어요. 그 자리에서는 제 입장을 반복하기보단, 각 의원의 지역 현안과 연결지어 이 조례가 어떤 의미를 가질지 설명해드리려 했어요. "의원님 지역의 일자리 문제와도 연관될 수 있어요", "이 조례가 통과되면 예산 우선순위에도 새로운 흐름이 생길 수 있어요." 상대의 관점에서 조례의 의미를 함께 찾아가는 방식이었어요. 질문을 듣고 걱정을 메모하고 조정안을 다시 쓰고 또 설명하고. 그렇게 오랜 시간을 들여 대화를 이어갔어요.

어느 날, 한 의원께서 그러시더라고요. "사실 계속 반대 입장이었는데, 의원님의 성실함에 찬성하기로 했어요." 그 말을 들었을 때 알게 됐어요. 정치는 옳고 그름을 겨루는 자리가 아니라 '어떻게 같이 갈 수 있을지를 찾는 과정'이라는 사실을 말이에요. 논리와 진정성만으로도 부족할 수 있는 세계에서, 결국 사람을 움직이는 건 '같이 고민해주는 시간'이 아닐까 하는 생각하게 됐어요

처음 품었던 약속을 붙잡다

정치의 무게와 타협의 현실 속에서도, 처음 정치를 결심했던 그 순간이 자주 떠오르실 것 같아요. 의원님은 '청년 송파구의회 의원(비례) 후보 공개 오디션'이라는 새로운 방식으로 입문하셨는데 그때 하신 말씀들을 어떻게 지켜내고 계신가요?

정치의 현장에서 마음이 무거워질 때면, 저는 송파구 청년 비례대표 오디션 무대에 섰던 그날을 떠올려요. 그때 저는 정치인이 아니라 사회 문제를 해결하고 싶다는 마음 하나로 사회적기업을 운영하던 청년이었어요. 아이들의 교육 기회를 넓히고, 청년의 목소리를 지역 안에 연결하려 애쓰는 일이 제 일상이었어요. 하지만 아무리 시도가 좋아도 제도 바깥에서의 변화는 오래가지 못했어요. 예산이 끊기거나 담당자가 바뀌는 순간, 공들였던 일이 다시 처음으로 돌아가는 걸 수없이 겪으며 매번 같은 출발선 앞에 서 있다는 느낌을 받게 되었어요. 그럴 때마다 회의감이 따라왔고, 언젠가부터는 제 방식만으로는 넘기 어려운 벽이 있음을 인정해야 했어요.

그때 처음 '이제는 제도 안에서 바꿔보고 싶다'라고 생각하게 된 것 같아요. 단순히 문제를 지적하고 대안을 제시하는 걸 넘어서, 직접 제도 안으로 들어가 그 구조를 작동시키는 사람이 되어야겠다고 다짐했죠. 그것이 변화를 지속시킬 가장 현실적인 길이라 믿었고, 누군가 해야 한다면 제가 한번 해보고 싶었어요. 그러던 중, 더불어민주당 송파(을) 지역위원회에서 청년 정치인을 공개 모집한다는 소식을 접했어요. 지원서부터 발표, 최종 선발까지 모든 과정을 지역 당원에게 투명하게 열어둔 완전히 새로운 방식이었죠. 망설이지 않고 지원했고, 그렇게 공개된 자리에 서게 되었어요.

그 자리는 단순히 '정치를 하고 싶다'라고 외치는 무대가 아니었어요. 꽤 오랜 시간 품고 있던 생각들, 반복되는 한계 속에서 제가 마주했던 절실함을 꺼내놓는 자리였어요. 바꾸고 싶었던 것, 끝까지 이어가고 싶었던 것, 그 모든 마음을 당원들께 전하고자 했어요. 그날 이후 제 삶은 달라졌어요. 마이크를 잡고 말했던 그 이야기들이 이제는 제 책임이 되었으니까요. 말한 것을 현실로 만들어야 한다는 부담감이 때로는 무겁게 느껴지기도 해요. 정치는 매 순간 선택이고 타협이며, 때로는 아주 긴 기다림이기도 하니까요. 그래서 저에겐 '지킨다'라는 말보다 '붙잡고 있다'라는 표현이 더 정확할 것 같아요. 제가 정치를 계속할 수 있는 건 어쩌면 처음 품었던 그 말들을 여전히 놓지 않고 있기 때문이라고 믿어요.

말을 현실로 만들어내야 하는 것, 정치에 몸을 담은 모두가 중요시하는 부분이지 않을까 생각해요. 그렇다면 그 말들을 현실화하기 위해 노력해온 구체적인 사례를 들려주실 수 있을까요?

정치를 시작할 때 제일 먼저 마음에 품었던 주제, 그리고 지금까지도 가장 깊은 책임감을 느끼는 분야는 단연 청년 정책이에요. 송파는 서울 25개 자치구 중 청년 인구가 가장 많은 지역이지만, 청년 센터도, 청년을 전담하는 부서도 없어요. 수많은 청년이 이곳에서 일하고 공부하지만, 정작 그들이 머물 수 있는 물리적·제도적 공간은 전무하다는 현실이 늘 마음에 걸렸어요.

그래서 이 문제를 공식적인 자리에서 반복해서 제기했어요. '송파에는 청년이 없습니다'라는 주제로 5분 발언을 이어가며, 청년 예산이 전체 예산의 0.084퍼센트에 불과하다는 사실을 드러냈고, 각종 위원회에서 청년 참여율이 얼마나 낮은지도 일일이 조사해 개선을 요구했어요. 단순히 '청년의 쉼터'를 이야기하는 게 아니라, 청년 정책들이 연결되고 실현될 수 있는 실질적인 '플랫폼 공간'을 제안했죠.

이 문제는 저 혼자 해결할 수 없기에 여야 청년 의원들과 함께 '송파청년연구회'를 구성해 공동 대응의 틀을 만들었어요. 지역 청년들의 목소리를 듣기 위해 간담회와 포럼을 열고, 그 의견들을 어떻게 정책화할 수 있을지 함께 논의해왔어요. 공간은 아직 만들어지지 않았지만, 이 문제를 지속적으로 의제화하고 구정의 우선순위에 놓이기 위한 노력은 계속되고 있어요. 준비를 단단히 해야 설득도 가능하다고 믿기 때문에 지금은 그 기반을 함께 다져 나가려 노력 중입니다.

아직 공간도 없고 예산이 충분히 확보되지 않았더라도 노력하는 과정 자체에서 의미 있는 변화나 피드백이 있었을 것 같아요. 어떤 피드백을 받으셨나요?

"정치가 진짜 우리 이야기를 듣고 있는 것 같아요"라는 한마디가 가슴에 오래 남았어요. 그전까지만 해도 "우리 지역은 청년을 위한 곳이 아니에요"라는 말을 더 자주 들었거든요. 변화의 필요성은 모두 절감하지만 그걸 실현할 통로가 없다는 체념이 훨씬 크게 자리하고 있었어요. 그런데 어느 순간부터 포럼이나 간담회 자리에서 정책 아이디어를 꺼내고, 그 제안이 회의록에 기록되고, 실제 조례로 이어질 수 있다는 걸 체감하는 분들이 하나둘 생겨났어요. "정치에 관한 생각이 완전히 바뀌었어요"라고 말해주신 분도 계셨고요. 그 말을 들었을 땐, 뿌듯함과 동시에 더 큰 책임이 따라왔어요. 정치가 단지 누군가를 대신해주는 구조가 아니라 함께 만드는 과정일 수 있다는 걸 다시 확인하는 순간이었죠.

물론 이런 변화가 눈에 확 띄진 않아요. 그래서 저도 가끔은 '지금 내가 가는 이 길이 맞는 걸까?'라는 질문을 던지죠. 하지만 그럴 때마다 마음속에서 다시 다잡게 돼요. 지금 뿌리고 있는 이 작은 씨앗들이 결국 언젠가는 송파 청년 정책의 기반이 되어줄 거라는 믿음이 있으니까요. '말한 것을 현실로 만드는 정치'는 크게 시작되지 않아도 된다고 생각합니다. 중요한 건 말한 것을 끝까지 책임지려는 태도, 그리고 그 말이 제도 안에서 계속 살아 움직일 수 있도록 붙잡고 가는 힘이라고 봐요. 그 과정을 묵묵히 이어가고 싶어요. 그리고 언젠가 그 결과를 누군가의 현실로 보여줄 수 있기를 바라요.

변화의 순간, 변화를 위한 시간

의원님이 뿌린 씨앗 하나하나가 결국 만들어낸 변화들도 궁금해져요. 작지만 뚜렷한 변화를 느낀 순간을 소개해주세요.

아직도 생생하게 기억나는 장면이 있어요. 바로 '송파 청년축제'를 준비하고 열었던 시간이었어요. '청년의 공간', '청년의 목소리'라는 말들이 실제 현실 안에서 어떤 힘을 가질 수 있을지 실험해보는 과정이었죠. 축제를 기획할 때부터 마음속에 품고 있었던 질문은 '이 공간의 진짜 주인은 누구인가?'였어요. 흔히 청년을 이야기할 때 '청년을 위해서'라는 수동적인 프레임 안에 머무르곤 하잖아요. 이를 넘어서 '청년이 스스로 만들어가는 공간', '청년이 주체가 되는 장면'을 현실로 보여주고 싶었어요. 그래서 기획부터 운영, 콘텐츠까지 모두 송파청년네트워크 청년들이 주도할 수 있도록 지원했어요. 저는 그저 옆에서 돕는 역할에 머물렀어요.

준비 과정이 쉽진 않았어요. 처음엔 "정말 우리가 이걸 해낼 수 있을까요?"라고 불안해하던 청년들이 많았어요. 기획 경험이 미미한 상황이라 회의를 여러 번 반복하며 방향을 조율해가야 했고요. 하지만 그 과정 자체가 너무 소중했어요. 공연 라인업을 맡은 분, 부스 구성을 고민한 분, 공간의 흐름을 설계한 분까지 모두가 제 역할을 고민하며 정말 뜨겁게 참여했어요. 그때 계속 생각했죠. '이게 바로 우리가 말하던 청년의 자치 아닐까?'

축제 당일을 잊을 수 없어요. 단순히 하나의 행사가 열린 날이 아니라, "여기에 청년이 있다"라는 선언이 실제로 드러난 순간이었거든요. 낯선 주민들이 우연히 지나가다 축제를 보고 발걸음을 멈췄고, 청년들이 그분들과 마주 앉아 자신들의 목소리를 전하기 시작했어요. "이렇게 직접 만나서 말할 수 있다니 너무 좋아요"라는 이야기를 청년분들이 해주었을 땐, 정치가 현실과 맞닿았음을 느낄 수 있었어요.

김샤인 의원이 '송파에는 청년이 없습니다'라는 주제로 송파구의회 본회의장에서 5분자 유발언 중이다.

축제가 끝나고 한 청년이 저에게 조심스럽게 "사실 저, 정치에 하나도 관심 없었거든요. 그런데 이번 축제를 하면서 처음으로 '나도 뭔가 할 수 있을 것 같다'라는 생각이 들었어요"라는 말을 건넸어요. 그 말이 오래도록 마음에 남아요. 그리고 얼마 뒤에는 정말 뜻깊은 선물도 받게 되었어요. 송파청년네트워크 위원분들께서 감사패를 주신 거예요. 그동안 관심 가져주는 구의원이 없었다면서요. 청년들의 사비로 제작했다는 그 감사패는 제게 정말 큰 의미로 남아 있어요.

그 순간들 덕분에 더 확신하게 되었어요. 정치는 말로만 "열려 있어요"라고 하는 것이 아니라, 실제로 문을 열고 사람을 들이는 일이어야 한다고요. 그리고 각자가 주체가 되도록 옆에서 돕는 것이야말로 정치가 정치다워지는 방식이라고 믿게 되었어요. 저는 '현실로 만드는 정치'가 반드시 거창할 필요 없다는 것을 그날의 작은 축제 안에서 또렷하게 배울 수 있었습니다. 작지만 확실한 변화를 만들어갈 수 있다는 믿음을 저에게 다시 심어준 순간이었어요.

이런 성과와 의원님의 노력이 있었음에도 여전히 바뀌지 않는 현실적 한계들이 있잖아요. 더 본질적이고 구조적인 변화를

위해 어떤 역량이 더 필요하다고 생각하시나요? 그것을 위해 어떤 노력을 기울이고 계신가요?

정책을 공부하고 있어요. 사회 문제를 보다 빠르게 분석하고, 현실적인 대안을 제시하기 위해서는 결국 '제도'라는 구조를 깊이 이해하는 것이 중요하다고 느꼈거든요. 정치는 수많은 이해관계와 복잡한 절차 속에서 움직이는 만큼, 단순한 문제의식만으로는 한계를 느낄 때가 많았어요. 앞서 언급해주신 '린하고 애자일한 방식'을 정치에 적용하기 위해서는 탄탄한 정책 기반과 설득력 있는 논리, 그리고 제도적 해석력이 필수라는 점을 현장에서 절감하게 됐죠.

지금은 서울대학교 행정대학원에서 정책학을 전공하며 연구를 이어가고 있어요. 낮에는 의정 활동을 하고, 밤에는 논문과 정책 보고서를 읽으며 문제를 더 입체적으로 이해하려고 노력하는 중입니다. 체력적으로나 일정상으로 쉽지만은 않지만, 이 공부가 결국 정치와 정책을 잇는 중요한 다리가 되어줄 거라고 믿고 있어요. 하나의 문제를 제도적으로 어떻게 풀 수 있을지 더 빠르고 정확하게 판단할 힘과 역량을 키워가는 중이에요.

대학원에서의 공부가 실제 정치 현장에서 어떤 방식으로 도움

이 되었나요?

가장 크게는 문제를 바라보는 방식이 달라졌어요. 예전에는 현장 상황을 중심으로 문제를 보았다면, 지금은 그 상황을 만들어낸 제도적 구조까지 함께 들여다보게 되었어요. 예산 구조, 법률 체계, 유사 정책 평가 등 문제를 훨씬 더 입체적으로 분석할 줄 알게 된 거죠. 아울러 공부하면서 저만의 정책 아카이브도 쌓고 있어요. 다른 지자체 사례부터 중앙정부 정책 방향은 물론이고, 해외의 다양한 정책과 연구도 찾아보며 정리해두는 중이에요. 또 보건의료 관련 연구를 진행한 것이 선정되어 해외 학회에서 발표하기도 했는데, 이런 경험들이 실제 의정 활동과 연결될 때 확실히 달라진 게 느껴져요. 감각만으로 주장하는 게 아니라, 구체적인 근거를 바탕으로 훨씬 더 빠르고 설득력 있게 대안을 제시할 수 있게 됐거든요.

저는 '공부하는 정치인'이 되고 싶어요. 정치가 느리고 복잡한 구조라면, 그 구조를 분석하고 설계할 힘이 필요하잖아요. 그래야 그 구조를 뚫어낼 힘이 생기는 거고요. 그 힘은 결국 정책과 제도를 읽어내는 눈, 그리고 근거를 갖춘 전문성에서 비롯돼요. 그래서 전문성을 갖춘 정치인이 되기 위해 지금도 계속 공부하고 있습니다.

가능성의 정치

이제껏 '현실의 정치'에 관해 이야기 나눠봤다면, 이번에는 '가능성의 정치'에 대해 여쭤보고 싶어요. 앞서 말씀하신 '가능성을 함께 찾는 정치적 감각'이라는 표현이 기억에 남는데요. 지금까지는 존재하는 정치 구조 안에서 '가능성'을 발견하고 이에 집중했다면 앞으로는 어떤 가능성을 새롭게 만들고 싶으신가요?

좋은 질문인 것 같아요. 사실 그 질문을 요즘 저 자신에게 자주 던지고 있거든요. 지금까지는 주어진 조건과 구조 안에서 가능한 걸 찾아내고 그걸 조금씩 확장해보는 데 집중해왔다면, 이제는 그 구조 자체를 더 유연하게 설계해보고 싶습니다. 우리가 마주한 변화의 속도를 정치가 따라잡지 못한다면 결국은 현실에서 멀어질 수밖에 없다는 위기감이 점점 더 커지고 있어요.

기후위기, 인공지능, 플랫폼 노동처럼 과거에는 존재하지 않았던 의제들이 정말 빠르게 등장하고 있어요. 게다가 그 문제들이 단지 한 가지 이슈로만 머물지 않고, 아주 짧은 시간 안에 사회 전반으로 확산되는 중이고요. 기술의 변화만이 아니라 그로 인한 압박감, 불안, 상실감까지도 함께 퍼지고 있죠. 그런데 정치는 여전히 '절차의 언어', '합의의 문법' 안에서만 움직이고 있어요. 그 방식이 나쁘다는 건 아니에요. 당연히 필요한 질서이고 꼭 거쳐야 하는 과정이라고 생각해요. 다만 지금 시대에는 그것만으로는 부족합니다. 조율에만 몇 달이 걸리고, 실행은 몇 년 뒤에나 가능하다면, 이미 그사이에 세상은 몇 번이고 달라져 있을 테니까요.

요즘에는 정치가 더 신속하게 움직이기 위해 무엇을 바꿔야 할지 고민하고 있어요. 변화를 더 빠르게 감지하고, 더 빠르게 조율하고 더 빠르게 제도화할 수 있는 구조가 필요해요. 그 구조를 바꾸는 새로운 가능성을 찾고 싶어요. 정치가 느릴 수밖에 없는 구조라면, 그 대응 속도를 더 높이고 싶어요. 그게 지금 제가 가장 집중하고 있는 지점이에요.

그 '빠르게 대응하는 정치'를 위해 어떤 준비를 하고 계신가요?
변화의 흐름을 신속히 감지하고, 보다 정확하게 해석해내는 힘을 기르는 데 집중하고 있어요. 단지 정보를 많이 아는 것을 넘어서 그 정보를 어떻게 제도 안으로 옮길 수 있을지, 현실적인 변화로 연결할 수 있을지 고민하는 중입니다. 지금 우리가 마주한 문제들은 기후, 기술, 노동, 윤리처럼 여러 층위로 얽혀 있고, 그만큼 대응 방식도 더 정교하고 입체적이어야 하거든요. 설득의 언어도 실행의 설계도 예전보다 훨씬 더 복잡해졌다는 걸 현장에서 실감하고 있어요. 그래서 흐름을 읽는 감각, 제도화의 언어, 정책 설계의 구조 등을 익히기 위해 꾸준히 연구하고 있어요. 지금 시대에 정치는 반만큼이라도 빠르게 따라가는 것만으로도 의미 있는 진전이라고 생각해요. 그 속도를 유지할 수 있는 넓고 깊은 이해의 기반을 만드는 것, 그 부분에 지금 가장 힘을 많이 들이고 있어요.

그리고 또 하나, 요즘 들어 '누구와 함께하느냐'의 문제에 대해 더 많이 생각하게 되는 것 같아요. 복잡한 문제를 혼자 풀 수는 없잖아요. 송파청년연구회를 만들 때도 마찬가지였어요. 그래서 여야를 가리지 않고 "청년 문제를 같이 풀어보자"라고 제안했고, 다행히 그런 흐름에 함께해준 분들이 계셨어요. 갈수록 다층적이고 입체적으로 변해가는 문제들에 대비해 세대와 정당, 부서를 넘어서는 새로운 연결을 상상하고 시도할 수 있어야 한다고 생각해요. 정치가 더 넓어지고 열린 방향으로 나아가야 한다는 고민을 지금 함께하면서 해결해가고 있어요. 정치는 결국 사람으로 움직이잖아요. 그래서 저는 문제를 정확히 진단할 수 있는 안목과 사람과 사람 사이를 유연하게 연결할 수 있는 감각, 그 두 가지를 함께 가지고 가는 정치를 해보고 싶어요. 저는 문제를 포기하지 않는 정치이자 사람을 포기하지 않는 정치를 만들고 싶어요.

그 길 위에서 의원님이 계속 마주하게 될 새로운 가능성을 저도 함께 응원하겠습니다.

김샤인 의원에 대하여

1. 학력 및 이력

성신여자대학교 법과대학 학사
서울대학교 행정대학원 정책학 석사 과정
서울대학교 대학원총학생회 중앙집행위원장
전 코리프렌즈 대표이사
전 드림메이커인터내셔널 대표이사
제9대 서울특별시 송파구의회 비례대표 의원, 운영위원회 부위원장

2. 의정 활동 직무 정보

- 소속 선거구 | 인구수
서울특별시 송파구(비례대표) | 64만 6,256명

- 전체 예산(2024년, 추경 포함) | 의원 수
1조 4,492억 8,679만 5,000원 | 26명

- 월정수당 | 의정 활동비 | 세전 급여
318만 6,350원 | 150만 원 | 468만 6,350원

- 대표 발의 조례
서울특별시 송파구 기후위기 대응을 위한 탄소중립·정의로운 전환 기본 조례
서울특별시 송파구 침수 방지시설 설치 및 지원에 관한 조례

서울특별시 송파구 실내공기질 관리 조례
서울특별시 송파구 청년 정책 기본 조례 일부 개정 조례
서울특별시 송파구 학교급식 등 지원에 관한 조례 일부 개정 조례

- **의정 활동 중 발의 조례 수**

대표 발의 3건, 전부 또는 일부 개정 발의 7건, 공동 발의 9건

3. 기타

- **SNS 계정**

instagram.com/shinekim_cosmos
threads.com/@shinekim_cosmos

- **수상 및 출간 내역**

청년 송파구의회 의원(비례) 후보 공개 오디션 우승(2022)
제15회 지방의원 매니페스토 약속대상 조례 부분 최우수상(2023)

노두섭

1985년생. 제9대 전라남도 강진군의회 의원으로 전반기 의회운영위원장을 지냈다. 가업을 이어받아 떡방앗간 및 떡카페 떡떡쿵떡쿵을 운영하고 있다. 주민들과 함께 고향 강진을 위해 목소리를 낼 때, 또 도움을 받은 주민들이 그에 대한 감사함을 표시해 주실 때 정치를 선택하길 잘했다는 생각이 들곤 한다. 좌우명은 검이불루 화이불치 儉而不陋 華而不侈(검소하나 누추하지 않고, 화려하나 사치스럽지 않다).

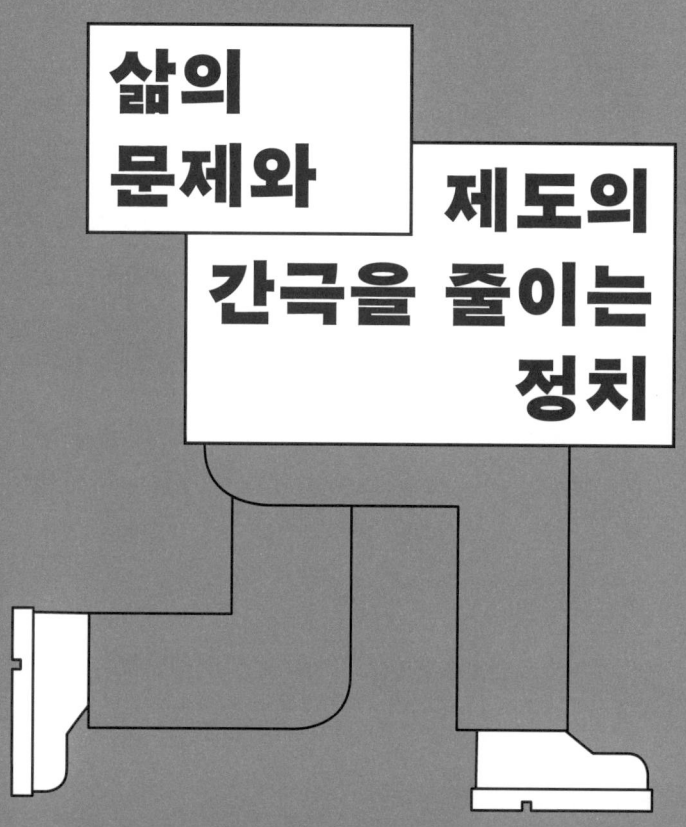

"여기서 해야 할 일이
있을 것 같아서요."

모두가 떠날 때 노두섭 의원은 고향 강진에 남기로 결심했습니다. 단지 고향에 대한 애정 때문만은 아니었습니다. 그의 말 속에는 무너져가는 일상과 사라져가는 공동체 앞에서 자신이 감당해야 할 책임이 담겨 있었습니다.

1966년, 강진군의 인구는 12만 6,000명이었지만 지금은 3만 2,000명 남짓으로 떨어졌습니다. 숫자만 놓고 보면 오랜 시간에 걸쳐 이루어진 단순한 감소처럼 보일지도 모르겠습니다. 하지만 이 통계는 반세기 동안 북적이던 시장의 소리, 골목마다 울려 퍼지던 아이들 웃음소리, 저녁이면 불빛이 켜지던 집들과 이웃들의 안부 인사가 어떻게 하나둘 사라졌는지 전해주지 못하고 있습니다. '지방소멸'이라는 간단한 말 안에서 우리의 삶, 기억의 풍경이 무너지고 있었습니다.

노두섭 의원은 이 사라짐을 누구보다 가까이에서 목격했습니다. 막으려 했습니다. 청년 마켓을 만들고, 공동체를 조직하고, 자신이 할 수 있는 모든 걸 해보았지만, 어느 순간 깨달았습니다. 그것만으로는 넘을 수 없는 구조의 벽이 있다는 사실을 말이죠. 그래서 정치에 나서기로 결심했습니다. 누군가는 이 사라짐을 막아야 한다는 절박함 때문이었습니다.

노두섭 의원은 지방소멸을 막기 위해 정치에 뛰어들었습니다. 숫자나 성과보다는, 모든 과정을 주민들과 함께 버텨낸 정치인의 태도와 신념을 담고자 했습니다. 고개를 숙여 설득하고 소통하며 현실을 조금씩 바꿔나간 그 과정을 담고 싶었습니다. 모두가 떠나려 할 때 남으려는 이유, 모두가 정치를 외면할 때 정치에 도전하려 하는 이유를 함께 들여다보려 합니다.

떠나려는 이유와 남으려는 이유

강진군 인구는 2025년 현재 3만 2,000명 수준까지 줄어들었어요. 강진군 의원으로서 크게 실감하고 계신가요? 또 하나둘 떠나는 주민들을 바라볼 때 어떤 감정을 느끼시는지, 그 감정을 어떻게 견뎌내고 계신지 듣고 싶어요.

　일상의 풍경이 크게 바뀌었어요. 제가 어릴 적엔 시장만 가도 늘 사람으로 북적였고 골목골목마다 아이들 소리가 끊이지 않았죠. 북적이는 거리에 줄 서서 군것질하고, 길거리에서 인사 나누던 게 당연했어요. 그런데 지금은 가게 문이 절반은 닫혀 있고, 아이들 대신 새소리만 들리고, 들판엔 농부들 대신 농기계만 쓸쓸히 일하고 있어요. 그걸 눈으로 확인하면 생각보다 격한 감정이 밀려와요. 단순히 '사람이 줄었다'라는 차원이 아니라, 제

기억 속의 동네가 한 겹씩 사라지고 있는 느낌이거든요. '그냥 통계 수치가 아니구나. 우리 동네가 정말 사라질 수도 있겠구나'라는 위기를 실감하고 있어요.

떠나는 게 이해돼요. 일자리와 생계 문제든, 아이 교육 문제든, 의료와 문화, 각종 인프라 문제든, 하나하나가 다 너무 현실적인 이유니까요. 당장 서울이나 근처 광주에만 가도 삶의 폭이 달라지잖아요. 저 또한 같은 고민을 해봤기에 누구도 비난할 수 없어요. 그럼에도 남기로 결정한 이유는 설명하기가 참 어려워요. 갑작스럽게 교통사고를 당한 어머니 일을 돕고 병간호도 하기 위해 잠깐 돌아왔을 뿐인데 어느 순간 여기 남아 있는 저 자신을 발견하게 되었어요. 도시에서 직장생활을 하며 누리던 삶에 젖어 있던 저에게도 떠나려면 이유가 필요한데, 남으려면 마음이 필요하더라고요. 이 마음은 말로 설명하기 어려워요. '내가 여기서 해야 할 일이 있을 것 같아서' 정도로밖에 표현이 안 되는, 그런 정서예요.

지켜야 할 이유는 숫자나 정책보다도, 그렇게 사라지지 않는 마음에서 시작된다고 믿고 있어요. 그래서 더 버틸 수 있었던 것 같아요. 저는 이 감정이 무언가를 바꿀 동력이라고 믿습니다. 아직 끝나지 않았잖아요. 남아 있는 사람으로서 저는 이 이야기를 끝까지 계속하려 해요.

여기서 해야 할 일이 있을 것 같아 남게 되었다고 하셨잖아요. 누군가에겐 그 '해야 할 일'이 너무 막연하게 들릴 수도 있을 것 같아요. 그 감정이 현실이 되는 계기나 전환점이 있었을까요?

저는 강진의 평범한 농부 가정에서 태어났어요. 제가 열두 살 때 부모님께서는 떡집을 운영하기 위해 강진읍으로 이사를 오셨죠. 그런데 제가 열세 살이 되던 그다음 해에 아버지께서 운명하셨어요. 그런 상황 속에서 어머니께서는 저희 삼 남매를 홀로 키워내셨어요. 오직 저희를 위해 살아오신 어머니의 희생을 보상해드려야겠다는 마음으로 성실히 살아왔어요. 서울에서 외식업에 종사하며 요리 대회도 나가고, 남북 관련 행사에 셰프로 참여하는 등 나름의 커리어를 열심히 쌓아나가고 있었어요. 그러던 중 갑작스레 어머니의 교통사고 소식을 듣게 되었어요. 하늘이 무너지는 것 같았죠. 당장 어머니를 간호하기 위해, 그리고 가업과 생계를 지켜야 한다는 이유로 고민할 틈도 없이 강진으로 돌아왔습니다.

처음엔 어머니께서 수십 년간 운영하던 방앗간 일을 잠깐 도와드릴 계획이었어요. 6개월 정도만 있다가 서울로 돌아갈 생각이었는데 막상 와보니, 방앗간 일이 너무 힘든 거예요. 하루하루 손을 놓을 수 없을 정도여서 '어머니께서 이걸 혼자서 다 하셨다고?' 싶을 정도였어요.

노두섭 의원이 선거 운동 자리에서 단상에 올라 발언 중이다.

그냥 조금 거드는 정도가 아니라 정말 이 일을 함께 감당해야겠다는 생각이 들었어요. 그렇게 강진에 머무르게 되었고, 제 인생의 방향도 완전히 바뀌었어요.

그 후로 이곳에 정착하여 결혼도 했고 아이도 낳았어요. 지금은 떡집과 카페를 함께 운영하고 있어요. 어머니의 방앗간에서 조금씩 확장해나간 거죠. 마을 장터에도 참여하고 청년 마켓도 기획해보고, 요리나 먹거리 중심의 콘텐츠도 만들어보며 이 지역에서 할 수 있는 것들을 계속 시도해봤던 것 같아요. 그 과정에서 확실히 느낀 게 있었어요. 어릴 때 기억하는 강진과 지금의 강진이 너무 다르더라고요. 눈에 보이는 풍경뿐 아니라 분위기 자체가 판이해요. 지역의 학생들이 급속히 줄고 있음을 수치로 확인했을 때 지방이 소멸하고 있다는 현실을 가장 크게 체감했던 것 같아요. 그러면서 '여기서 내가 계속 살 수 있을까?', '이 동네가 10년 뒤, 20년 뒤에도 존재할까?' 하는 불안감이 계속 생겨났어요. 그 불안이 결국 '정치'와 만나게 했던 것 같아요.

지방의 소멸은 결국 구조나 상황 속에서 생겨난 거잖아요. 의원님이 실제로 마주했던 '강진의 주민들이 떠날 수밖에 없는 이유'는 무엇이었나요?

이유는 굉장히 많고 명확해요. 먼저 아이 교육만 놓고 보자면, 초등학교가 없어지거나 통합되어 집 근처에 학교가 없어요. 어린이집은 최소 인원으로 겨우 운영되고요. 또 아이들이 아프면 긴급히 달려갈 수 있는 응급실도, 믿고 맡길 만한 소아청소년과도 없어요. 그러다 보니 '이 동네에서 아이 키우기 어렵다'라고 판단하게 돼요. 돌봄도 마찬가지예요. 방과 후에 아이 맡길 곳이 마땅치 않아요. 학교는 줄고 학원은 없고, 게다가 또래 친구도 드물어요. 결국 아이가 혼자 자라는 구조가 돼버리는 거예요. 부모로서는 너무 두려운 일이죠.

일자리도 결정적인 이유예요. 농업이나 전통적인 업종 말고는 먹고살 수 있는 기반이 없어요. 창업한다 해도 소비 기반이 너무 작아서 장사가 안 돼요. 월세 내기도 빠듯하고 장사해도 손님이 없으니 결국 버티기 어려워 떠나게 돼요.

이걸 해결하기 위해 저도 정치하기 전부터 여러 시도를 해봤어요. 지역의 청년들이 직접 만든 수공예품, 커피 등을 한자리에 모아 '논두렁 밭두렁'이라 이름 붙이고 한 달에 한두 번씩 정기적으로 열자고 의기투합했던 적이 있었어요. 처음엔 반응이 괜찮았어요. 지역 어르신들도 오시고 관광객들도 구경하러 오면서, '이거 될 수도 있겠어'라는 기대를 하며 함께하는 분들과 정말 즐겁게 운영했어요.

그렇게 4년쯤 하다 보니 지치더라고요. 제가 대표를 맡았는데, 개인적으로 지출하는 비용도 컸지만 무엇보다 사람이 너무 없었어요. 계속해서 새로운 손님이 와야 하는 구조였는데 지역 자체가 그걸 감당하기 어려웠어요. 게다가 마켓이 생각보다 준비할 게 많았어요. 체력 소모도 크고요. 매번 새로운 콘텐츠를 짜고, SNS에 홍보하고, 바닥에 자리 펴고 천막 치는데도 고정 매출이 없다 보니까 점점 지치더라고요. 좋은 마음만으론 부족하고 결국 구조가 받쳐줘야 한다는 걸 깊이 깨닫게 되었어요.

지방소멸을 해결하기 위한 선택

저도 비슷한 문제를 겪었어요. 지역에서 커뮤니티 공간을 운영하며, 정책 사업으로 마켓까지 열었는데, 반응은 좋았지만 결국 구조적인 한계에 부딪히더라고요. 소비 기반, 유통 구조, 행정 지원 등이 제대로 갖춰져 있지 않으니 지속하기 힘들었어요. 의원님은 어떠셨나요? 이런 경험을 통해 어떤 판단을 하셨고, 어떻게 풀어가야겠다고 생각하셨는지 궁금해요.

처음엔 분위기가 좋았어요. 이러한 문제에 대해 모두 공감하고 있었으니까요. 그런데 마주한 현실의 벽이 너무 높았어요. 말씀하신 것처럼 지역 환경, 소비 기반, 배후 인프라, 행정 체계 등 모든 것이 개인의 힘만으로는 바꿀 수 없는 문제잖아요.

그때부터 구조적인 문제에 관해 생각하게 되었어요. '그럼 어떻게 해야 하지?'라는 질문이 끊임없이 올라왔죠. '우리가 조금 더 열심히 하면 될까? 홍보를 더 잘하면 어떨까?' 답을 찾다 보니 이건 지역 안에서 수요를 키우고 인프라를 구축해야만 가능한 일이라는 걸 깨달았습니다. 그때 결심하게 되었어요. '이 구조의 안쪽으로 들어가서 작더라도 바꿔보자.' 지역의 환경을 조성하고 정책을 만드는, 제가 생각한 구조의 안쪽은 바로 '정치'였어요. 그래서 출마를 결심하게 되었어요.

특별히 '정치'를 생각하셨던 이유는 무엇인가요? 그리고 누군가가 대신해주는 게 아니라 의원님 스스로 나서야겠다고 느끼게 된 순간도 궁금해요.

정치가 처음부터 제 선택지는 아니었어요. 그런데 지역의 현실을 계속 접하다 보니 어느새 발걸음이 거기로 향하고 있었어요. 지방소멸 문제를 두고 사람들과 이야기를 나누다 보면 늘 비슷하게 진행돼요. "이거 문제 아니에요?", "이대로 두면 안 되는 거 아니에요?" 그리고 결국엔 "누군가는 나서야 하지 않을까요?"로 마무리되죠. 일자리, 교육, 돌봄, 인프라 등 산적한 문제 중 어느 것 하나 쉬운 게 없었지만, 그중에서 가장 크게 다가온 건 마지막 문장이었어요. "다들 먹고살기 바쁘고 애들 키우느라 정신없지만, 그래도 누군가는 나서야 하는데 막상 나설 사람이 없어요." '그렇게 말하는 나는 뭐 하고 있는 거지?' 처음엔 부담스러워 애써 외면하려 했지만, 점점 더 큰 책임감으로 바뀌었어요. '행동하지 않으면 내가 하는 모든 말들이 공허해질 수밖에 없겠구나'라는 자각이 밀려왔어요.

그러면서 문제들이 하나씩 선명하게 보이기 시작했습니다. 이 지역의 구조적인 문제를 바꾸려면 결국 누군가는 정책을 만들어야 했어요. 그런데 정책만 있어선 안 되더라고요. 실행하려면 예산이 필요하고, 예산이 끊기지 않으려면 구조 자체가 바뀌어야 했어요. 그 모든 걸 함께 고민하고 설계할 수 있는 자리가 바로 '정치'란 걸 깨달았죠. 단순한 제안이나 바람도 정치가 어떻게 하느냐에 따라 현실이 될 수 있으니까요. 직접 부딪히고 목소리를 낸다면 분명 바뀐다는 것을 증명해내고 싶었어요. 문제를 가장 가까이에서 보고 자주 이야기해온 사람이 저라면, 그 말에 책임지는 것도 저여야 한다고 생각했어요. 이건 다른 누군가가 대신해줄 수 있는 일이 아니었어요. 바로 제가 해야 할 일이었어요.

'말하는 사람'이 아니라 실제로 '움직이는 사람'이 되려면 결국 구체적인 계획이 필요하잖아요. 수없이 많은 문제를 마주하며 의원님만의 해답을 하나씩 정리해온 과정은 어떠했나요?

마음은 앞서는데, 문제가 산적해 있다 보니 막상 뭘 해야 할지 정말 막막했어요. 현실을 하나씩 정리해서 공약으로 꺼내는 건 또 다른 일이더라고요. 그런데도 계속 생각하게 됐죠. 강진을 떠났던 제가 다시 돌아오기까지, 이곳에 자리 잡고 지금껏 살아오기까지, 어떤 현실들을 직접 마주해왔는지 되돌아보았어요. 그러다 보니 자연스럽게 가장 마음을 쏟았던 문제들, 가장 자주 언급해왔던 문제들이 추려지며 비로소 준비할 수 있게 되었어요. 첫 공약은 교육과 돌봄 문제였어요. 강진에는 지금 아이들이 너무 줄어 학교가 자꾸 통폐합되고 있어요. 부모들은 당연히 '여기서 아이를 키우는 게 맞을까?' 고민할 수밖에 없죠. 그건 저한테 하는 질문이기도 했어요. 제가 직접 겪고 있는 현실이니까요. 그만큼 감정의 무게도 달랐어요. 아이를 키운다는 건 가족이 알아서 감당하는 문제가 아니잖아요. 아이들이 함께 자라날 수 있도록 교육 여건을 어떻게 개선할지, 아이들이 지역 안에서 안전하게 지내는 구조를 어떻게 만들 수 있을지를 가장 먼저 고민하게 되었어요.

다음 공약은 청년 일자리였어요. 이 문제는 워낙 오래전부터 계속 이야기해왔던 터라 자연스럽게 손이 갔어요. 제가 청년 마켓을 진행하면서 겪었던 좌절과 "여기선 안 돼요"라고 말하던 청년들의 목소리가 너무 선명하게 떠올랐어요. 실제로 지속 가능한 구조를 만들고 싶었어요. 청년들이 일하고 머무를 수 있는 생태계를 처음부터 새롭게 짜야 한다는 생각이 들었죠. 그렇게 고민들이 하나씩 해답처럼 정리되었어요.

오랜 고민을 공약이라는 형태로 처음 꺼내놓던 순간은 어떤 마음이었을까요? 그 공약을 들고 진짜 선거에 후보로 나서겠다고 결심했을 땐, 또 어떤 마음이 드셨나요?

첫 공약을 꺼낼 때는 설레기도 했고, 겁나기도 하고, 참 묘했어요. 말이 약속되는 순간이잖아요. 그 말들이 앞으로 나를 계속 움직이게 만들겠구나 싶었죠. 그때 처음 결심할 수 있었어요. '말하는 것보다 말할 수 있는 사람으로 서는 게 먼저구나. 이 말들을 계속 실현하면서 내가 어떤 사람인지 증명해나가보자."

사실 처음부터 당선을 기대했던 건 아니었어요. 특별한 배경도 없고, 지역 기반도 약한 사람이니까요. 오히려 주변에서도 "너무 무모한 일 같아요"라고 말할 정도였어요. 그런데도 정치에 도전하게 된 건, 선택이라기보단 그냥 뭐라도 말해보고 싶었기 때문이에요. 그 정도로 절박했어요. 제 머릿속에만 맴돌다가 그냥 사라지지 않게 이 말들을 붙잡아두고 싶었어요. 누가 들어주지 않더라도 일단 밖으로 꺼내놓고 싶어서 '뭐라도 해야겠다. 누구한테 부탁하지 말고 내가 해봐야겠다'라고 다짐했죠. 그 결심은 지금까지도 유효해요. 여전히 그 말들에 책임을 지겠다는 각오로 정치에 임하고 있어요.

말한 걸 끝까지 책임지려면

말할 수 있는 사람으로 선다는 건 의지의 문제일 수 있지만, 말한 것을 실행에 옮기는 건 현실의 문제 같아요. 실현하는 과정에서 생각이 어떻게 달라졌는지, 또 이상과 현실 사이에서 가장 크게 부딪힌 지점은 무엇이었는지 듣고 싶어요.

처음엔 막연했지만 실제로 의정 활동을 해보니 지방정치가 주민 삶에는 중앙정치보다 훨씬 직접적이라는 걸 몸으로 느꼈어요. 예를 들어 어린이집이 없어지지 않고 유지된다거나, 청년 공간이 다른 용도로 바뀌지 않고 운영되는 일들은 중앙정부에서 다뤄지지 않아요. 지방정치가 움직여야 가능한 일이죠.

그걸 예산을 다룰 때 강하게 느껴요. 중앙정부는 구조가 크고 움직임이 느리잖아요. 뭘 하나 해보려고 해도 수십억 단위 예산에 몇 년씩 걸리는 행정절차를 통과해야 해요. 반면에 지방정치에서는 2,000만 원, 3,000만 원 예산만으로도 마을에서 청년 마켓을 열거나, 방과 후 문화 프로그램을 운영하는 일 같은 여러 작은 시도를 해볼 수 있어요. 주민 삶을 실질적으로 변화시킬 여지가 있다는 게 참 소중했어요. 그래서 지역 안에서 새로운 구조를 실험하고, 가능성을 확인하고, 점점 키워나가는 그런 정치를 해보고 싶었어요.

막상 의회에 들어와 보니 주민들과의 약속을 지킨다는 게 단지 노력한다고 되는 일이 아니었어요. 어떤 조례든 정책이든 실행으로 옮기려면 '동료의 동의'와 '군청의 수용'이라는 장벽을 넘어야 했어요.

지방정치에서는 아무래도 기존에 해오던 정해진 틀을

따르는 데 익숙해요. 그런데 지금 우리가 마주한 문제는 한 번도 접해보지 않은 것들이잖아요. 예전 방식이 통하지 않아요. 이런 상황에선 변화가 필요하고 변화하기 위해 다양한 시도를 해야 해요. "이 방향으로 한 번 가보면 어떨까요"라고 방향을 틀 수 있는 사람이 필요하죠. 제가 그런 역할을 하고 싶었어요. 이런 부분이 아무래도 기존의 구조에서는 조금 불편하게 느꼈던 것 같아요.

새로운 방향을 제안하셨을 때, 가장 먼저 마주하게 된 '현실의 벽'은 어떤 모습이었나요? '이건 정말 상식적인 문제인데 왜 이렇게 어려운 거지?'라는 생각도 하셨나요?

처음에는 의정 활동을 투명하게 공개하고, 주민들에게 제가 무엇을 하고 있는지 소식을 전해드리는 게 당연하다고 생각했어요. 실제로도 그렇게 시작했고요. 그런데 어느 순간부터 "노 의원님 활동 소식을 너무 자주 SNS나 주변에 공유하지 않으셨으면 좋겠어요"라는 의견을 주변에서 전하더라고요. 제 행동이 의회에서든 군청에서든 누군가에겐 불편한 일이더라고요. 그때 '현실은 다르구나'라는 걸 느꼈던 것 같아요.

정책 내용에 대한 논의보다 '누가 제안했느냐'가 더 중요해지는 분위기도 있었어요. 부지런히 돌아다니면 "튀려고 하는 거 아니에요?", "왜 혼자 바쁜 척해요?"라는 반응이 돌아오기도 해요. 어떤 제안을 해도 내용보다는 제안자가 싫어서 반대하시는 분도 계셨어요. 이게 정말 '정상적인 정치'가 맞나 싶을 정도였어요.

게다가 단지 싫어하는 것에서 끝나는 게 아니었어요. 어떤 정책의 부작용이나 문제에 대해 지적하면, 그 정책의 일부 수혜자들이나 지지자들이 압박해오기도 했어요. "그런 발언을 계속하시면 의원직 못하게 할 수도 있어요"라든지, 심한 경우엔 "당신은 그렇게 깨끗해요? 어디 털어서 먼지 안 나는지 두고 봅시다"라는 말까지 들을 정도로 회유나 협박도 서슴지 않았어요. 내용에 대한 논의보다는 그 정책의 결정권자나 정책을 수행하는 공무원을 지키려는 게 최우선인 것 같아 보였죠.

그때 분명하게 말씀드렸어요. "제 지적이 부당하거나 괜히 문제를 만들려는 불순한 의도가 있다면 그에 응당한 책임을 지겠습니다. 저를 검증하고 싶으시다면 얼마든지 그렇게 해주세요." 제 삶을 걸고 말씀드릴 수 있었어요. 저와 제 가족은 지금까지 누군가에게 피해 주지 않기 위해 애써왔고, 나쁜 일로 경찰서에 드나든 적도 한 번도 없어요. 저희 아이들에게 부끄럽지 않은 부모가 되기 위해 100원짜리 하나라도 정당하지 않은 돈은 가지지 않겠다고 스스로 다짐하며 살아왔죠.

무엇보다 힘들었던 건, '내용'보다 '사람'이 문제시되는 분위기였어요. 토론이 아니라 프레임 싸움으로 바뀌는 거죠. 제가 어떤 사안에 대해 질문을 던지면, 내용에 대한 반박이 아니라 '갑질'이란 단어가 등장하거나 전혀 맥락 없이 '성희롱' 프레임이 얹어져요. 의원으로서 물어볼 수 있는 내용이고, 제 견해를 밝혔을 뿐, 불쾌한 이야기가 오간 게 전혀 없는데도 말 자체로 의심받는 상황이 너무 많았어요. '네 말이 맞는 건 알겠는데, 그걸 말하는 네가 문제야'라는 무언의 압박이 계속되었죠. 점점 말할 수 있는 자리를 잃어가는 기분이었어요.

특히 개발 관련 사안에서는 그런 분위기가 더 강했어요. 지방 예산이 지역 경제를 실질적으로 좌우하다 보니, 군청이 다루는 예산의 방향 하나하나에 예민해요. 도로나 건축, 문화 행사, 공연 등 거의 모든 영역이 군 단위 예산에 연결돼 있으니까요. 그 구조 안에서 "너무 빠르게 규제를 풀려는 거 아니에요?", "이 조항은 공공의 이익을 위해 유지해야 하지 않나요?" 같은 상식선의 문제 제기를 하면 "복합적인 부분이 다 있어요"라는 반응으로 돌아오더라고요. 늘 해오던 방식을 왜 굳이 바꿔야 하냐는 거죠. 상식이 불편한 질문이 되는 게 이상했어요. '내가 뭔가 틀린 말을 했나?'라는 생각까지 들 정도였죠.

그때 알게 됐어요. 결심만으로 내가 한 말을 실천하긴 어렵다는 것을요. 말한 걸 해내기 위해선 저 하나만 바뀌어선 안 되는 거였어요. 구조도, 문화도, 관행도 함께 변화되어야 가능하죠. 저는 정치를 '문제를 해결하는 구조'라고 생각했는데, 막상 들어와보니 그 구조가 문제를 감추는 장치로 작동할 때가 너무 많았어요. 특히 지방은 지역 사회가 좁고 관계가 밀착되어 있어서 그런지, 문제 제기를 하면 당사자는 공격받는다고 느끼게 돼요. 상대가 그런 느낌을 받는다면 굉장히 위험한 방식으로 되돌아와요. 제가 발의한 조례는 회의 안건으로조차 올라가지 못했는데 그 이유도 들을 수 없었던 적이 많았어요.

그래도 멈출 수 없었어요. 처음에 제가 왜 이 일을 시작했는지를 계속 붙잡고 있었어요. 제가 했던 말들에 책임을 져야 하니까요. 제 말의 무게를 끝까지 감당해내고 싶었어요. 말한 걸 실현해내기 위해 버티는 사람, 어떤 방식으로든 책임을 다하는 사람으로 남고 싶었어요.

추구하는 가치와 실현해야 하는 현실 사이에서 가장 크게 부딪힌 지점이 바로 거기였던 것 같아요. '정상적'으로 보이던 것들이 사실은 얼마나 견고한 '기존의 방식'이었는지, 그걸 바꾸는 일이 얼마나 외로운 과정인지 깨달았습니다. 하지만 끝까지 가야 한다는 것도 알고 있었어요. 변화를 위해 계속 노력해야 한다는 것도요. 여기까지 나아올 수 있었던 건 결국, 제가 했던 그 말들이 아직 제 안에서 유효했기 때문이에요.

지방소멸을 막기 위한 변화의 발걸음

그 많은 어려움 속에서도 끝내 현실로 만든 일이 있나요? 가장 버거웠던 순간과 그걸 넘긴 힘은 어디서 나왔는지 듣고 싶어요.

'강진군 육아 양육 수당 지원 조례안'과, '공공 산후 조리비 지원'을 민간조리원에도 확장했던 과정이 가장 먼저 떠올라요. 지방소멸이라는 거대한 흐름을 막기 위한 변화의 방향을 제시해보고 싶었거든요. 이 지역에서 아이를 낳고 키우는 부모들에게 단 하나라도 실질적인 도움이 된다면, 그것만으로도 의미 있으리라 믿고 시작한 일이었어요.

육아 양육 수당 지원 조례안을 준비하던 과정을 돌이켜보면 예상보다 훨씬 복잡하고 험난했어요. 가장 먼저 마주한 건 동료 의원들의 우려였어요. "그런 일은 도에서 해줘야 하는 거 아닌가요?", "중앙정부 몫이지 우리가 해야 할 일이 아니에요"라는 반응이 많았죠. 예산이 크고 전례도 없다 보니 선뜻 동의해주기 어려우셨을 거예요. 그걸 알기에 최대한 현장의 목소리를 전하고자 노력했어요. 단순한 복지 정책이 아니라 '지역에서 살아갈 수 있는 최소 조건'이라는 점을 지속해서 말씀드렸어요.

예산 문제도 쉽지 않았지만 가장 곤란했던 건 '언제 태어난 아이부터 지원할 것이냐'라는 형평성 논쟁이었어요. 정책적 한계와 예산 문제로 당해 연도에 태어난 아이들부터 시작할 수밖에 없는 상황이었어요. 그 이전에 아이를 낳은 부모들께는 정말 죄송했죠. "우리 아이는 왜 해당되지 않는 건가요?"라는 물음 앞에서는 고개 숙일 수밖에 없었어요. 그저 끊임없이 현장에서 소통해가는 수밖에 없었어요.

지원 방식에 대해서도 갈등이 있었어요. 사용하기도 편하고 선택지도 많은 '현금 지급'을 다수가 원하고 있었어요. 하지만 이 지원금이 지역 사회의 경제활동에도 선순환하도록 강진군 안에서 온전히 소비되어야 한다고 봤어요. 아이와 가정을 위한 정책이자, 동시에 지역경제를 위한 정책이기도 하니까요. 그래서 지역화폐 100퍼센트 지급 방안을 놓고 계속 설득했어요. "유모차나 분유 같은 건 현금으로 구매하시고, 이 지원금으로는 시장

노두섭 의원이 행정사무 감사에서 발언하고 있다.

에서 장도 보고 배달 음식도 시켜 드시면서 지역 안에서 돌게 하면 어떨까요? 이 지원금이 육아 양육 수당에만 머무르지 않고 지역의 상권 활성화에도 도움이 되니 일거양득 아니겠어요?" 하나하나 설득하는 과정을 거쳐 결국 지역화폐 지급으로 결정됐어요. 그 공로로 상인들께 감사패까지 받게 되었을 땐 정말 이건 혼자 만든 정책이 아니구나 싶어 두 배로 벅찼죠.

이후에는 공공 산후 조리비 지원을 민간조리원까지 확대하는 데 집중했어요. 기존에는 강진의료원의 조리원을 이용한 경우에만 지원할 수 있었어요. 하지만 부모들께 직접 들어보니 아무래도 현실성이 떨어진다는 의견이 많았어요. 강진에서만 아이를 낳는 게 아니고, 일반적으로 아이를 출산한 병원에서 산후조리한다는 의견이었어요. 이에 더해 강진의료원보다는 민간조리원을 대부분 더 선호하셨죠. 지역에 있는 공공 산후 조리원을 이용해달라는 강진군의 입장도 이해됐지만, 이 정책의 목표는 '현실에 맞는 돌봄 지원'이어야 했어요. 그래서 군정 질문을 통해 군수께 직접 요청했고 그 자리에서 민간조리원까지 확대 지원을 약속받을 수 있었어요. 아울러 강진의료원의 신뢰도를 높이기 위해 시설과 서비스 개선을 위한 투자도 약속받았고요. 이 조례가 본회의에서 통과하던 날, 그리고 민간 산후조리비 지원이 실제로 확대되던 날, 복잡하고 지난했던 과정이 단 한번에 보상받는 느낌이었어요. 그 순간만큼은 '아. 이게 진짜 정치를 하는 이유구나. 이 일을 하길 정말 잘했구나'라는 생각에 울컥했어요.

강진의 육아 양육 수당이 전국의 지방소멸 대응 사례로 자리 잡은 지금, "이 수당 덕분에 둘째를 낳았어요", "아이 키우는 게 훨씬 덜 힘들어졌어요"라는 말을 듣곤 해요. 그럴 때마다 그날의 마음이 떠오르곤 하죠. 이러한 노력들이 모여 강진의 출생률은 전국 2위라는 성과로 이어졌어요. 지난 21대 대통령 선거 당시엔 이재명 대통령 후보의 공약에 포함되기도 했고, 2025년 7월에는 이 정책과 빈집 정비 조례를 통해 인구 증가에 기여한 공로로 강진군이 대통령상까지 받았어요. 저로서는 굉장히 영광스러웠죠. 제 노력이 의미 있었다고 확인받는 기분이 들었고 '고생했어. 참 잘했어' 하고 저 자신을 쓰다듬어 줄 수 있었던 순간이었어요.

정치 안에서는 분명 부딪히는 순간들이 많았지만, 그 과정에서 일어난 변화들이 주민들에겐 오히려 '정치가 움직이고 있다'라고 다가가지 않았을까 싶어요. 이 흐름을 이어가기 위한 노력이나 실천이 있다면 들려주실 수 있을까요?

정치에 도전하기로 마음먹었을 때부터 저는 이 지역에서 살아갈 환경을 청년들과 함께 만들어가고 싶었어요. 제도와 절차를 익히고 조례를 살피는 것도 물론 중요했지만, 그보다 먼저 '사람을 만나야 한다'는 확신이 있었어요. 특히 저처럼 지역에 남고 싶은, 그리고 남아 있으려는 청년들을 만나야 했어요. 그렇게 청년들과의 간담회를 시작했습니다. 간담회라는 딱딱한 형식을 빌리긴 했지만 밥 한 끼, 차 한잔에 가까운 캐주얼한 시간이었어요. 동네 카페에 앉아 "요즘 뭐가 제일 힘드세요?", "여기 계속 살고 싶으세요?" 같은 질문을 조심스럽게 던지면, 그분들은 정말 많은 걸 들려주셨어요. 무엇이 불편하고 무엇을 포기했고 왜 그렇게까지 지쳐 있는지, 마음속 깊은 이야기를 나누어주셨죠. 그런 이야기들이 '이분들과 함께 해나가야겠구나. 이게 나의 또 다른 정치적 과제이구나'라고 마음먹게 해주었어요.

그렇게 만들어진 관계들이 어느 순간부터는 제게 또 다른 정치가 되어주었어요. 의회 안에서 혼자였지만, 밖에는 "우리 같이 해볼까요?", "이건 저희가 나설게요"라고 말해주는 사람들이 생겼거든요. 조례 하나를 두고 외롭게 싸울 때, 기사 한 줄로 제 말이 왜곡되어 퍼질 때, 먼저 "의원님, 걱정하지 마세요. 저희가 다 보고 있어요"라고 메시지를 보내주셨어요. 어떤 분은 지역 커뮤니티에 직접 나서서 오해를 정정해주기도 했고요. 그때 이 관계들이 단순한 지지나 응원을 넘어 이제는 나를 지켜주는 힘이 되었음을 실감했어요. 정치적으로도 정서적으로도, 저는 그 안에서 보호받고 있었고 동시에 함께 싸우고 있었어요.

지금은 그 관계들이 지역 안에서 여론을 형성하고 의제를 먼저 제안하는 역할까지 해주고 있어요. 어떤 문제는 제가 제기하기도 전에 청년 주민들이 먼저 움직여주시고, 그분들이 만들어낸 흐름에 제가 뒤따라가는 경우도 있어요. 그럴 때마다 혼자가 아니라 함께하는 정치의 진짜 힘을 실감하죠.

명단도 없고 조직적으로 결속되어 있지도 않지만 그 관계는 계속되고 있어요. 저는 그분들에게 늘 물어봐요. "요즘 어떤 게 불편하세요?", "지금 이 방향이 괜찮을까요?" 제 정치의 출발을 늘 함께하고 싶어서요. 정책이나 시스템보다도 저는 이 관계가 제 정치의 가장 큰 성과이자 기반이라고 생각해요. 같이 갈 사람들이 있다는 사실, 그게 앞으로도 이 길을 계속 걸어가게 하는 이유예요.

정치가 살아야 지방이 산다

지방소멸을 막기 위해 수많은 정책이 나오고 있음에도 왜 여전히 지역의 현실은 달라지지 않는 걸까요? 의원님께서 주민들과 함께 만들어온 작은 변화들이 더 큰 구조로 이어지려면 어디서부터 시작되어야 한다고 보시나요?

지방소멸이라는 문제 하나만 붙잡고 '이렇게 가다가는 우리 동네가 진짜 사라지겠다'라는 절박함에 여기까지 왔어요. 그런데 막상 정치 안으로 들어오니 지방소멸의 원인이 단지 인구 감소나 출산율 저하 같은 통계에만 있지 않다는 것을 깨달았습니다. 그 밑바닥에는 '정치의 소멸'이라는 훨씬 더 근본적인 문제가 깔려 있었어요.

제일 처음 마주한 건 '정치가 주민들의 삶과 너무 동떨어져 있다'라는 현실이었어요. 삶의 문제와 제도의 간극이 너무 컸어요. 주민들은 매일같이 어려움과 불편을 호소하고 있는데도, 정치와 행정은 그 문제를 그대로 둔 채 "원래 이렇게 해왔어요"라는 말만 반복하고 있었죠. 정치는 문제를 해결하기 위해 있는 자리인데, 오히려 문제를 고착화하는 구조로 작동하고 있었어요.

그 안에서 저는 확신하게 되었어요. 지방을 살리기 위해선 정치부터 살려야 한다는 것을요. 만약 정치를 살리지 못하고 지금 상태로 나아가게 된다면, 지방소멸은 금세 현실이 될 거예요. 변화는 제도나 정책보다 먼저 그걸 만드는 사람들과 받아들이는 구조에서 시작되거든요. 정치가 살아 있다는 건 주민들과 끊임없이 호흡하고 있다는 뜻이에요. 그 호흡이 끊긴 정치, 주민의 삶에서 멀어진 정치는 아무리 좋은 정책을 쏟아내도 실현되지 않아요. 제도의 생명력은 결국 사람의 삶에서 나오는 거잖아요.

이건 단지 정치인 몇몇이 바뀌었다고 해결되는 문제가 아니에요. 지역 사회 전체가 정치에 참여하여 감시하고 함께 책임지는 구조로 바뀌어야 가능합니다. 그런데 지금은 주민들도 너무 지쳐 있어요. 정치를 신뢰하지 않은 지 오래고 "뭘 해도 바뀌지 않잖아요" 하는 마음이 너무 깊이 자리 잡고 있어요. 그 마음을 돌리는 게 제일 어려운 일 같아요. 그럼에도 조금씩 바뀌나가고 싶어요. 그게 진짜 정치가 할 수 있는 일이라고 믿고 있죠. 결국은 이런 결론에 다다르게 돼요. "정치가 다시 살아야 지방이 산다." 이 말은 단순한 구호가 아니에요. 제가 매일 실감하고 있는 현실이에요.

"정치가 다시 살아야 지방이 산다." 의원님의 말씀이 정말 깊이 와닿네요. 그렇다면 의원님이 생각하시는 '정치를 다시 살리는' 길은 어떤 모습일까요? 앞으로 그 길 위에서 어떤 일들을 구상하고 계신지 듣고 싶어요.

정치를 다시 주민의 자리로, 삶의 자리로 돌려놔야 한다고 생각해요. 그게 제가 계속 강조해온 '작은 시도들'의 의미예요. 조례 하나, 예산 하나, 의회에서 한 발언 한마디까지도 결국은 주민들의 삶과 연결되어야 한다고 믿거든요. "진짜 여러분의 삶에서 필요한 게 무엇인가요?"를 계속 물으면서 정치가 나아가게 만들고 싶어요.
그동안 우리가 정치는 제도와 시스템이라고 고정해 생각해온 것 같아요. 물론 중요하지만 저는 요즘 더 자주 이런 생각을 해요. '정치는 관계다. 그리고 그 관계는 아주 작은 연결에서부터 시작된다.' 그 연결을 확장시키기 위해서는 정치 참여의 문턱을 낮추고 주민들과의 관계를 계속 넓혀나가야 해요. 간담회 자리든 지역 커뮤니티에서의 대화든, 누구나 '정치적인 이야기'를 나눌 수 있는 자리를 마련하는 거예요. 그러다 보면 자연스럽게 "그럼 우리가 뭘 해볼까요?"라는 말이 나오게 되죠. 그 순간을 놓치지 않으려고 해요. 거기서부터 정치가 다시 살아나거든요.
앞으로도 그런 흐름 안에서 작은 시도들을 계속 이어가

고 싶어요. 갑자기 큰 변화를 꿈꾸기보다는 '계속 살아 있는 정치'를 실현하고 싶어요. 주민들이 "이건 나와 상관없는 일이에요"라고 말씀하시기보다는 "이건 저도 함께 만든 거예요"라고 느끼실 수 있도록, 작은 성공의 경험을 더 많이 만들고 싶어요.

정치를 다시 살리는 일은 혼자 할 수 없어요. 저도 많이 지치고 흔들리는 날이 있죠. 그럴 때마다 '이 길을 함께 걸을 사람들이 많아졌으면 좋겠다'라는 생각을 하게 돼요. 더 많은 분들이 정치에 도전해주셨으면 좋겠어요. 그분들과 함께, 그리고 이 길을 응원해주시는 지지자분들과 함께 더 많이 걷고 싶어요.

노두섭 의원에 대하여

1. 학력 및 이력

강원관광대학교 관광호텔조리과 2년 수료
전 (사)전남 마을네트워크 전문위원
전 2009 남북이산가족상봉 자원봉사
제9대 전라남도 강진군의회 의원

2. 의정 활동 직무 정보

- **소속 선거구 | 인구수**
전라남도 강진군 가 선거구 | 1만 9,235명
※ 강진읍 1만 2,725명, 도암면 2,300명, 성전면 2,582명, 신전면 1,628명

- **전체 예산(2024년, 추경 포함) | 의원 수**
4,863억 7,244만 3,000원 | 8명

- **월정수당 | 의정 활동비 | 세전 급여**
184만 8,590원 | 150만 원 | 334만 8,590원

- **대표 발의 조례**
대표 발의 15건, 일부 개정 발의 5건, 공동 발의 63건

- **의정 활동 중 발의 조례 수**

전라남도 강진군 육아양육수당 지원조례
전라남도 강진군 응급의료 지원에 관한 조례
전라남도 강진군 이에스지 경영에 활성화 지원조례
전라남도 강진군 마약류 및 유해약물 오남용 예방에 대한 조례
전라남도 강진군 노인학대 예방 및 학대 피해노인 보호에 관한 조례안

3. 기타

- **SNS 계정**

facebook.com/share/171cT6r8Jy

노성철

1985년생. 제9대 서울특별시 동작구의회 의원으로 행정재무위원회 소속이다. 지역 현장을 돌아다니다가 아이들이 뛰어다니며 웃고 장난치는 모습들을 보게 될 때면 슬며시 웃음이 나곤 한다. 하루 끝에 자리에 누워 텔레비전을 틀어놓고 감상하다가 스르르 잠드는 걸 좋아한다. 휴일에는 만화 카페에 가 5시간 내내 먹고 만화를 보며 에너지를 보충한다. '신의信義'를 삶의 방향이자 좌우명으로 삼고 있다.

현장의 절박함에 반응하는 정치

"정치인이 가장
급한 사람이 되어야 해요."

"정치인이 가장 급한 사람이어야 한다"는 노성철 의원의 말에는 정치란 가장 절박한 사람의 입장에서 제일 먼저 움직이는 일이라는 확고한 신념이 담겨 있었습니다. 주민의 불편과 위험을 누구보다 앞서 발견하고, 먼저 현장을 찾는 일, 노성철 의원의 하루는 바로 그 신념의 실천으로 가득 차 있었습니다.

오전 8시 20분, 통학로 점검으로 하루를 시작하고, 이후에는 지역 곳곳을 돌며 주민들의 목소리를 직접 듣습니다. 작은 민원 하나에도 끝까지 귀 기울이며 관련 부서들과 수차례 회의를 이어갑니다. 지역 현안은 한 부서만의 몫이 아닌 만큼 복잡한 조율과 설득의 과정이 반복됩니다. 의회에서는 조례 검토, 질의 준비, 위원회 활동까지 숨 가쁜 일정이 이어지고, 저녁이 되면 정당 활동과 지역 행사 등으로 다시 주민들과 마주하게 됩니다.

종종 정치에 대해 언급할 때 '탁상공론'이라는 말을 떠올리곤 합니다. 현실과 동떨어진 논의, 현장의 목소리를 외면한 채 진행되는 결정들은 정치에 대한 깊은 불신과 무관심을 안겨줍니다. 과연 정치는 우리의 삶 속으로 깊이 들어와 있을까요? 우리의 작은 불편함과 절박한 목소리에 온전히 귀 기울이고 있을까요? 너무나 바쁘게 살아가는 노성철 의원의 하루가

이 질문에 대한 하나의 대답이 아닐까 합니다.

"젊은 사람이라도 그렇게 하다가는 병나요"라는 우려를 듣기도 하지만, 노성철 의원은 정치인이 가장 먼저 움직일 때 주민의 삶이 비로소 편안해진다고 믿습니다. 행정의 뒤를 따르는 정치가 아니라 문제의 가장 앞에 서는 정치가 필요하다는 신념이 그의 정치의 출발점이자 원칙입니다.

이번 인터뷰에서는 그의 원칙이 어떻게 만들어졌는지, 어떻게 실천되고 있는지 살펴보고자 했습니다. 주민의 삶을 직접 마주하고 문제를 해결해나가는 그의 정치를 통해 진정한 '생활 정치'란 무엇인지 함께 되짚어보기 바랍니다.

매일 바쁜 이유

의원님과 인터뷰 약속을 잡으면서 가장 많이 들었던 말이 "너무 바빠서"였어요. 의원님의 하루는 어떻게 흘러가나요?

소화해야 할 일정이 너무 많다 보니 하루가 일주일처럼 느껴질 때도 있어요. 또 어느 순간에는 일주일이 하루처럼 정신없이 지나가버리기도 하고요. 꽉 들어차 있는 일정 속에서도 아침 8시 20분 통학로 점검으로 하루를 시작해요. 아이들이 등교하는 시간이거든요. 하루 중 가장 혼잡한 시간대이기도 하죠. 그 시간이면 이미 출근 차량과 공사 차량이 도로 위를 휩쓸고 있어요.

멀리서 바라보면 평범한 아침 같지만 저에게는 다르게 보여요. 골목 모퉁이에 주차된 차량 때문에 우리 아이들의 시야가 가려지는 게 보여요. 널브러진 공사 자재를 지그재그로 피해가며 걷는 아이들의 모습도 눈에 들어오고요. 무단 횡단이 많은 구간에 보행 안내선은 제대로 그려져 있는지, 신호수가 나와서 올바로 출차를 통제하는지도 살펴봐요. 누구한테 맡겨두고 책상에서 보고만 받는 방식으로는 알 수 없는 현장의 문제들을 파악하려 해요. 종종 "그건 구청에서 챙겨야 하는 것 아닌가요?"라는 말도 듣지만, 저는 이렇게 확인하고 점검하면서 서로 인사가 오가는 이 시간을 정말 즐기는 것 같아요.

그러고 나면 지역 어르신들과 아침 식사를 하거나 저를 찾아오시는 주민들을 만나요. 이 시간도 참 중요해요. 의도적으로 만든 간담회 자리보다 훨씬 많은 이야기를 들을 수 있거든요. "여기에 쉴 만한 벤치가 하나 있으면 좋겠다"라는 민원부터 "청소하시는 분들 보면 늘 마음이 쓰인다. 잘 챙겨줬으면 좋겠다"와 같은 말씀까지 어느 것 하나 단순한 민원이라고 생각하지 않고 새겨들어요. 정치를 하는 저에게는 이런 살아 있는 말들이 정책의 출발점이고, 구정 질문의 주제가 되고, 발의하는 조례의 첫 문장이 되니까요. 정치가 멀리 존재하는 듯하지만 사실은 항상 가까이 있다는 것을 이 시간을 통해 확인하게 됩니다.

오전 일정만으로도 하루가 길 것 같은데 이후에 의회 일정까지 소화하시는 거잖아요. 말씀만 들어도 하루가 남들의 두세 배를 압축해놓은 느낌이에요 의정 활동은 어떻게 이어지나요?

오전 일정이 끝나면 본격적인 의정 활동이 펼쳐지죠. 요즘에는 특히 통학로 관련 회의가 자주 열리는데, 그날 아침 현장에서 직접 확인한 상황들을 공유하면서 이전에 논의됐던 사항들을 하나씩 점검해나가요. 필요한 경우엔 구청 공무원들과 다시 현장을 방문하기도 하고요. 통학로 공사는 단순해 보이지만, 실제로는 여러 부서가 얽혀 있어요. 건설과, 도로과, 경찰청, 교육청, 학교까지 전방위로 협의가 필요해요. 예를 들어, 민간사업자는 "이 시간에 공사를 해야 일정을 맞출 수 있다"라고 주장하고, 학부모들은 "아이들이 가장 많이 지나다니는 시간대라 위험하다"라고 말씀하시죠. 두 견해가 다 이해되고, 양쪽 모두에게 절실하기에 조율하기가 어려워요. 게다가 보행자 안전시설 설치나 안심 보안관 배치처럼 부서 간 입장이 다른 문제까지 얽히면, 같은 안건으로도 부서를 달리하며 몇 번이고 설득을 반복해야 해요.

지역 현안들을 정리하고 나면 의회 일정이 이어져요. 그때부터는 회의 자료들을 펼쳐놓고 상임위 안건을 꼼꼼히 살펴보는데 이 문서들이 그냥 몇 장짜리 보고서가 아니에요. 법령부터 예산, 부서 협의 경과까지 두꺼운 서류철로 정리된 자료들이에요. 어떤 현안에 대해 발언을 하나 하려면 단순한 찬반이 아니라 "왜 이 조치가 지금 필요한가", "기존 정책에는 어떤 한계가 있었는가", "예산상으론 어떤 대안이 있는가"까지 스스로 질문하며 논리 구조를 세워야 하기에 어느 하나 허투루 읽을 수 없죠.

저는 모든 자료를 정독하고 나서 정책지원관들과 생각을 공유하고, 또 필요한 부서와 사전 면담을 하며 입장을 정리해두는 편이에요. 회의장에서 반론이 나올 수 있는 부분은 미리 시뮬레이션해보고, 대응 방안도 마련해둬요. 단순히 문제를 지적하는 데서 멈추지 않고 "이게 문제입니다"라는 말에는 반드시 "그래서 이렇게 바꿔야 합니다"라는 제안이 따라야 한다고 생각하거든요. 저는 정치가 '공감'하는 정도에서 그치는 게 아니라 '설득'까지 나아가야 한다고 믿고 있어요. 그래서 매일 치열하게 준비하는 것 같아요.

통학로 안전 점검부터 민원 대응, 의정 질의 준비, 조례 발의, 예산결산특별위원회(예결위) 안건 검토는 물론이고 서울시당 청년위원장으로서 청년 정치 생태계를 만드는 일까지, 의원님의 의정 활동을 지켜보면 '어떻게 저걸 다 하지?'라는 생각이 들 수밖에 없어요. 또 한편으로는 너무 많은 걸 혼자 감당하시는 것 같다는 생각도 들어요.

"좀 쉬면서 해요", "젊은 사람이라도 그렇게 일하면 병나요"라는 걱정을 정말 많이 들어요. 저 역시 가끔은 '이렇게까지 해야 하나?'라는 생각이 들 때도 있습니다. 그럼에도 멈추지 못하는 이유가 있어요. 이렇게 바삐 움직여도 변화를 만들어내기가 정말 쉽지 않거든요. 통학로 보행 안전처럼 모두가 동의할 만한 문제조차도 관련된 부서와 이해관계자가 너무 많아서, 누군가 하나라도 움직이지 않으면 금세 멈춰버려요. 수많은 사람의 노력이 더해져야만 겨우 해결될 수 있다 보니 대부분 서로 책임을 떠넘기게 돼요. 그 과정에서 일 처리는 계속 지연되죠. 그러다 결국 가장 급한 사람, 즉 이 문제의 당사자인 주민들이 나서게 돼요.

저는 그 '가장 급한 사람'이 지역 주민이 아니라 정치인이어야 한다고 생각해요. 일상을 살기에도 너무 힘든 이 시대에 주민들을 나서게 하지 말고, 정치인이 나서서 그

서울시당 청년위원장 재임시절 개최했던 청년당원 체육대회에서 노성철 의원이 응원의 메시지를 전하고 있다.

분들의 문제를 해결해나가야 해요. 그게 바로 정치인의 역할이자 신뢰받는 정치인이 되는 길이라 생각해요.

절박한 경험이 정치로 이어지기까지

단순히 책임감 때문에 이 많은 일을 감당하고 계시진 않을 것 같아요. 이런 정치를 구상한 분명한 출발점이 있을 텐데요, 언제 어떤 계기로 정치를 결심하신 건가요? 어떤 마음으로 시작하셨던 건지 궁금해요.

그 질문을 받으니 잠시 말문이 막히네요. 오래 묻어두었던 기억이기도 하고, 너무 개인적인 이야기로 느껴질 수 있을 것 같아 조심스러워요.

제가 정치를 하겠다고 결심한 건 누군가에게는 사소해 보일 수 있지만 제 인생에서는 감당하기 힘들었던 하나의 사건에서 시작되었어요. 20대 중후반 시절 정말 열심히 일하여 번 돈으로 아버지 생신 선물로 자동차를 한 대 마련해드렸어요. 그로부터 6개월 후 급발진으로 추정되는 큰 사고가 났어요. 아버지께서는 하반신을 쓰지 못할 수도 있다는 말을 들을 정도로 크게 다치셨어요.

갑작스러운 상황에서 사고의 원인을 찾아 다녔어요. 하

지만 어디를 찾아가든, 누구에게 물어보든 돌아오는 대답은 똑같았어요. 거대 기업과 관련된 문제 앞에 "그건 저희 소관이 아닙니다", "다른 부서에 문의해보시죠"와 같은 반복되는 말과 닫혀 있는 창구를 마주하며 처음으로 생각하게 되었어요. '나에게만 급한 문제구나. 우리 사회는 어떤 절박함에도 대답하지 않을 수도 있구나.' 살면서 불편한 현실을 마주한 적은 많았지만, 그때만큼 절실하게 사회가 부당하다고 느껴본 적이 없었어요. '이러한 부당함을 없애려면 무엇을 해야 할까?'라는 생각에 앞으로의 길을 찾기 시작했었어요. 처음으로 제 삶의 질문이 구조의 질문으로 확장됐던 순간이었어요. 도달한 결론은 하나였어요. 구조를 바꾸는 힘은 '정치'를 통해서만 가능하다는 것이었어요. 절박함에 반응하는 사회를 만들고 싶다는 마음 하나로 정치를 시작하게 되었습니다.

그때 바라보았던 사회는 어떠했으며 그때 생각한 의원님의 정치는 어떤 모습이었나요? 당시에 상상한 정치는 지금 우리가 흔히 아는 정치와 무엇이 달랐나요?

문제가 발생했을 때, 그 해결 속도나 방식이 문제의 심각성에 따라 결정되지 않았어요. 오히려 '누가' 제기했느냐에 따라 달라지는 경우를 많이 목격해왔죠. 그러면서 이 사회가 얼마나 불균형한 구조 위에 놓여 있는지 절실히 체감했던 것 같아요. 권력자의 말이나 대기업의 요청에는 아주 기민하고 섬세하게 반응하면서도, 정작 서민의 삶과 맞닿은 문제에는 너무 쉽게 침묵하는 것 같았어요. 그래서일까요, 다들 공식적인 절차나 제도에 대한 기대를 접고 인맥과 연줄로 문제를 해결하려고 하더라고요. 공공 시스템이 나를 도와주지 않는다는 것을 너무 잘 알아버린 사회, 비정상적인 방식이 '현실적인 방법'으로 자리 잡은 사회, 이것이야말로 구조적 불신의 결과라고 느꼈어요.

이러한 사회 구조적 문제는 단순히 제도 미비나 행정 부족만으로는 설명되지 않습니다. 그보다 정치가 자신의 역할을 제대로 수행하지 않았기 때문이죠. '누구의 말에 먼저 반응하느냐'를 정치가 결정하는 것인데, 정치가 그 역할과 책임을 회피한 결과 이러한 불균형이 생겼다고 생각했어요. 저는 늘 뒷순위로 밀려나는 서민들의 목소리를 최우선으로 들어주는 정치를 하고 싶었어요. 문제를 마주했을 때 가장 먼저 정치인을 떠올릴 수 있는 사회, 그렇게 정치가 신뢰를 회복하는 사회를 만드는 데 기여하고 싶었어요. 그런 정치를 제가 할 수만 있다면,

제 역할을 다하는 정치를 한다면, '누구를 아느냐'가 더
는 중요하지 않은 사회가 올 거라고 믿었어요.

**제 역할을 다하는 정치를 해야겠다는 결심이 현실화되기까지
의원님은 어떤 길을 걸어오셨는지 궁금해요.**

정치를 처음 시작하려 했을 때 참 막막했어요. 사회 구
조에 대한 문제의식도 분명했고 바꾸고 싶다는 열망도
있었지만, 어디서부터 어떻게 실행해야 할지 갈피를 못
잡겠더라고요. 저를 이끌어줄 선배도 함께할 동료도 없
었고요. 그래서 결심했어요. 바깥에서 정치를 준비하는
대신 제 삶을 정치의 뿌리로 삼자고요.

가장 먼저 필요했던 건 '경제적 자립'이었어요. 그 어떤
이상이나 열정보다도 정치를 지속하기 위해선 생계를
감당할 힘이 필요하다고 일찌감치 깨달았거든요. 현실
은 냉정했어요. 발로 뛰어야 할 시간에 돈을 벌어야 하
고, 정책을 고민해야 할 시간에 생계를 걱정하느라 자신
의 정치를 펼치지 못하고 주저앉는 정치인들을 너무 많
이 봤거든요.

무조건 열심히 일했어요. 남들보다 조금 더 부지런히 움
직인 덕에 다양한 일들을 경험할 수 있었죠. 대기업 계
열사에서 조직을 이끄는 감각, 데이터 분석력, 사람과

소통하는 방법을 배웠고, 이후에는 인터넷 신문, 영상 제작, 해양레저 같은 여러 사업을 운영하며 사회의 다양한 결을 몸으로 부딪쳐가며 배워갔습니다. 특히 자영업을 하면서는 시장의 흐름, 행정의 허점, 사람들의 고충 같은 현실의 감각을 쌓을 수 있었어요. 그런 경험들이 조례를 발의할 때도, 정책을 설계할 때도 실제적인 감각으로 이어지는 것 같아요.

정치를 단지 말이나 이념으로 시작하고 싶지 않았어요. 직접 경험해본 사람, 실제로 버텨본 사람, 책임을 감당해본 사람만이 현장을 이해할 수 있고, 현장에 닿은 정치를 할 수 있다고 믿었어요. 저에게 경제적 자립은 단순한 생존 수단이 아니라 정치적 준비 과정이었고, 지금도 그 시간을 통해 정치인의 책임이 어디서 비롯되는지 계속 확인하고 있어요.

연고 없는 지역에서 신뢰를 쌓기까지

오랜 시간 준비한 끝에 결국 정치권으로 들어오시게 되었잖아요. 준비 과정과는 또 다른 차원이었을 텐데 어떤 계기와 과정으로 정치에 참여하게 되신 건가요?

정치라는 길을 구체적으로 고민하게 된 건 2017년쯤이었어요. 어느 날 정당 활동을 하고 있던 친구에게 진지하게 물어봤죠. "정치, 진짜 한번 제대로 해보고 싶은데 어떻게 시작해야 해? 어떻게 입당하고, 활동은 어떻게 하는 거야?" 그 질문이 제 정치의 시작이었어요. 친구가 알려준 대로 입당원서를 냈고, '내가 할 수 있는 일이 있다면 뭐든 해보자'라는 마음으로 지역위원회의 문을 두드렸어요.

처음엔 부산에서 활동하다가, 중앙대학교 신문방송대학원 진학을 계기로 서울로 올라왔어요. 서울에 자리 잡으면서 정치권의 선배 한 분이 "서울에서도 계속 활동해야지"라고 권유해주셨고, 그분의 추천으로 동작구 지역위원회를 처음 찾게 되었어요. 동작구는 제게 아는 사람은커녕 아무 연고도 없는 낯선 지역이었어요. 그곳에서 하나하나 정치를 배워가야 했어요.

막상 지역위원회에 들어와 보니 생각보다 훨씬 더 복잡하더라고요. 무엇보다도 철저하게 사람 중심이었어요. 단순히 당무를 수행하는 게 아니라 매 순간 사람의 감정과 믿음에 대해 다뤄야 했어요. 정치를 하려면 먼저 사람을 이해해야 한다는 걸 배울 수 있었죠. 지역을 알고 사람을 알고, 그들에게 '믿음을 주는 존재'가 되는 것,

그건 단순히 일머리가 좋다고 이룰 수 있는 게 아니었어요. '정치란 결국 신뢰를 쌓는 데서 시작한다'는 것을 지역위원회 활동을 통해 아주 깊이 체감했죠.

동작구 지역위원회 활동이 말처럼 쉽지는 않았을 것 같아요. 어떤 어려움들이 있었나요? 어떻게 그 안에서 인정받게 되신 건가요?

시작하자마자 느낀 건 이 세계는 '열려 있는 것 같지만 막혀 있는 구조'라는 거였어요. 제가 '부산 출신'이라는 이유만으로 "왜 서울에서 경력을 쌓고 가려는 거야"라는 말을 듣기도 했어요. 동작에서는 이미 오랫동안 활동해온 분들이 많았고, 그분들에게 저 같은 새로운 사람은 자연스럽게 경계의 대상이었던 거죠.

그렇기에 더 많이 더 자주 움직여야겠다고 마음먹었어요. 지역위원회 청년위원으로 활동하면서 행사 사회를 맡고, 홍보물을 만들고, 회의 자료를 챙기고, 때로는 행사장 정리도 도맡으며 뭐든 가리지 않고 일했어요. 그런 작은 역할들이 하나하나 쌓이며 점차 '정말 책임감 있게 움직이는 친구'라고 인정받을 수 있었던 것 같아요.

그렇게 신뢰를 쌓은 끝에 지역 청년위원장을 맡게 되었어요. 대표는 그저 이름을 올리는 자리가 아니었어요.

저를 지켜보며 기회를 준 분들, 함께 활동하는 청년들 앞에서 더 단단하게 행동해야 한다는 무게감이 따랐죠. 이전보다 더 치열하게 움직였고, 동시에 이 자리가 단지 저만의 성취가 아니라 누군가의 신뢰로 쌓인 결과라는 걸 잊지 않으려 했어요. 그만큼 정치적 윤리와 태도에 대해 끊임없이 생각하게 되었어요. 이러한 경험이 이후 제가 하고 싶은 정치를 더 뚜렷하게 그리는 출발점이 되었어요.

정치적 기반 없이 낯설고 복잡한 정치 생태계 속에서 활동을 시작하고 결국 서울시당 청년위원장이라는 자리를 맡기까지 분명 적잖은 장벽과 싸움을 마주하셨을 것 같아요. 그런 환경 속에서 지금의 자리를 만들어낸 원동력은 무엇이었을까요? 어떤 결심과 전략이 있었을까요?

사실 전략이랄 것도 없었어요. 그저 '보여줘야 살아남는다. 성과로 말하자'라는 절박함 하나로 노력했던 것 같아요. 정치를 준비하면서 줄곧 '일반 청년'이라는 한계를 온몸으로 느껴야 했어요. 정치인 중에는 대를 이어 정치하는 경우도 있고, 유력 정치인의 보좌진 출신도 많고, 누군가의 추천으로 공천받는 경우도 많아요. 그에 비해 저는 그 어떤 조건도 전무했습니다. 그래서 결국

'일'로 증명하는 수밖에 없었죠.

맡은 일은 무조건 끝까지 책임졌어요. 지역의 오랜 관계망 속에서 저는 여전히 낯선 사람이었기 때문에 더더욱 그랬죠. 밤 10시에 회의가 열리든, 주말에 행사가 잡히든 가리지 않고 참석했어요. 주민들과 함께 밥을 먹고, 민원을 듣고, 청년들과 끝없이 이야기를 나눴어요. 그렇게 하루하루를 쌓아가자 어느 순간부터 주변에서 "노성철이 있으면 일이 된다"라는 말을 해주시더라고요. 그 한마디가 제게는 가장 큰 공천장이었어요. 당에서 내려준 도장이 아니라, 주민과 당원들의 신뢰가 찍힌 도장이었죠. 그 신뢰가 저를 본선 후보로, 지금의 자리로 이끌어준 가장 강력한 힘이었다고 믿어요.

그동안 의원님이 품었던 결심과 가치들을 실제 정치 현장에서 어떻게 풀어내셨나요? 어떤 목소리를 들으셨으며, 어떻게 변화를 만들어냈는지 구체적인 경험을 들려주세요.

권력자들과 정치인들이 힘 있는 사람들에게 더 반응하는 불균형한 사회를 바꿔보고자 정치를 시작했는데, 의회에 출근한지 얼마 지나지 않아 저의 소신이 시험받는 일을 만났어요. 몇 통의 전화가 걸려 왔어요. "주차 딱지를 떼었는데 좀 없애달라"는 내용이었어요. 처음에는 단순한 민원인가 싶었지만, 비슷한 요청이 반복되는 게 이상하더라고요. 그래서 지난 4년간 처리된 주정차 과태료 면제 건수를 살펴봤는데, 그 수가 상상 이상으로 많더라고요. 이건 단순히 규정을 어겼냐 여부의 문제가 아니었습니다. '누구와 가까운가?', '누구의 말이 통하느냐'에 따라 어떤 사람은 과태료를 면제받고 또 어떤 사람은 그대로 내는 불균형한 현실 문제였어요.

그냥 지나칠 수 없었습니다. 바로 제가 바꾸고자 했던 '불균형' 그 자체였으니까요. 저는 5분 자유발언 시간에 이 문제를 정식으로 제기했어요. "앞으로 동작구에서는 이런 특혜, 암묵적 거래는 용납되지 않을 것이다"라고 공개 선언했고 이를 해결하기 위해 최선을 다했어요. 그런데 이후 여기저기에서 관련 전화가 걸려왔습니다. 선배 정치인뿐 아니라 지역의 여러 어르신으로부터 "표 떨어지게 왜 그러냐"라는 말씀과 "우리가 가진 힘을 왜 없애느냐"라는 이야기들을 많이 들었어요. 그럴 때마다 저는 조심스럽게 "그 힘이 특정한 사람만을 위해 쓰인다면 이제는 함께 내려놓는 게 좋지 않을까요?"라고 말씀드렸어요.

저는 과태료 하나를 없애려던 게 아니었어요. '정치는 결국 연줄로 작동한다'라는 오래된 관행에 균열을 내고 싶었던 거였어요. 적어도 우리 지역에서만큼은 더는 그런 요청이 통하지 않도록, 공정이라는 원칙이 실제로 작동할 수 있도록 말이죠. 돌이켜보면, 이 작은 변화가 지역 주민들의 신뢰를 쌓는 큰 계기가 되었던 것 같아요.

삶의 현장에서 풀어내는 정치

불균형한 관행을 없애는 과정이 쉽지 않았을 것 같아요. 그럼 권력의 이야기 대신 주민의 목소리를 들었던 순간은 언제였나요? 정치란 결국 주민들의 삶으로 들어가는 일일 텐데, 지난 의정 활동 속에서 가장 기억에 남는 순간이 있다면 말씀해주세요.

지금도 머릿속에 너무 또렷하게 떠오르는 장면이 있어요. 2022년 8월이었어요. 동작구에 "몇십 년 만의 수해"라고 불릴 정도로 기록적인 폭우가 쏟아졌어요. 그날 의원으로서 '계획' 같은 걸 세우고 움직인 게 아니었어요. 그냥 '지금 당장 내가 있어야 하는 자리가 저기다'라는 생각 하나만 품고 갔어요. 구청에서 지침이 내려오기 전, 지역 행정이 작동하기도 전이었지만 누군가는 그 물에 들어가야 했고 그게 제가 되었죠.

아침부터 밤까지, 그다음 날도 또 그다음 날도 현장에

있었어요. 흙탕물이 가득 찬 좁은 골목에서 어르신들의 짐을 꺼내드리고 물을 퍼내고 배수로를 뚫고 필요한 곳에 모포와 생필품을 옮기는 작업을 쉬지 않고 했어요. 그러다 오염된 물에 다리가 장시간 노출되면서 피부병까지 생겼습니다. 처음엔 그냥 약 바르면 괜찮겠지 했는데, 빨갛게 올라온 상처가 사라지지 않더라고요. 지금도 무릎 아래쪽은 반바지를 입기 꺼려질 정도로 색소침착이 되었어요. 많은 분이 이걸 '영광의 상처'라고 해주시고 저한테도 그 의미가 남다릅니다. 수개월에 걸친 수해복구 과정을 통해 '정치란 결국 가장 절박한 자리에 제일 먼저 서는 일'이라는 생각을 되새기게 되었거든요.

그 경험은 저를 지금까지도 현장 중심 정치인으로 이끌고 있는 것 같아요. 비 오는 날이면 자동으로 그날의 냄새가 기억나고, 한창 복구 작업했던 지역을 지나면 그날 뵈었던 어르신 얼굴이 떠올라요. 어떤 조례나 예산 검토보다도 그 한순간의 '함께 있음'이 주민들에게 더 큰 위로와 신뢰가 된다는 걸 그때 처음 느꼈습니다. 이것이 제가 정치를 해야 하는 이유이고 앞으로도 잊지 말아야 할 저만의 원칙이라는 걸 다시금 깨달았죠. 정치를 하는 한, 언제나 현장의 자리에 가장 먼저 도착하는 사람이 되고 싶어요. 어떻게 보면 그날의 경험들이 저의 정치를 만든 진짜 시작점이 아니었을까 생각돼요.

정치를 시작하신 결정적 계기로 '누구의 말에 반응하느냐에 따라 달라지는 사회의 불균형'을 언급하셨잖아요. 어쩌면 청년이 가장 들리지 않는 곳에 서 있는 존재가 아닐까 생각이 들어요. 청년의 목소리가 '있지만 들리지 않는' 구조를 어떻게 마주하셨고, 지역위원회 청년위원장으로서 또 서울시당 청년위원장으로서 이 구조적 문제를 해결하기 위해 어떤 도전을 하셨는지 나누어주세요.

저도 청년 정치가 구조적으로 서민 정치와 다르지 않다고 봤어요. 정치 시스템 안에서 가장 뒤로 밀려나 있는 존재, 그래서 늘 뭔가를 외치고 있지만 정작 반영되지 않는 위치라고 생각했어요. 저 역시 청년으로서 정치 바깥에서 "왜 내 말은 아무도 안 듣지?"라는 질문을 던지며 정치를 시작했기에 청년 정치의 어려움이 남 일 같지 않았어요. 삶의 현장에서는 주민들의 목소리를 최우선으로 듣고 함께 목소리를 높이고자 했다면, 정당 정치의 현장에서는 청년들의 목소리를 최우선으로 듣고 저와 같은 청년들과 함께 요구를 현실화시키려 노력했어요. 지역위원회 청년위원장으로, 서울시당 청년위원장으로 활동하면서 그 구조적 한계를 더욱 선명하게 마주할 수

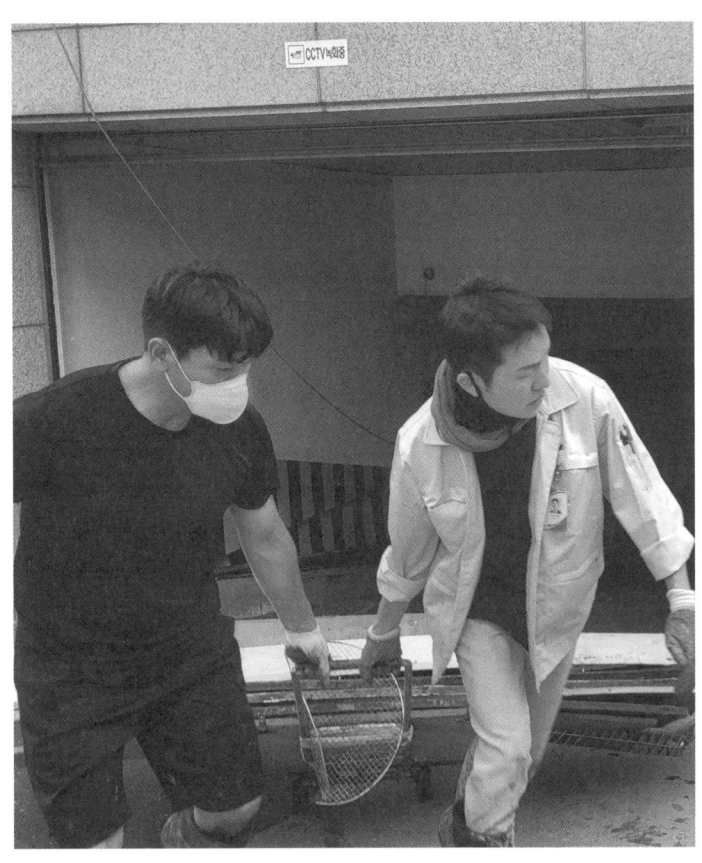

노성철 의원이 수해 복구 현장에서 직접 발로 뛰는 중이다.

있었습니다. 청년들에게 열심히 해보라며 격려해주지만 실질적인 결정권이나 실무는 여전히 주어지지 않는 정치 구조에 부딪혔죠. 저는 그렇게 뒷순위에 머무르고 싶지 않았어요. 그 안에서 멈추기보다는, 조금씩이라도 나아가는 쪽을 택하고 싶었어요.

그래서 청년위원장 자리를 단순한 상징이 아닌 실천하는 자리로 만들고자 했습니다. 실제로 청년위원장은 '청년 정치 생태계'를 어떻게 만들고 확장할 수 있을지 매일 고민해야 하는 자리였어요. 저는 서울시당 청년위원회에 들어가기 전부터 청년 정치의 어려움은 '뜻이 있어도 들어올 방법이 없고 들어와도 오래 버티기 힘든 구조'에서 온다고 봤습니다. 그래서 제가 청년위원장이 되면 꼭 문턱을 낮추고 그 안에서 버틸 수 있는 기반을 만들자고 다짐했죠.

그 다짐이 '새로운 얼굴을 찾고 이들에게 역할을 주자'라는 기획으로 이어졌고 그게 바로 '청년 연설대전'으로 현실화되었어요. 정말 많은 회의와 준비를 거쳐 시작했던 사업이에요. 당시 청년위원회 예산 1,200만 원 중 절반을 투입했어요. 우리가 가진 자원이 많지 않더라도 방향만 분명하면 그 자원이 살아난다고 믿었거든요. 실제로 이 연설대전을 통해 만난 청년들이 지금 서울시당 청년위원회의 핵심 임원으로 활동하고 있습니다. 저는 이게 그저 한 번의 이벤트로 끝났다고 생각하지 않아요. 오랫동안 청년을 미루어두었던 우리의 정치 구조를 바꾸는 시작이었다고 봐요.

서울시당 청년위원장으로서 굉장히 다양하게 활동해오셨는데, 그런 활동들이 전국 청년위원장 선거 도전으로 이어지지 않았을까 생각되네요. 쉽지 않은 도전이었을 텐데 그 과정은 어떠했는지, 그 안에서 마주한 고민이나 생각들을 좀 더 자세히 이야기해주세요.

저에게 '청년 정치인'이라는 정체성은 단순히 나이로 설명되는 것이 아니었어요. 이 사회에서 청년이 처한 조건, 특히 정치 안에서 청년이 놓인 현실을 누구보다 몸으로 겪었기 때문에 그 정체성을 쉽게 흘려보낼 수 없었어요. 단발적인 이벤트나 캠페인을 넘어 청년들이 실제로 정치에 참여하고 생존하여 성장할 수 있는 구조를 직접 만들고 싶었어요. 그 마음으로 전국 청년위원장 선거에 도전하게 되었습니다.

사실 쉽지 않은 결정이었어요. 전국적인 조직도, 인지도도 없는 상황에서 중앙당 차원의 선거에 도전한다는 건 무모하게 보였을 수도 있어요. 하지만 저는 청년 정치가 마주한 현실을 더 많은 사람과 함께 고민하고, 대안을 만드는 장이 필요하다고 생각했어요. 서로의 상황을 공유하며 현재의 어려움을 이겨낼 방법을 논의하고 함께 만들 미래를 같이 꿈꾸고 싶었어요. 그런 마음이라 오히려 더 힘을 내 전국 선거를 치를 수 있었던 것 같아요. 후보로 뛰며 전국 청년 당원들을 만나 '청년 정치의 제도화'를 이야기했어요. 단순히 청년을 상징적으로 세우는 게 아니라, 실제 정치 구조 안에서 영향력을 행사할 만한 위치를 청년 스스로 만들어내자고 함께 의지를 다졌죠. 화려한 조직이나 큰 배경 없이도 할 수 있음을 증명하고 싶었어요. 제가 이제껏 정치를 해왔던 방식으로 최선을 다해 전국 각지를 돌며 진심을 전달하고자 노력했습니다.

결과적으로는 낙선이었지만 저에게는 분명한 시작점이 된 것 같아요. 그 선거를 통해 더 단단해졌고 고민도 깊어졌어요. 여전히 청년 정치가 제도화되지 못하고, '청년'이라는 이유로 기회에서 멀어지는 사람들을 마주할 때마다 저에게 해야 할 일이 더 많이 남아 있다고 느껴요. 그래서 저는 이 선거를 실패로 기억하지 않아요. 오히려 왜 이 길을 더 오래 걸어야 하는지, 누구와 함께 걸어야 하는지 더 깊이 고민하는 계기가 되었죠. 나 혼자 살아남는 정치가 아니라, 우리 모두 지속할 수 있는 정치 구조를 만드는 것을 정치적 목표로 삼았어요.

자리가 아닌 사람을 향해 나아가는 길

말씀하신 '지속할 수 있는 정치'에 대해 궁금해지는데요. 지금의 자리를 넘어 앞으로 더 많은 청년이 살아남고 더 오래 활동할 수 있는 정치 환경을 만들기 위해 어떤 고민을 하고 계신가요?

청년 정치의 어려움을 언급할 때면 대개 '진입 장벽'에 집중하죠. 그런데 저는 그보다 더 중요한 것이 '유지'라고 생각해요. 정치는 한 번 들어가는 것보다 그 안에서 살아남는 게 훨씬 더 어렵거든요. 특히 청년 정치인들은 정치에 익숙하지도 않은 데다, 사회적으로나 경제적으로도 가장 불안정한 시기에 시작하기 때문에 뿌리내리기가 정말 쉽지 않아요. 반짝 활동하다 사라지는 게 아니라, 정치 안에서 실제 변화를 만들어내기 위해선 '지속 가능한 구조'로 개선해야 해요. 저는 지금 청년 정치가 반복적으로 고립되고 소진되는 이유가 바로 이 구조가 미흡하기 때문이라고 봐요.

의회 안에 청년 정치인이 할 수 있는 일은 정말 많아요.

청년 주거, 교육, 노동, 문화 같은 삶의 문제를 몸소 경험한 세대이기에 문제를 분석하고 대안을 내놓는 주체가 될 수 있습니다. 하지만 그 문제를 풀어낼 시간과 체력, 자원이 너무 부족하죠. 열정 하나만으로는 이 험한 정치의 길을 오래 버티기 어렵고요. 성과를 내는 데에도 생각보다 훨씬 오랜 시간이 걸려요. 그래서 이 문제를 단순히 개인의 끈기나 희생으로만 풀 수는 없다고 생각했어요. 지속 가능한 정치는 그 구성원이 무너지지 않게 만드는 시스템에서부터 시작되어야 해요.

그래서 먼저 저 스스로 '어떻게 하면 오래 버틸 수 있을까'를 실험해왔어요. 그리고 그 실험을 넘어서 구조화하기 위한 시도들을 계속해왔죠. 청년 정치인들이 서로 연결될 수 있는 네트워크를 만들고, 정당 안에서도 지역 안에서도 '함께 살아남자'라는 말이 그냥 구호가 아니라 실제화되도록 노력했어요. 청년 정치인을 위한 정책을 함께 기획하고, 예산을 따내고, 외부 자원을 연결하면서 제가 먼저 겪은 시행착오를 동료들과 공유해왔습니다. 후배 정치인들에게 '이 길을 혼자 버텨야 한다'라는 부담을 넘겨주고 싶지 않았어요.

저는 그걸 팀워크라고 생각해요. 혼자 살아남기 위해 버티는 정치는 오래가지 못해요. 함께하기 위한 노력이 쌓일 때, 청년 정치도 비로소 구조가 되고 문화가 될 수 있다고 믿어요. 그게 제가 지금껏 고민해온 청년 정치의 지속 가능성이고, 앞으로도 멈추지 않고 만들어가고 싶은 미래입니다.

그런 정치, 그런 팀워크를 만들기 위해 지금 어떤 미래를 그리며 준비하고 계실지 궁금해요.

가끔 "정치 오래 할 생각이신가요?", "혹시 다음 선거는 어디에 도전하실 건가요?"와 같은 질문을 받을 때가 있어요. 저는 이런 질문 앞에서 마음이 살짝 움츠러들게 돼요. 단순히 궁금해서 던지는 질문일 수도 있겠지만 '저의 야망은 어디까지인지' 묻는 말처럼 들리거든요. 그럴 때 진심으로 "자리를 향해 나아가고 싶지 않아요. 야망이라면 야망일 수 있겠지만 저는 사람을 향해 나아가고자 합니다"라고 대답해요. 제가 이 일을 시작한 이유도, 지금까지 버텨온 동력도, 앞으로 나아갈 방향도 모두 같아요. '누구의 말에 반응하느냐'에 대한 저의 질문, 그리고 그 질문 앞에 '나는 지금 누구의 목소리에 반응하고 있는가'라는 자기 물음이에요. 저는 이 물음을 절대 놓지 않으려 합니다.

지금도 가장 멀리 있는 목소리에 귀를 기울이려 해요.

청년의 말, 자영업자의 말, 돌봄이 필요한 어르신의 말, 그리고 주민들의 말이요. 그분들의 말을 듣고 그분들이 "정치인은 결국 우리 말을 들어주는 사람이에요"라고 말할 수 있는 사회를 만들고 싶어요. 그게 제가 지금 이 자리에 있는 이유이자, 앞으로도 흔들리지 않고 지키고 싶은 원칙이에요.

이를 위해 할 수 있는 건 결국 진심밖에 없는 것 같아요. 더 열심히, 더 치열하게, 그리고 뚜벅뚜벅 나아가는 수밖에 없어요. 왜냐하면 제가 듣고자 하는 그 목소리의 한가운데에 저 역시 서 있기 때문이에요. 저는 특별한 위치에서 선 정치인이 아니라, 함께 살아가는 시민으로서 정치하는 사람이고 싶어요. 청년 정치인으로서, 일상의 문제 앞에 가장 먼저 도착하고 싶은 사람으로서, 저에게 주어진 몫이 분명히 있다고 느껴요.

그런 의미에서 저의 미래는 열려 있다고 생각합니다. 더 많은 주민의 삶에 다가가기 위해서, 더 많은 청년 정치인의 숨이 꺼지지 않게 하기 위해서, 제 앞에 어떤 길이 놓이든 얼마나 힘하든 간에 누구보다 먼저 도착해 최선을 다하는, 실천하는 정치인이 되고 싶어요. 그 길을 혼자 걷는다고 생각하지 않아요. 지금까지 함께 걸어온 주민들과 현장에서 부딪히고 고민해온 동료 정치인들과,

그리고 '처음 정치에 뛰어들었던 나 자신'과 끝까지 함께 걸어나가야 한다고 믿고 있어요. 초심을 잃지 않고 앞으로도 이 길을 오래, 그리고 묵묵히 걸어가고 싶어요. 지켜봐주세요. 그리고 함께 걸어주세요.

그 길, 저도 기대하며 함께 만들어가고 싶다는 말씀드리고 싶습니다. 감사합니다.

노성철 의원에 대하여

1. 학력 및 이력

중앙대학교 언론학 석사
전 더불어민주당 동작을 지역위원회 청년위원장(2020~2022)
전 더불어민주당 서울시당 청년위원장(2022~2024)
전 더불어민주당 전국청년위원장 후보(2024)
제9대 서울특별시 동작구의회 의원

2. 의정 활동 직무 정보

- 소속 선거구 | 인구수

서울특별시 동작구 사 선거구 | 8만 1,918명
※ 사당1동 2만 2,798명, 사당2동 2만 7,786명, 흑석동 3만 1,334명

- 전체 예산(2024년, 추경 포함) | 의원 수

8,845억 | 17명

- 월정수당 | 의정 활동비 | 세전 급여

279만 1,400원 | 150만 원 | 429만 1,400원

- **대표 발의 조례**

  서울특별시 동작구 주민의 안전한 생활환경을 위한 공사장 관리 조례안
  서울특별시 동작구 방사능 등 유해물질로부터 안전한 식재료 공급에
  관한 조례안
  서울특별시 동작구 방사능으로부터 안전한 수산물 관리에 관한 조례안
  서울특별시 동작구 경로당 운영 및 활성화 지원 조례안
  서울특별시 동작구 장애인가정 출산지원금 지원 조례안

- **의정 활동 중 발의 조례 수**

  대표 발의 9건, 일부 개정 발의 5건

3. 기타

- **SNS 계정**

  instagram.com/nohseongcheol
  youtube.com/@nohseongcheol

노연수

1985년생. 제9대 서울특별시 노원구의회 의원으로 현재 도시환경위원회 위원장을 맡고 있다. 일과를 마치고 깨끗이 씻은 얼굴에 수건이 닿을 때, 가족들과 이야기를 나누며 하루를 마감할 때 오늘도 잘 살아냈다는 기분이 든다. 현재를 구한 모든 과거에 가슴 깊이 감사함을 새기며, 나의 현재가 미래를 구하는, 그런 과거가 되도록 부끄럽지 않게 살고 싶다. 조급해질 때마다 '손해 보아도 괜찮다, 이기지 않아도 괜찮다'고 되새기며 마음의 여유를 찾고자 한다.

"아래로 흐르는
물과 같은 정치를
하고 싶어요."

물이 가장 낮은 곳을 향해 흘러가 모든 틈을 채우듯, 노연수 의원은 누구도 소외되지 않는 정치를 꿈꿉니다. 특정한 사람만을 위한 정치가 아니라 지금 여기에 살아가는 우리 모두를 위한 정치를 하고자 합니다.

그런 노연수 의원의 정치는 거창한 곳에서 시작되지 않았습니다. 아이를 유아 차에 태운 채 지하철역 계단 앞에서 멈춰 섰던 어느 날, 누군가의 도움 없이는 한 발짝도 나아갈 수 없었던 막막했던 순간, 의문이 들었습니다. '왜 누군가는 이동 자체를 두려워해야 할까?' 이 질문에서 모두가 함께하는 삶을 위한 '유니버설디자인 기본 조례안'이 생겨났습니다.

"우리 아이는 시소를 타본 적이 한 번도 없어요." 지체 발달 특성을 가진 아이 부모의 아픔에서 시작한 정치입니다. 누군가에겐 당연한 놀이터에서의 활동을 태어나 한 번도 경험해보지 못한 아픔에서 아이를 넘어 어른까지 함께할 수 있는 '통합놀이터'가 조성되었습니다.

이처럼 노연수 의원은 일상의 작은 불편을 무심히 지나치지 않습니다. 그것을 제도와 정책으로 바꾸는 정치를 하고 있습니다. 누군가의 불편을 누구나의 권리로 바꾸는 정치가 바로 노연수 의원의 정치입니다. 그 정치가 마치 물같이 흐르고 있습니다.

　이 인터뷰에 노연수 의원의 정치 여정을 담았습니다. 어떤 질문에서 출발했고, 어떻게 실현해나갔는지, 그리고 그 정치는 어디로 흘러가게 될지 함께 살펴보고자 합니다.

'하고 싶다'에서 '해야겠다'로

"아래로 흐르는 물처럼 늘 겸손하게, 부지런히 흐르는 맑은 물, 노연수가 되겠습니다." 의회 홈페이지에 적혀 있는 인사말이 참 인상적이에요. 물과 같은 정치, '상선약수上善若水'의 정치 철학은 구체적으로 어떤 의미인가요?

　　물은 높은 곳에 머무르지 않고 언제나 낮은 곳으로, 가장 필요한 곳을 향해 조용히 흐르며 모든 것을 이롭게 하죠. 정치도 그래야 한다고 생각해요. 삶을 이롭게 하는 게 정치의 본질이라면 특정 계층이나 목적에 머무르지 않고 필요한 곳으로 끊임없이 흘러가야 해요. 또 물은 대상을 가리지 않아요. 흐르다 보면 온갖 것들을 품고 만나고 하나의 강이 되어 결국 바다에 이르잖아요. 그처럼 구별 없이 모든 사람에게 닿는 정치를 하고자 다짐합니다. 때로는 멈춰서서 지금 저의 정치는 어디로 흘러가고 있는지 스스로에게 되묻고 돌아보면서 이 길을 걸어가고 있어요.

물처럼 흐르는 정치, 구별하지 않고 함께하는 정치를 꿈꾸게 된 계기가 있나요? 언제부터 정치를 꿈꾸셨나요?

어릴 때부터 '세상이 좀 더 나아졌으면 좋겠다'라는 생각을 많이 했어요. 꼭 정치를 하겠다고 마음먹었던 건 아니지만 변화에 관한 관심은 늘 있었죠. 존경하는 위인을 써오라는 숙제에 항상 정약용을 적곤 했어요. 그러다 한 인물을 통해 '정치'라는 가능성을 처음 생각하게 됐어요. 도시 빈민과 함께 살며 그들의 삶을 바꾸기 위해 헌신했던 제정구 의원의 삶이었어요. 서울대학교 재학 시절 민주화운동에 참여하고, 이후 청계천 판자촌에서 야학교사로 활동하며 도시 빈민과 함께하셨던 제정구 의원께서는 국회에 입성한 뒤에도 가장 소외된 이들을 위한 정치를 멈추지 않으셨어요. 그 삶을 마주하면서 '정치가 사람을 품을 수도 있구나', '제도가 삶을 바꿀 수도 있구나'라고 실감했죠.

그러다 결정적으로 정치를 하고 싶다고 다짐한 건 고등학생 때였어요. 아직도 기억나는 순간인데 고등학교 2학년 야간 자율학습 시간이었어요. '정치를 하고 싶다'라는 결심을 엽서에 적어 부모님께 전달했어요. 그 종이가 얼마 전까지도 부모님 집 냉장고에 그대로 붙어 있더라고요. 돌아보면 참 조심스럽고도 순수했던 그 결심이, 제 안에서 '정치'라는 꿈을 싹틔우게 한 계기였어요.

정치에 대한 열망은 분명했지만 실제로 정치를 하게 되기까지 20년 가까이 걸렸잖아요. 그 시간 동안 어떤 고민과 생각들을 품으셨는지, 결국 도전하게 된 결정적인 계기가 궁금해요.

정치를 하고 싶다는 결심은 세웠지만 어떻게 해야 할지 전혀 몰랐어요. 주변에 정치에 관심 있는 사람도, 실제로 정치를 하는 사람도 없었으니까요. 지금처럼 온라인으로 당원 가입이 가능한 시대도 아니었고요. 결국 대학에서 예술학을 전공하며 살아가게 되었어요. 그래도 마음 한구석에 '내가 할 수 있는 방식으로 세상을 바꾸고 싶다'라는 열망은 계속 품었어요. 그렇게 (10년 넘게) 미술 교육분야에 몸담으면서 지역에서는 청년 예술분야 활동을 함께 하고 있었죠.

그러던 중, 2022년 지역에서 열린 '청년 지방의원 출마자 공모'가 전환점이 되었어요. 당시 더불어민주당은 청년에게 실질적인 기회를 주기 위해 각 지역에서 청년 후보를 공천했거든요. 이에 지역위원회에서도 단지 청년 나이에 해당한다는 이유로 누군가를 세우기보다, 지역과 연결되어 있으면서도 지방의원으로서 성장하며 제 역할을 다할 사람을 구하고 있었어요. 지역에서 정치에 대한 꿈을 꾸는 사람을 찾고자 공모를 연 거죠. 전에 없던 새로운 시도였어요. 그 공모를 알리는 현수막이 거리 곳곳에 붙었고, 저도 보게 되었죠.

처음엔 제 일이 아니라고 생각했어요. 그때까지만 해도 '내가 정치인이 될 수 있을까?'라는 확신이 없었거든요. 그런데 주변에서 "잘할 것 같은데, 이번 기회에 한번 도전해봐요"라며 계속 추천하시더라고요. 남편에게 물어봤죠. 저희 남편은 워낙 신중한 편이어서 정말 냉철하게 이야기해주거든요. 웬만하면 하지 말라고 조언해요. 솔직히 속으론 '이번에도 하지 말라고 하겠지' 생각했어요. 그러면 '그래, 남편이 반대한다는데 어쩔 수 없지'라고 넘길 생각이었죠.

그런데 뜻밖에도 남편이 "하고 싶으면 해봐"라고 조용하지만 분명하게 말해주더라고요. 그 한마디가 저에게 큰 용기를 주었고, 제 마음속에 있던 마지막 두려움을 넘게 해주었어요. 결국 제 곁에서 저의 가능성을 먼저 봐주고 믿어준 사람들이 제 안의 열망을 현실로 이끌어준 거죠. 그들의 믿음과 응원이 있었기에 정치라는 세계에 용기 있게 첫발을 내디딜 수 있었던 것 같아요.

가치관뿐 아니라 정치인으로서의 역량과 자질을 공개적으로 보여주고 인정받는 과정이 까다로웠을 거 같아요. 어떤 과정을 거쳐 정치에 들어오게 되셨나요?

서류를 제출할 때도, 면접을 준비할 때도 걱정이 한가득했어요. 정치에 발을 들여본 적도 없었고, 곁눈질로라도 배운 적도 없었거든요. 지역에서 오랜 시간 아이를 키우며 활동했던 게 전부였기 때문에 '내가 정치적으로 무엇을 보여줄 수 있을까? 무슨 이야기를 어떻게 해야 할까?' 너무 고민되었어요. 머릿속엔 여러 생각이 뒤엉켜 있었고, 정리하기도 쉽지 않았어요. 그래서 결국 그냥 꾸밈없이 솔직하게 이야기하기로 했죠. 있는 그대로의 저를 평가받아야 자질이 있는지 없는지 정확한 심사를 받을 수 있다는 생각으로 정치를 왜 하고 싶은지, 어떤 정치를 꿈꾸는지, 청소년기 시절부터 품고 있던 변화에 대한 열망까지 솔직하게 밝혔어요. 그렇게 치열한 공모 절차를 거쳐 결국 최종 후보자가 되었어요.

후보자가 되니 '이제 진짜 시작이구나' 싶어 긴장감이 밀려왔어요. 단순히 당선되었다고 끝이 아니라 시민들과 신뢰를 쌓고 결국은 정책으로, 우리 삶을 더 나은 방향으로 이끄는 게 정치의 목표가 되어야 하니까요. 그런 마음을 품고 '거짓 없이 늘 겸손하게 더 많이 듣고, 더 많이 배우고, 더 많이 움직이자'라고 다짐했어요. 그렇게 선거 운동을 하다 보니 명함을 돌리고 인사하는 과정이 단지 표를 얻기 위한 행위가 아니라, 저의 가치와 열정, 비전을 설명하고 인정받아 신뢰를 쌓아 올리는 시간이 되었죠.

난생처음 거리를 꽉 채운 주민들 앞에 서서 유세도 했어요. 마이크를 잡고 어떤 정치를 하겠다는 약속을 제 목소리로 또렷이 내뱉은 날이었어요. 지금도 늘 그 다짐을 떠올리며 정치의 자리를 지켜가고자 노력하는 중입니다.

모두를 위한 설계

물은 끊임없이 아래로 흐르는데 또한 가장 낮은 곳부터 채워가잖아요. 의원님께서 발의하신 '유니버설디자인universal design 기본 조례'와 '통합놀이터 조성 및 관리 조례'를 보면 그런 정치 철학이 느껴져요.

처음 발의했던 조례가 바로 '서울특별시 노원구 유니버설디자인 기본 조례안'이에요. 유니버설디자인이라는 말이 조금 생소하게 들릴 텐데요, 쉽게 말씀드리자면 '모두를 위한 디자인'이에요. 나이, 성별, 장애 여부와 관계없이 누구나 편리하게 이용 가능한 환경을 만들자는 철학이 담겨 있어요. 예를 들면, 계단 대신 경사로를 설치하면 휠체어 이용자나 유아차를 끄는 부모, 무릎이 불편한 어르신까지 더 쉽게 이용할 수 있잖아요. 이렇게 모두가 '다름'을 느끼지 않고 자연스럽게 함께 쓸 수 있는 공간을 만드는 것, 그게 유니버설디자인의 핵심이에요.

이 조례에 주목한 이유는 사소해 보일 수 있지만 저에게는 강렬했던 개인적인 경험 때문이었어요. 저희 아이가 아직 어렸을 때였는데요, 유아차에 아이를 태우고 짐까지 든 채 지하철 5호선에서 환승을 해야 했는데, 환승역에 계단만 있고 엘리베이터나 경사로가 전혀 없더라고요. 막막하던 그 순간, 한 시민께서 유아차를 번쩍 들어 밑으로 내려다주셨어요. 너무 감사해서 몇 번이고 인사를 드렸던 기억이 있어요. 한편으로는 '이런 상황을 매일같이 겪는 사람들은 얼마나 힘들까' 싶었어요. 그때 깨달았어요. 이런 환경은 단순한 불편함의 문제가 아니라, 누군가에겐 이동 자체를 가로막는 벽이 될 수 있다는 걸요.

노연수 의원이 '모두 맘껏 놀이터' 조성을 위한 놀이환경조사단 행사에 참여하고 있다.

이동권은 누구에게나 닥칠 수 있는 문제이기도 해요. 아이를 키우다 보면, 무거운 짐을 들고 움직이게 되면, 혹여나 다리라도 다치면 아무리 건강한 사람이라도 이동에 불편해질 수 있잖아요. 이를 매일 감내해야 하는 분들은 외출 자체를 포기하기도 하죠.

맞아요. 저에게는 어쩌다 한두 번 겪는 일이지만 이러한 불편함이 일상이라면 삶 전체를 좌우하는 문제가 될 수 있어요. 그 불편을 감당할 수 없는 분들은 사회 활동에서 자연스럽게 배제될 수밖에 없고요. 밖을 나서는 부담감에 이동을 포기한다거나, 병원에 가지 못해 병이 더 심각해진다거나, 일을 하러 가지 못해 경제적 어려움을 겪는 등 심각한 상황에 부닥칠 수도 있죠. 아이의 이동이 어려워 부모가 움직이기를 포기하기도 하고요. 이는 개인이 적응해야 할 문제가 아니라 모두가 함께 바꿔야 할 문제라고 생각해요.

기존에는 주로 불편한 사람을 위해 따로 시설을 추가하는 방식으로 해결했어요. 장애인용 엘리베이터를 설치하거나, 계단 옆에 유아차용 경사로를 따로 만드는 식이었죠. 물론 이런 맞춤형 시설이 당장 필요한 경우도 있고, 특별한 설계가 필요한 공간도 분명 존재해요. 하지만 이제는 조금 더 통합적으로 접근할 환경과 조건이 갖

취졌다고 생각해요. 유니버설디자인에 대한 연구도 많이 진행됐고, 장애물 없는 생활 환경 인증 제도인 배리어프리(BF, barrier free)인증에 따른 데이터도 계속 쌓이고 있어서 초기 설계 단계에서 조금만 더 고민하면 누구든 함께 공유하는 공간을 만들 수 있거든요. 이쪽이 예산 면에서도 훨씬 효율적이에요. 처음부터 함께 쓰는 공간으로 설계하면 별도의 추가 시설을 만들지 않아도 되지만, 우선 만들고 이후에 따로 보완하려면 그만큼 예산이 더 들어가게 되잖아요. 결국 사회적 비용도 늘어나고요. 유니버설디자인은 '장애가 있느냐 없느냐'의 문제만이 아니에요. 키가 작은 어린이도 게시판을 볼 수 있어야 하고, 손에 짐이 가득한 사람도 쉽게 문을 열 수 있어야 하잖아요. 손목을 다쳤을 때, 다리에 깁스했을 때, 임신 중일 때 등 아무리 건강한 사람도 일시적으로 취약해지는 순간이 와요. 이는 특정한 계층을 위한 배려가 아니라, 누구에게나 일어날 수 있는 순간들을 미리 고려하는 '공존의 설계'라 할 수 있어요. 불확실성을 포용할 줄 아는 사회가 더 건강하다고 믿기에 이 조례를 발의했어요. 단지 시설 하나를 바꾸는 게 아니라, 우리 사회가 포용력을 키우는 방향으로 나아가자고 제안해보고 싶었어요.

유니버설디자인 조례를 발의하고 통과시키기까지 과정은 어땠나요? 조례가 담고 있는 의미를 생각해본다면 수월하게 통과되었을 것 같지만 사실 우여곡절이 많았다고 알고 있어요.

예상보다 훨씬 어려움이 많았어요. 조례를 발의하기 전부터 설득해야 할 분들이 한둘이 아니었어요. 어떤 분들은 "이건 건축 규제가 하나 더 생기는 거예요"라고 우려하셨고, "장애인 편의시설이라면 이미 충분한데 왜 추가해야 하나요"라고 반대하시기도 했어요. 또 어떤 분들은 특정 집단을 위한 특혜로 보시기도 했고요. 이런 이야기를 들을 때마다 마음 한편에서는 서운하면서도 동시에 더 설명하고 싶다는 마음도 일었어요. 누군가를 위한 특혜가 아니라 결국 우리 모두의 불편함을 덜어내는 조례라는 걸 이해해주셨으면 했거든요.

그 상황에서 어떻게 설득을 이어가셨나요?

우선 반대하시는 분들의 이야기에도 귀를 기울이려 했어요. 왜 이 조례가 필요하지 않다고 느끼는지, 어떤 점이 부담스러운지 살펴보고자 했죠. 듣다 보니 단순히 거부감이 들어 반대했다기보다는 현실적인 우려도 담겨있다는 걸 알게 되었고, 그만큼 저도 더 자세히 설명해드려야겠다는 책임감을 느끼게 되었어요.

이후에는 구체적인 사례를 들어 조례의 본질을 하나씩 풀어 설명해드렸어요. 서울시의 유니버설디자인 공공버스 사례, 해외의 다양한 배리어프리 정책 사례들, 이를 통해 절감되는 사회적 비용까지 하나하나 짚어가며 설득해나가자, 점차 고개를 끄덕이시더라고요. 이 과정을 통해 저 역시 '정치는 말로만 하는 게 아니라 상대방의 입장에서도 생각하고 공감하며 설득해가는 과정'이라는 사실을 배울 수 있었습니다. 그렇게 여러 번의 수정과 진심 어린 대화를 거쳐 마침내 조례가 통과되었을 때 비로소 제가 정치의 출발선에 섰다는 걸 느낄 수 있었어요.

첫 조례이자 오랜 시간 노력을 기울였던 이 조례가 통과되었을 때 어떤 생각이 들었나요?

처음엔 '드디어 됐구나' 하는 안도감이 들었어요. 오랜 시간 공들인 일이 결실을 보았다는 기쁨도 있었고요. 하지만 금세 책임감이 밀려왔어요. 단지 조례를 만드는 데서 끝나는 게 아니라 이 조례가 사업이 되고, 실질적인 변화를 만들어내야 비로소 의미가 있다고 생각했거든요.

이 과정을 통해 정치에 관해 다시 곱씹어보게 되었어요. 함께하는 사회를 생각하며 만든 이 조례가 통과되기 위해서도 결국 함께하는 정치가 필요했듯이, 내가 옳다는 믿음으로 그대로 밀어붙이는 것이 아니라 서로 다른 시선을 이해하고 때로는 충돌해도 끊임없이 함께 갈 길을 모색하는 것이 정치더라고요.

함께하는 삶, 통합놀이터

반대 의견에 유연하게 대처하며 설득해가는 과정이 인상 깊어요. 이 조례 통과 이후 어떤 변화가 생겨났나요?

물론 조례는 더 큰 범위의 모두를 위한 디자인을 다루는 것이지만, 당장은 통합놀이터 조성 사업을 진행하면서 조례를 같이 준비했던 거였기에 계획했던 대로 진행해나갔어요. 당사자들을 모아 만나서 이야기를 듣고, 그 이야기를 현장에 담아내는 거였죠. 통합놀이터를 공약했을 때 막연했던 일들이 사람들을 만나면서 점차 생생해지기 시작했어요. 아동들도 참여하여 놀이환경 조사를 하였고, 꿈꾸는 놀이터에 대한 의견도 수렴하여 디자인에 반영하였어요. 진행 과정도 민주적이길 바라며 신경을 썼지요.

놀이터를 단순히 노는 공간으로만 생각할 수 있겠지만

함께 살아가는 방식을 처음 배우는 사회의 축소판이잖아요. 아이들이 처음으로 다양한 사람들과 어울리며 사회성을 배우는 공간이자 서로 간에 상호작용이 일어나는 곳이죠. 또한 자기 능력의 한계도 느끼고 통제도 배우는 공간이고요. 아이들이 서로의 다름을 이해하고 생각을 조율하는 법을 배우는 그 중심에 놀이터가 있습니다. 아이와 함께 온 부모님들도 마찬가지예요. 아이를 지켜보며 서로의 삶을 나누고 자연스럽게 교류하는 장소죠. 이런 놀이터를 차별 없는 공간으로 만들고 싶었어요. 우리 아이들이 어렸을 때부터 누구나 함께하는 문화를 자연스럽게 접하고 자란다면, 이런 작은 경험 하나하나가 결국 민주주의 사회 전체를 건강하게 하는 씨앗이 될 수 있다고 생각했어요.

통합놀이터는 기존의 놀이터와는 어떤 점에서 다른가요? 이 조례를 통해 어떤 변화를 기대하셨나요?

기존 놀이터는 주로 아이들의 전형적인 발달 조건에 맞추어 설계되어 있어요. 대부분 미끄럼틀, 그네, 정글짐처럼 특정한 신체 능력을 갖추었다는 전제로 만들어져 있죠. 그러다 보니 휠체어를 타는 아이, 보행 보조기를 사용하는 아이, 혹은 감각적인 자극에 민감한 아이들은 그 공간 안에 자연스럽게 어울리기 어려워요. 그 아이들은 놀이 공간에서 점점 멀어지고, 자신이 '같이 놀 수 없는 존재'라는 걸 아주 이른 시기에 체감하게 됩니다. 그런 경험들이 쌓이게 되면 '나는 이 공간에서 예외적인 존재구나'라는 부정적인 자의식이 생겨날 수 있어요. 또 비장애인 아동들도 자신도 모르게 친구를 사귀는 경계를 배우게 돼요.

장애가 있든 없든, 누구든 같은 공간에서 친구로 성장할 수 있어야 하잖아요. 장애 아동의 부모들 또한 아이들과 함께 시간을 보내며 서로 교류할 수 있어야 하고요. 그래서 모든 아이가 함께 놀 수 있는 공간이자 세대 통합을 이루는 통합놀이터를 고민하게 되었어요. 단지 시설을 바꾸는 게 아니라 아이들의 기억과 장애를 바라보는 마을의 감각 자체를 변화시키고 싶었어요.

장애물 없는 생활환경시민연대에서 조사한 자료에 따르면 2023년 전국 7만 9,584개 놀이 시설 중 통합놀이터는 약 30곳, 전체의 0.04퍼센트밖에 안 된다고 하더라고요. 어떻게 보면 그만큼 조성하기 어렵다는 의미일 수도 있는데요, 실제 추진 과정에서 어려움은 없었나요?

처음엔 저만 포기하지 않고 열정적으로 임한다면 많은

분이 뜻을 함께해주실 거라 생각했어요. 모두가 공감할 만한 가치라고 봤으니까요. 하지만 막상 논의가 시작되자 예상치 못한 지점에서 많은 질문이 쏟아졌어요. 그중에서 가장 많이 제기되었던 건 현행법과 예산 문제였어요. "현재법상으로는 안전이 중시되기 때문에 기존 시설 외의 모양은 구성하기 어려워요", "예산이 한정적이라 별도의 예산을 마련하기가 곤란한데요"라며 실질적인 어려움을 이야기하셨어요.

정말 현실적인 고민이었을 것 같아요. 지방정부의 예산은 매년 한정된 재원 안에서 유지되는 만큼, 신규 사업을 확장하기보다는 기존 사업을 유지하고 필수 사업에 예산을 우선 배정할 수밖에 없잖아요. 이 문제는 어떻게 해결하셨나요?

사실 지방정부 예산만으로는 기존의 공공놀이터를 통합놀이터로 바꾸기는 어려워요. 지역의 여러 우선 과제 속에서 새로운 방식의 놀이터에 예산을 편성한다는 건 결코 쉬운 결정이 아니었어요. 그래서 이 문제를 혼자 풀 수 없다는 걸 먼저 인정했어요. 국회의원, 민간단체, 지방자치단체, 정당의 연구단체까지 여러 주체와 함께 머리를 맞대고 '어떻게 하면 이 가치를 실현할 수 있을까'를 계속해서 논의해나갔어요. 관심을 가진 분들을 찾아

다니고 그분들과 함께 사업의 모양새를 잡아나갔어요. 세이브더칠드런 같은 전문성 있는 민간단체와도 협업하며 이 사업의 가치를 확산시켰고요. 이런 모두의 노력에 특별교부세까지 더해져 결국 통합놀이터를 조성할 수 있었어요.

처음부터 민관이 함께하는 사업이라니 좀처럼 찾아보기 쉽지 않은 사례네요. 이전과는 다른 접근으로 새로운 변화를 만들어낸 이 과정에 대해 좀 더 자세히 이야기해주실 수 있을까요?

기존의 정책 방식이 '지자체나 정부가 계획하고 주민이 이용하는 구조'였다면, 이번 통합놀이터 사업은 '계획 단계부터 시민이 함께 참여하는 구조'로 진행되었어요. 민과 관이 동등한 파트너로서 협력한 거죠. 정책의 수혜자가 아니라, 설계와 실행을 함께한 주체로 주민들이 참여했다는 게 이번 변화의 핵심이었어요.

보통 새로운 시설을 만들 때는 예산 편성과 사업 추진 등 거의 모든 과정을 관이 주도해요. 행정적으로는 효율적일 수 있지만, 실제 사용자들의 필요가 세세히 반영되기는 어렵죠. 이번 통합놀이터 사업을 진행하면서 기존의 틀을 깨고 싶었어요. 놀이터 이용 당사자가 처음부터 함께 기획하는 모델을 만들기 위해 다양한 자료를 찾고 방법을 모색하던 중, 세이브더칠드런이 '놀이터의 차별을 없애자'라는 취지로 오래전부터 관련 연구와 캠페인을 진행해왔다는 걸 알게 되었어요. 그 순간 '이렇게 깊이 고민해온 단체와 함께한다면 우리가 꿈꾸는 변화를 더 제대로 만들어낼 수 있겠구나' 싶었어요. 먼저 세이브더칠드런 측에 연락해 저희가 추진하는 사업에 관해 설명해드렸더니 이 사업의 가치에 공감하고 적극적으로 협력해주셨어요.

이 과정에서 민간단체와의 협업이 정책이 실행되는 데 얼마나 중요한지 체감할 수 있었어요. 세이브더칠드런과 놀이 환경 진단, 설계 방향 협의, 놀이활동가 교육까지 정책의 거의 모든 과정을 함께했어요. 이 협업 덕분에 우리가 만든 통합놀이터가 단지 장애 아동만을 위한 공간이 아니라 모든 아이가 함께 어울리는 공간이라는 점을 더 분명히 보여줄 수 있었죠. 정치가 만들어낼 수 있는 가장 따뜻한 변화였다고 생각해요.

통합놀이터가 조성되고 난 후 주민들의 반응은 어땠나요?

처음 문을 열던 날, 주변은 말 그대로 축제처럼 북적였어요. 특히 통합놀이터 조성 과정에 함께했던 인근 초등학교 학생들이 친구들을 데리고 와서는 "이거 내가 의견내서 만든 놀이터야!"라며 신나게 자랑하는 모습이 인상 깊었어요. 그 말속엔 단순한 자부심을 넘어, 스스로가 공간의 '이용자'가 아니라 '만든 사람'이라는 주체 의식이 담겨 있죠.

부모님들 반응도 정말 뜨거웠어요. 기존 놀이터에서는 아이들만 놀고 부모들은 그저 멀리서 지켜봐야만 했는데, 통합놀이터에는 아이와 부모가 함께 이용 가능한 시설들이 다양하게 마련되어 있거든요. 마주 보는 그네, 누구나 함께할 수 있는 회전 놀이기구, 휠체어로 접근 가능한 모래놀이 공간까지, 이 모든 시설이 '같이'라는 가치를 구현하고 있었어요. 특히 장애가 있는 자녀를 둔 부모들께서는 기존의 놀이터에서 느꼈던 어려움이 해소되었다는 점에서 굉장히 만족하셨어요. "우리 아이가 친구들과 모래놀이를 해본 적이 없었는데 이곳에서는 휠체어를 타고 있어도 함께 할 수 있다니 너무 좋아요"라고 말씀해주시는데 그 순간 저도 가슴이 벅차오르더라고요. 단지 '놀 수 있다'는 사실이 누군가에게는 삶을 바꾸는 사건이 될 수 있다는 걸 다시금 실감할 수 있었어요.

의원님께서 강조하셨던 '아래로 흐르는 정치, 모두를 위한 정치'가 만들어내고 있는 변화 같아요.

장애가 있다는 이유로 혹은 가진 것이 적다는 이유로 한쪽에 밀려나야만 하는 사회가 아니라, 누구나 자연스럽게 어우러져 살아가는 사회를 만들고 싶어요. '함께 살아간다'라는 건 단지 같은 공간에 존재하는 것뿐 아니라, 동등한 기회를 누리고, 같은 놀이를 하고, 같은 기억을 공유한다는 의미잖아요.

저는 '모두를 위한 정치'를 하고 싶어요. 유니버설디자인 조례도, 통합놀이터도, 처음에는 작은 일처럼 보였을지 몰라요. 하지만 그 변화는 단지 몇 사람의 편의를 위한 게 아니라, 우리 사회 전체가 더 포용적인 방향으로 나아가기 위한 첫걸음이었어요. 한 아이가 처음으로 친구들과 미끄럼틀을 함께 탄 그 순간은 단지 한 아이의 기쁨을 넘어서 우리 사회가 '차이를 있는 그대로 받아들이는 연습'의 시작이었다고 생각해요. 이런 변화들이 하나둘씩 쌓여간다면 결국 미래도 조금씩 바뀌지 않을까 믿고 있습니다.

추구하는 가치에 상관없이 '차별'이라는 단어 자체가 논란을 일으키기도 해요. 의원님께서는 이 단어를 직접 사용하지 않으면서도 차별 없는 환경을 만들기 위해 노력하시는 것 같아요.

맞아요. '차별 금지'는 누구나 동의해야 할 정의로운 가치임에도 막상 그 말을 꺼내면 갑자기 대화가 딱 멈추거나, 방어적인 태도를 보이기도 하죠. 그래서 저는 "차별을 없애야 합니다"라는 말보다 "누구나 편하게 살아갈 수 있는 환경을 만들어야 합니다"라고 이야기해요. 통합 놀이터 조례를 만들 때도 마찬가지였어요. '장애 아동을 위한 놀이터'라고 정의하는 대신 '모든 아이가 함께 놀 수 있는 놀이터'라고 표현했어요. 이 짧은 문장 하나가 주는 메시지는 생각보다 크더라고요. 특정한 대상을 배려하는 공간이 아니라 누구도 예외 없이 어울릴 수 있는 공간이라는 인식을 주고 싶었어요. "우리는 당신을 배려하고 있어요"라는 말보다, "당신은 원래부터 이 공간의 일부였어요"라는 메시지를 제시하고 싶었죠.

차별을 없애는 가장 강력한 방법은 차별이라는 단어 자체가 필요 없는 사회로 만드는 거라고 생각해요. 그건 단지 휠체어 경사로를 만드는 등 물리적인 장벽을 없앤다고 끝나는 게 아니에요. 교실의 구성이, 법의 기준이, 서로를 바라보는 눈빛까지도 달라져야 하죠. 저는 이제 정치가 그런 사회를 만들어야 한다고 믿고 있어요. 선언보다 설계가 중요하고, 논쟁보다 설득이 필요하며, 무엇보다 함께 살아갈 수 있는 조건들을 끊임없이 점검하고 새로 만드는 게 정치의 역할이라고 생각해요.

삶의 틈새를 메우는 정치

제9대 지방의원으로서의 임기도 후반으로 접어들고 있어요. 지난 의정 활동에서 성과를 바탕으로 앞으로는 어떤 방향으로 나아가고 싶으신가요?

어떤 사람들은 잘 닦인 길 위를 안정적으로 걷지만, 다른 누군가는 곳곳에 패인 틈에 자꾸만 걸려 넘어지곤 해요. 장애 때문에 통학이나 출근을 포기해야 하는 분들, 단지 몇만 원이 없어 치료나 교육 기회를 놓치는 분들, 육아와 돌봄을 혼자 감당하느라 사회와 멀어지는 부모들처럼요. 누구도 그런 틈에 홀로 남지 않도록 그 길을 함께 다져가고 싶어요. 누구도 넘어지지 않도록 길의 틈을 메우는 정치를 계속 추구하고 싶습니다.

구체적으로 어떤 정책을 고민하고 계신가요?

얼마 전 한 싱글맘이 몇십만 원을 고금리 대출로 빌렸다가 결국 수천만 원의 빚을 떠안고 극단적인 선택을 했다는 뉴스를 접했어요. 소액이 감당할 수 없는 수준으로 불어나 그분의 삶을 완전히 무너뜨려 버렸다니 너무 안타까웠어요. 그래서 지금 '무이자 소액대출 제도'를 준비하고 있어요. 50만 원에서 최대 100만 원까지 담보 없이 무이자로 빌려주고 일정 기간 내에 상환하지 못하는 경우 복지 사각지대로 판단해 추가 지원을 연계하는 방식이죠.

제도권 금융을 이용하기 힘든 분들을 위해 시행하는 무담보·무보증 소액대출 사업인 마이크로크레딧 사업과 비슷한 접근 같아요. 이 사업을 단순한 금융 지원이 아닌 일종의 사회 안전망 역할로서 바라보고 계시는군요.

많은 분들이 "그 돈 떼이면 어떡하느냐"라고 물어보세요. 오히려 "그 돈을 갚을 수 없는 상황이라면, 지금 가장 지원이 필요하다는 신호가 아닐까요?"라고 되묻고 싶어요. 단순한 채무 불이행자가 아니라, 생존을 위한 구조적 도움이 절실한 분일 수 있다는 뜻이에요. 그런 분들에게는 빚을 갚으라는 요구가 아니라, '왜 상환이 어려운지, 지금 어떤 도움이 필요한지' 살펴보는 게 필요합니다. 이를 복지 지원을 연계하고, 위기를 더 악화시키지 않도록 선제적으로 대응하는 자세가 요구되죠.

이 정도 돈이 없어서 병원에 가지 못하고, 공과금을 내지 못해 전기가 끊기고, 결국 일자리까지 놓치게 되는 경우가 많아요. 하나의 실패가 연쇄적인 절망으로 이어지는 구조만큼은 우리 사회가 함께 막아야 할 일이라고

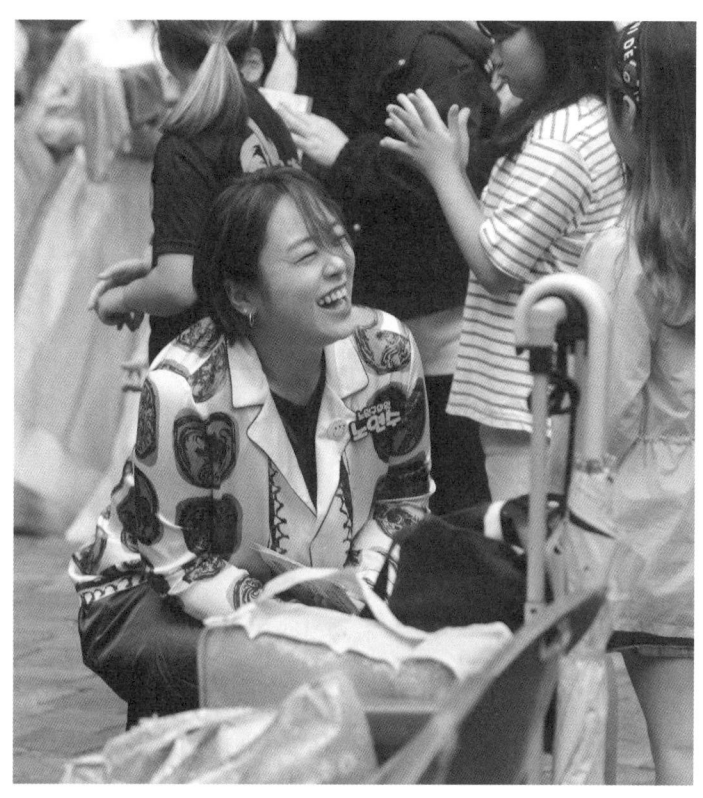

노연수 의원이 지역 행사에서 주민과 눈을 맞추고 인사 나누고 있다.

생각해요. 이 제도를 통해 위기의 신호를 놓치지 않고 포착하는 시스템을 만들고 싶어요. 경제적 위기에 처한 분들을 더 빨리 발견하여 복지와 연결해나가는 구조, 단순한 지원을 넘어 위험을 감지하고 반응하는 사회적 감각을 갖춘 제도를 만들고 싶어요.

그 외에 또 어떤 정책을 고민하고 계신가요?

두 번째로 고민하고 있는 정책은 '기후예산제'를 노원구에 도입하는 일이에요. 이건 단순히 제도를 발의하는 차원을 넘어서 실제 행정에서 제대로 작동하도록 만들어야 하기에 부서와의 협의가 굉장히 중요해요. 환경에 대한 행정의 의지는 결국 예산에 담기잖아요. 저는 사업 시행 전에 해당 사업이 온실가스를 얼마나 배출할지 사전에 평가하고, 그 결과를 토대로 사업의 규모를 조정하거나 설계를 바꾸는 시스템이 필요하다고 생각해요. 탄소를 줄이는 일이 단지 구호로만 끝나지 않으려면 행정이 그 책임을 명확히 질 수 있어야 하니까요.

사실 지방의회에서 할 수 있는 사무감사는 대부분 사후에 이뤄지다 보니, 막상 사업이 다 끝난 다음에야 문제를 발견하는 경우가 많아요. 기후예산제가 그 점을 상당 부분 보완하리라 기대합니다. 탄소 배출량이 많은 사업은 미리 걸러지거나, 아니면 설계 단계에서부터 수정하게 될 테니까요.

2023년 말 구정 질문을 통해 이 문제를 본격적으로 꺼냈고, 그 이후 꾸준히 소통해온 결과 탄소중립추진단이 보다 더 넓은 범위의 행정 업무를 담당하는 '탄소중립국'으로 승격되기도 했어요. 우리 구에도 전문성을 갖춘 '탄소중립지원센터'가 생겼고요. 여러 조건이 갖춰진 만큼 이제는 정말 이 제도를 시도해볼 시점이라고 보고 있어요. 물론 여전히 걱정되는 부분도 존재합니다. 타 부서의 사업까지 탄소중립국이 얼마나 관여할 수 있을지, 현실적인 조율은 또 어떻게 해야 할지 같은 고민도 함께하고 있어요. 어렵겠지만 이 정책을 꼭 도입하고 싶어요. 지금 세대뿐 아니라 다음 세대까지 함께 살아가기 위해, 지금부터 우리가 바꿔야 한다고 믿고 있거든요.

의원님께서 생각하는 앞으로의 정치는 어떤 모습일까요? 부지런히 어디로 계속 흘러가고 싶으신가요?

지금은 처음 정치를 시작했을 때보다 훨씬 더 정치의 본질에 대해 많이 고민하게 되는 것 같아요. 처음에는 '내가 맡은 일을 잘해야겠다' 정도였는데 지금은 '투신投身할 정도의 각오로 정치해야 한다'라고 생각하게 됐어요.

제가 만든 조례 하나가 누군가의 삶을 바꿀 수 있고, 제가 제안한 정책 하나가 어떤 가족에게는 삶을 이어갈 힘이 될 수도 있음을 깨달으면서 정치가 정말 무겁고 치열하고 끊임없이 고민해야 하는 일이라는 걸 점점 더 절감하고 있어요. 그래서 요즘은 어떤 의제든 늘 주민들과 함께 이야기를 나누며 '정답'보다 '함께 가는 방법'을 찾으려 해요. 혼자서는 갈 수 없으니까요.

'아래로 흐르는 물처럼'이라는 저의 정치 철학도 그런 과정에서 더 깊어지는 것 같아요. 혼자 흘러가는 물줄기는 작지만 다른 물줄기들과 만나면 결국 강이 되고 바다가 되잖아요. 그런 정치를 하고 싶어요. 함께 흐르고, 함께 채워가고, 함께 방향을 정하는 정치, 모두가 함께 만드는 정치야말로 세상을 변화시키는 힘이라고 생각해요.

고등학교 때 했던 "엄마, 저 정치하고 싶어요"라는 지금 돌아보면 참 순수해서 귀여웠던 그 소망이 '아래로 흐르는 물처럼 늘 겸손하게, 부지런히 흐르는 맑은 물과 같은 정치를 하고 싶어요'라는 저의 정치 철학으로 발전했어요. 이제는 이에 더해 '함께 살아가는 사회, 함께 걸어갈 수 있는 환경을 만들고 싶다'라는 구체적인 목표가 생겨났어요. 이 목표를 향해 앞으로도 멈추지 않고 계속 나아가고 싶어요. 느리더라도 꾸준히, 무엇보다 더 많은 분과 함께 걷고 싶어요. 앞으로도 애정 어린 관심으로 지켜봐주시고 마음을 다해주시길 요청드려요. 감사합니다.

노연수 의원에 대하여

1. 학력 및 이력

홍익대학교 미술대학 예술학과 학사
전 그리밍주식회사 대표
전 노원문화PD 2기
전 노원청년정책네트워크(2021~2022)
제9대 서울특별시 노원구의회 의원, 도시환경위원회 위원장
서울특별시 노원구 청년정책위원회 위원
더불어민주당 서울특별시당 청년위원회 전문위원

2. 의정 활동 직무 정보

• 소속 선거구 | 인구수
서울특별시 노원구 바 선거구 | 9만 4,679명
※ 상계1동 36,312명, 상계8동 2만 1,424명, 상계9동 1만 9,145명, 상계10동 1만 7,798명

• 전체 예산(2024년, 추경 포함) | 의원 수
1조 4,749억 400만 원 | 21명

• 월정수당 | 의정 활동비 | 세전 급여
305만 6,000원 | 150만 원 | 455만 6,000원

- **대표 발의 조례**

서울특별시 노원구 유니버설디자인 기본 조례안
서울특별시 노원구 통합놀이터 조성 및 관리에 관한 조례안
서울특별시 노원구 바이오산업 육성 및 지원에 관한 조례안
서울특별시 노원구 예술인 복지 증진에 관한 조례안
서울특별시 노원구 장애인 등을 위한 경사로 설치 지원 조례안

- 의정 활동 중 발의 조례 수

대표 발의 6건, 일부 개정 발의 7건, 공동 발의 22건

3. 기타

- **SNS 계정**

instagram.com/yeonsoo_able
linktr.ee/nowon1

박주리

1985년생. 제9대 경기도 과천시의회 의원으로 윤리특별위원장을 맡고 있다. 2022년 출산과 당선을 함께 이룬 이래로 어느 하나 놓치고 싶지 않은 열정 가득 워킹맘이다. "밝은 사람은 밝게 태어난 사람이 아니라 그늘을 부지런히 빛으로 채우는 사람이다"라는 말을 좋아한다. 정치를 통해 나의 그늘뿐 아니라 세상의 그늘을 부지런히 빛으로 채우는 사람이 되고 싶다.

"'지키는 정치'를 넘어서
'확장하는 정치'로 나아가려 해요."

"정치가 우리를 지켜줄 수 있을까요?" 박주리 의원은 이 물음을 가슴 깊이 새기고 살아왔다고 말합니다.

2014년 4월 16일, 세월호 참사 앞에서 박주리 의원은 정치를 마주하게 되었습니다. 국민을 지켜주지 못한 국가와 책임을 회피하는 정치를 보며 그날 그는 깨달았습니다. 정치란 결국 사람을 보호하겠다는 약속이며 그 약속은 반드시 지켜져야 한다는 것을요.

그리고 2022년, 예견된 참사인 기후위기 앞에서 박주리 의원은 다시 한번 정치를 마주하게 되었습니다. '정치는 이 위기 속에서 우리 아이들의 미래를 지켜줄 수 있을까?' 이 질문은 곧 결심이 되었습니다. 기후위기로부터 삶을 지키는 정치를 시작하겠다고, 그 약속을 지키겠다고 다짐했습니다.

전기버스 한 대를 도입하는 것으로 시작한 박주리 의원의 정치는 과천시 전 부서에 기후위기 대응 과제를 새겨 넣는 성과로 확장되었습니다. 청소년의 작은 목소리에서 시작된 공간 정책은 청소년 스스로 주체가 되어 변화를 만드는 제도로 발전하게 되었습니다. 100명의 주민을 만나겠다는 약속은 그 수를 훌쩍 넘어 지금도 계속되고 있습니다. 그리고 '월간 박주리'라는 의정 활동 보고서를 매달 발행하며 자신의 실천을 기록하고 공유하고 있습니다.

이제 박주리 의원은 한 걸음 더 나아가려 합니다. 단편적인 처방이 아닌 복잡하게 얽혀 있는 구조적인 문제들을 해결해 삶과 정책을 연결하고자 합니다. '지키는 정치'를 넘어서 '확장하는 정치'가 지금 박주리 의원이 꿈꾸는 정치입니다.

이 인터뷰는 바로 그 확장의 문턱에 선 한 정치인의 이야기입니다. 더 깊이 들여다보고, 더 멀리 설계하려는 여정에 발을 디뎌보려 합니다. 박주리 의원의 정치가 어떤 변화를 만들어낼 수 있는지, 그 가능성을 함께 발견해보시기 바랍니다.

월간 박주리, 매달의 기록

SNS를 통해 공유해주시는 '월간 박주리'를 잘 보고 있어요. 읽고 있으면 단순한 업무보고를 넘어서는 어떤 결심이 느껴져요. 기록이 쌓이면 철학이 된다고 하잖아요. 어떤 마음으로 시작하시게 되었나요?

'월간 박주리'에 관심 가져주셔서 정말 감사해요. 사실 처음 시작할 땐 '이걸 과연 누가 일부러 찾아볼까? 입소문이 나려면 한참은 걸릴 텐데' 싶은 생각이 더 컸어요. 그런데도 꼭 기록해야겠다고 마음먹은 이유가 있었어요. 저에겐 반드시 지키고 싶은 두 가지 약속이 있었기 때문이에요.

가장 먼저 주민들과의 약속이었어요. 선거 기간 동안 정말 자주 들었던 말이 "정치인들은 선거 끝나면 어디서 뭘 하는지 모르겠어요"였어요. 그 말을 들을 때마다 뜨끔했어요. 저 역시 정치를 시작하기 전엔 그 말에 고개를 끄덕이던 사람이었으니까요. 그래서 유세 때마다 "나이만 어린 정치인이 아니라, 뽑은 보람이 있는 사람, 제대로 일하는 사람이 되겠습니다"라고 말씀드렸어요. 제가 했던 약속이 빈말이 아니었다는 걸, 실제로 이렇게 하나하나 행동하고 약속을 지키고 있다는 걸 보여드리고 싶었어요.

그런데 실제로 정치인이 되어보니 정치인들이 선거가 끝나면 보이지 않는다는 말이 왜 나오는지 분명하게 알 수 있었어요. 조례를 제정하고 또 개정하고, 민원을 응대하고, 현장을 확인하고, 토론회와 간담회를 준비하고, 크고 작은 지역 행사들까지 챙기다 보면 하루가 어떻게 지나가는지도 모를 만큼 바쁘게 돌아가요. 그런데 공개된 의회 일정만으로는 제가 한 일의 절반도 알 수 없더라고요. 저는 하루에도 수많은 일을 해야만 하고 해내고 있는데, 마치 보이지 않는 벽이 가로막은 것처럼 주민들

눈에는 닿지 않는 것 같았어요. 그래서 '월간 박주리'를 통해 그 벽을 조금이라도 허물고 싶었어요. 지금 어떤 일을 어떻게 해나가고 있는지 조금 더 가까이, 보다 솔직하게 보여드리고 싶었죠.

또 하나의 이유는, 저 자신과의 약속 때문이었어요. 정치를 하다 보면 정말 매일같이 쏟아지는 일정에 밀려 마음이 흐트러지곤 해요. '내가 왜 이 길을 택했지? 어떤 마음으로 이 자리에 서 있지?' 하고 흔들리는 순간들이 생겨요. 그때마다 '월간 박주리'는 저를 붙잡아주는 역할을 해줘요. 제게 꼭 필요한 멈춤의 시간이죠. 어떤 마음으로 그 자리에 있었는지 다시 돌아보게 해주는 루틴이자, 저 자신을 다잡을 수 있게 정치적 방향을 확인시켜주는 나침반 같은 존재예요. 과천 주민들께서 저에게 허락해주신 소중한 4년이라는 시간을 헛되이 쓰지 않기 위한 저만의 방식이기도 하고요.

차곡차곡 쌓아온 기록을 지켜보는 주민들의 마음에도 그 노력이 가닿을 것 같아요. 그 마음들이 의원님께 와닿은 적이 있었나요? 그런 순간들이 의원님의 정치에는 어떤 울림을 남겼나요?

예상보다 반응이 훨씬 빠르게 와서 놀랐어요. 사실 이렇게 짧은 시간 안에, 이토록 따뜻한 반응이 올 거라고 기대하지 않았거든요. SNS에 공유하기 시작하자 한두 분씩 "잘 보고 있어요", "응원합니다" 같은 아주 짧은 인사였지만 그 안에 담긴 응원은 제게 큰 울림이었어요. '아, 누군가는 지켜보고 있구나' 하고 처음 실감했던 순간이기도 했어요.

주민들로부터 생각보다 다양한 피드백도 받았습니다. 그중 가장 많이 들은 말은 "의원님이 이렇게 많은 일을 하고 계신 줄 몰랐어요"였어요. 이 말을 들을 때마다 제가 하고 있는 일들을 주민들께 더 가까이 보여드려야겠다고 생각하게 돼요. '월간 박주리'가 단순한 활동 보고서가 아니라, 누군가에겐 정치를 새롭게 접하는 통로라는 걸 알게 되면서 책임감도 커지고요. 매달 기록을 남기는 데 더 집중하게 돼요.

특히 지금도 잊히지 않는 말이 있어요. "의원님한테는 답장이 안 와도 걱정 안 해요. 언젠가는 꼭 답해주실 거라 믿으니까요." 그 말을 들었을 때 정말 마음이 뜨거워졌어요. 신뢰는 말로 생기는 게 아니라 시간과 행동이 쌓여야만 하는 거잖아요. 주민들과 저 사이에 단단한 신뢰가 형성되었다고 느꼈어요. '이분들은 나를 믿어주고 있구나. 나는 더 성실하게 답해야겠구나.' 그렇게 저를 다잡게 돼요. 그런 의미에서 '월간 박주리'는 제가 어떤 태도로 정치를 하고 있는지 보여주는 공간이 되어가고 있는 것 같아요.

요즘에는 정치권에서 저의 이 작은 시도가 조금씩 확장되고 있다는 사실에 뿌듯하면서도 동시에 묵직한 책임감도 느껴요. 전국 곳곳에서 '월간 ○○○'이라는 이름으로 활동을 기록하고 공유하는 동료 정치인들이 하나둘 생겨나고 있거든요. 조용히 시작했던 개인의 기록이 이제는 하나의 정치 문화처럼 자리를 잡아가고 있는 걸 실감해요. 이런 흐름은 기록의 정치가 사람들에게 닿고 있다는 증거이기도 하겠죠. 앞으로도 이 길을 흔들림 없이 걸어가고 싶어요.

세월호 참사 앞에 품게 된 마음

약속을 끝까지 지키려는 모습, 때로는 그것만으로도 큰 힘이 된다고 생각해요. '약속을 지키는 정치'를 생각하시게 된 계기가 있었나요?

처음부터 정치를 해야겠다고 마음먹었던 건 아니었어요. 그저 평범한 시민으로 살아가고 있다가 세월호 참사를 마주하면서 정치를 진지하게 생각하게 되었어요. 처음에는 많은 분과 마찬가지로 저도 단순한 사고로 생각했어요. 곧 구조되리라 믿고 있었죠. 결국 아무것도 하지 못한 채 세월호가 침몰하는 모습을 보면서 말로 다 할 수 없을 만큼 참담했어요. 동시에 '국가가 국민을 지켜주지 않는구나'라는 절망감도 함께 느꼈죠. '왜 이렇게 늦어지지?'라는 의문은 시간이 지날수록 '이건 단순한 사고가 아니라 시스템의 실패구나'라는 절망으로 바뀌어갔어요. 그리고 시스템 실패에 대해 아무도 제대로 책임지지 않으려 하는 정치의 모습을 보며 절망은 분노로 바뀌었어요.

그때부터 고민하게 되었어요. '어떻게 해야 이 절망을 바꿀 수 있을까', '어디서부터 다시 시작해야 할까'라는 질문들이 제 안에 자리잡기 시작했어요. 그 답은 결국 '약속'에 있다는 것을 깨달았죠. 정치는 약속이에요. 국민을 지키겠다는 약속, 더 나은 삶을 만들겠다는 약속이 너무 쉽게 잊히고 가볍게 버려지는 걸 보게 되었어요. 정치의 약속이 무너질 때마다 가장 먼저 깊게 상처받는 건 바로 우리 일반 국민이라는 걸 깨달았죠. '약속은 끝까지 지켜야지. 적어도 약속을 지키려는 싸움만큼은 멈추지 말아야지'라는 생각을 세월호 사건을 계기로 품게 되었어요. 그렇게 '약속을 지키는 정치'가 지금의 저를 이끌고 있는 것 같아요.

보통은 정치에 실망하여 오히려 정치와 멀어지는 경우가 대부분인데, 반대로 정치 참여로 이어졌네요. 어떻게 그런 생각을 하시게 된 건가요?

정치에 참여해야겠다는 결심은 분노보다는 부끄러움에서 비롯되었어요. 세월호 참사를 겪으며 처음엔 저도 '왜 아무도 책임지지 않는 거지?' 하고 분노했죠. 그런데 그 분노는 곧 저 자신을 향했어요 '왜 이런 정치가 가능해진 걸까?', '나는 그동안 정치 앞에서 어떤 사람이었을까?' 이 질문 앞에서 도망칠 수 없었어요. 그동안 정치에 무관심했던 제 모습이 이 부조리한 현실을 방조해온 건 아닐까, 결국 이런 책임지지 않는 정치의 토양이 된 건 아닐까 싶어 자책감이 밀려왔어요.

그때 떠오른 말이 있었어요. "예전에는 왕이 똑똑해야 나라가 편했지만, 지금은 주권자가 똑똑해야 나라가 편하다." 돌아가신 노무현 대통령이 하신 말씀이에요. 민주주의는 누군가 대신 '해주는' 것이 아니라, 국민이 책임지고 함께 '만들어가는' 것이라는 사실을 그제야 진심으로 깨달았죠. 분노만으로는 아무것도 바뀌지 않더라고요. 그래서 '나부터 달라져야겠다'라는 마음으로 아주 작게 시작해보기로 했습니다.

그 이후부터는 정치 뉴스를 외면하지 않기 시작했어요. 제 생각을 댓글로도 남겨봤고요. 이때까지만 해도 우리가 주의 깊게 지켜본다면 대통령과 우리의 정치는 그래도 국민을 위해 일할 것이라는 신뢰를 아직 버리지 않았죠. 하지만 국정농단 사태를 마주하며 그 믿음이 완전히 무너졌어요. 비선 실세가 국정을 농단하고 권력을 사익에 이용했다는 사실은 말 그대로 충격이었어요. 세월호 참사, 무능했던 정부 대응, 반복된 부조리까지 이 모든 일들이 결국 정치의 실패에서 비롯된 것임을 더는 부정할 수 없었어요.

그래서 촛불을 들고 거리로 나갔어요. 저와 같은 마음인 사람들과 함께 목소리를 높이면서 '이제는 정말 다른 게 필요하다'라는 걸 절실히 느꼈어요. 시민단체 활동이나 바깥에서 외치는 일들을 계속할 수도 있었지만 보다 근본적인 변화를 만들고 싶었어요. 그 변화는 결국 정치 시스템 안에서 시작되어야 한다고 봤죠. 그렇게 정치에 참여하겠다고 결심했고, 처음으로 권리 당원에 가입하며 한 걸음을 내딛게 되었어요.

처음에는 그저 '더는 무책임한 시민으로 살고 싶지 않다'라는 마음이었지만, 어느 순간부터 세상을 보는 눈이 달라졌어요. 더 깊은 질문을 마주하게 된 거예요. '내가 지금 가장 풀어내야 할 문제는 무엇일까?' 이 질문을 따라가다 보니 그 문제가 왜 반복되는지, 누가 책임을 회피하는지, 그리고 정치가 정말 외면하고 있는 게 무엇인지 보이기 시작했어요. 제 눈에 들어온 문제는 바로 '기후위기'였어요.

기후위기는 그동안 뉴스에서 외신처럼 다뤄졌고, 정치권에서는 먼 미래의 일처럼 취급되곤 했어요. 하지만 제가 체감하기에 이 사안은 우리 삶을 직접적으로 위협하는 '지금, 여기의 문제'였어요. 게다가 기후위기는 사회적으로 약한 사람들에게 가장 먼저 심대한 타격을 입힌다는 걸 깨닫고 나니 이 문제가 바로 '제가 지켜야 할 것'이라는 확신이 들었죠. 이건 정치가 당장 다뤄야 할 문제라고 봤고, 이 문제를 알게 된 이상 더는 관망하는 시민으로 남고 싶지 않았어요. 변화를 요구하고 변화에 참여하고, 그리고 마침내 변화를 책임지는 사람이 되기로 결심하게 되었어요. 그 결심이 오늘의 저를 만들었습니다.

예견된 참사, 기후위기를 막기 위해

기후위기를 단순한 문제가 아니라 '내가 해결해야 할 것'으로 받아들이고, 실제 정치적 움직임으로까지 이어진 계기가 궁금해요.

처음에 기후위기라는 말을 들었을 때는 언젠가는 닥치겠지만, 아직은 준비할 시간이 남아 있다고 생각했던 것 같아요. 그런데 어느 순간 그 위기가 이미 우리 삶 곁에 와 있다는 걸, 그것도 아주 가까운 자리에 있다는 걸 깨닫게 되었어요.

한 과학 콘텐츠에서 "인간이 만든 기후변화는 지금 막지 않으면 되돌릴 수 없어요"라는 과학자들의 합의를 들었을 때, 그동안 막연했던 불안이 구체적인 위협으로 다가왔어요. 단지 '환경문제'가 아니라 내 삶을, 그리고 우리가 지켜야 할 사람들을 위협하는 문제라는 걸 온몸으로 느꼈어요. 그때 제 마음속에 어떤 두려움이 올라왔어요. '또 지키지 못하게 될지도 모른다'라는 생각이요. 이미 한 번 느낀 무력함과 절망을 떠올리니 이번에는 도저히 외면할 수 없었어요.

저에게 정치란 국가가 국민을 지키겠다는 다짐이고, 국민과 국가 사이의 약속이에요. 그런데 기후위기는 누구나 느끼고 있고 과학이 경고한 충분히 예고된 참사잖아요. 그런데도 정치는 너무나 한가하고 조용해 보여요. 저는 거기서 다시 절망을 느꼈어요. '정치가 이렇게까지 외면하고 있다면 우리라도 먼저 외쳐야 하지 않을까?' 그런 마음이 자연스럽게 들었어요. 기후위기 앞에서 정치가 국민을 지킬 수 있도록, 국민 한 사람으로서 지금 당장 움직여야 한다는 절박함이 생긴 거예요. '지금 지구를 지켜내지 못하면 결국 우리 삶도 지켜낼 수 없겠구나.' 이 마음이 저를 움직이게 했어요.

그때부터 보고서를 읽고 데이터를 찾아보고 과학자들의 목소리를 하나하나 따라갔어요. 할 수 있는 일들도 찾기 시작했어요. 기후위기 관련 정책 토론회에 참석하고, 지역위원회 활동에도 참여했어요. 제 생각들을 가능한 모든 자리에서 조심스럽지만 진심으로 나누려 했어요. 그러다 자연스럽게 지역위원회 기후환경특별위원장(현 탄소중립위원장) 역할도 맡게 되었어요.

위원장을 맡고 나서는 매달 회의를 열어 기후위기 이슈를 논의하고, 직접 강연과 교육 콘텐츠를 만들며 함께 공부해나갔어요. 코로나19 감염으로 인해 대부분의 정치 활동이 멈춰 있던 시기였기에, 더더욱 한 사람 한 사람을 놓치지 않으려 애썼죠.

그렇게 제 나름대로 조금씩 활동하다 보니 어느 순간부터 저에게 돌아오더라고요. 주변에서 점점 저에게 말을 건네기 시작했거든요. "정치 한 번 해보지 않을래요?"라고요.

어떤 도전이든 결정적인 터닝포인트가 있는 것 같아요. 정치 참여 권유를 그냥 넘기지 않고 '직접 해보겠다'라고 언제 처음 결심하게 되었나요? 그 순간 의원님을 움직이게 한 건 무엇이었나요?

처음에는 솔직히 농담으로 받아들였어요. 그저 절박해서 움직였을 뿐 정치와 연결해서 생각해본 적은 없었거든요. 그런데 같은 제안을 자꾸 받다 보니 저 자신을 돌아보게 되었어요. 이미 수많은 자리에서 "이건 정치가 해야 할 일이에요"라고 말하고 있는 저를 발견했죠. 정작 '그렇다면 나는 왜 정치 밖에 있는 거지?'라는 질문에는 선뜻 답하지 못하고 있었어요. 늘 '변화를 만들어야 한다'라고 생각했지만, 내가 직접 그 변화를 이끌어가야 된다고 다짐하기까지 쉽지 않았어요. 여전히 두려움이 컸죠.

하지만 아이가 생기면서 마음이 바뀌었어요. 보통 양육자가 되면 일보다 아이에게 집중하게 되잖아요. 저는 반대였어요. 오히려 세상을 바라보는 시야가 확장되었어요. 그전에는 '내가 살아갈 세상'을 고민했다면, 이제는 '내 아이가 살아갈 세상'이 보이기 시작한 거예요. 기후 위기도 전혀 다른 무게로 다가왔죠. 뉴스 속 위기가 아니라 우리 아이가 살아갈 일상의 풍경으로 느껴졌어요. '이대로 가면 우리 아이는 어떤 세상에서 살아가게 될까?' 이 물음이 머릿속을 떠나지 않았어요. 할 수 있는 건 다했다고 생각했는데, 정작 가장 중요한 정치의 자리에는 아무도 없다는 사실이 너무 선명했어요. 더는 기다릴 수 없다는 절박함이 직접 변화를 만들어야겠다는 책임감으로 돌아왔어요. '기다릴 수 없다면, 내가 시작하자. 우리 아이를 위해서라도 기후위기라는 예견된 참사를 막아야 해.' 그렇게 정치를 결심하게 되었어요.

아이가 있는 상황에서, 그것도 모두가 걱정하는 정치라는 길에 도전하기까지 쉽지 않으셨을 것 같아요. 출산과 지방선거, 그리고 당선까지의 과정은 의원님께 어떤 시간이었나요?

    정치를 결심했을 때 가장 먼저 가족들이 떠올랐어요. 표현하진 않으셨지만 양가 부모님의 걱정하는 마음이 느껴졌어요. 반면 남편은 한없이 든든했어요. 금융업에 종사하는 남편은 "기후 금융은 제가 책임질게요. 기후 정치를 맡아줘요"라며 적극적으로 지지해줬어요. 저 역시 우리 아이가 자라서 "엄마는 왜 정치를 했어?"라고 물어본다면 "네가 살아갈 세상을 지키고 싶어서"라고 대답하고 싶었어요. 그런 마음들을 품고 조심스럽지만 단단하게 출발할 수 있었어요.

현실은 전혀 녹록지 않았어요. 출산과 선거를 동시에 치른다는 건 솔직히 말이 안 됐죠. 3월 17일에 아이를 낳고, 4월에 공천이 확정되고, 6월에 선거를 치렀으니까요. 산후조리도 제대로 못 마친 채 조리원에서 나오자마자 곧바로 거리로 나가야 했어요. 선거운동은 하루도 쉬지 않고 이어졌어요. 밤에는 아이를 안고 펑펑 울다가도 다음 날이면 환하게 웃으며 유세 현장에 나섰어요. 몸도 마음도 회복할 틈이 없었죠. 출산 직후 '후보자'와 '엄마'라는 두 역할을 동시에 감당해야 했던 시간들은 너무 버거웠지만 가야 하는 길이었어요.

두렵지 않았다면 거짓말이겠죠. '엄마가 정치를 해도 괜찮을까? 아이가 외롭진 않을까? 이 길을 끝까지 갈 수 있을까?' 매일같이 흔들렸어요. 게다가 2022년의 지방선거는 정말 어려운 선거였어요. 저희 당의 대선 패배 직후 치러졌기에 분위기는 싸늘했고 현실은 냉혹했어요. 이번엔 반드시 이겨야 한다는 절박함이 어깨를 더 무겁게 했죠. 그런 시기를 '아이야, 엄마는 너 하나만 지키는 사람이 아니라, 너의 세상을 지키는 사람이 될 거야'라는 마음 하나로 숨을 고르며 버텼던 것 같아요. 다행히 이 길 위엔 저 혼자만 있었던 게 아니었어요. 밤낮없이 함께 전략을 짜고 유세를 돌고, 한 줄 슬로건까지 같이 고민해준 동료들 덕분에 제가 쓰러지지 않고 끝까지 나아갈 수 있었어요.

흔히 정치는 외롭다고들 하지만 저는 외롭지 않았던 것 같아요. 함께 손을 잡아준 가족과 동료들 덕분에 '내가 지키고 싶은 세상은 함께 만드는 거구나'라는 걸 온몸으로 느낄 수 있었던 시간이었어요.

꼭 지키고자 한 세 가지 약속

선거 전에는 정치인의 '약속'을 유권자의 관점에서 바라보셨을 텐데, 이제는 그 약속을 지켜야 하는 입장이 되신 거잖아요. 막상 그 자리에 서보니 '정치인의 약속'이 어떻게 느껴지셨나요?

말하는 것과 지켜내는 것은 전혀 다른 차원이더라고요. 말은 쉽게 꺼낼 수 있지만 실천으로 옮기려면 매 순간 현실의 벽과 마주해야 했어요. 약속을 지킨다는 건 생각

박주리 의원이 청소년의정학교에서 청소년들을 대상으로 모두발언을 하고 있다.

보다 훨씬 무겁고 외로운 일이었어요. 선거 기간에는 주민들 앞에서 어떤 세상을 만들고 싶은지, 어떤 정치를 하고 싶은지 수도 없이 말하잖아요. 그 말 하나하나가 진심이었어요. 그리고 저는 진심이면 충분하다고 믿었어요.

막상 그 자리에 서보니 약속은 단지 말이 아니라 매일같이 선택하고 책임지는 일이었어요. 쏟아지는 민원과 회의, 복잡한 이해관계들 속에서 초심을 중심에 두고 모든 일을 해내야 했어요. 정말 쉽지 않았어요. 무력감에 흔들리기도 하고 이게 내가 하려던 정치가 맞나 싶었던 날도 많았어요.

그러다 어느 날 한 주민께서 조용히 다가와 이렇게 말씀해주셨어요. "의원님은 뭔가 다른 것 같아요. 처음으로 믿어보고 싶은 정치인이에요." 그 말이 마음에 오래도록 남았고, 다시 중심을 잡고 한 걸음 내디딜 수 있게 해줬어요. 정치의 무게를 온몸으로 느끼며 걷는 이 길이 때로는 두렵기도 했지만, 동시에 그 무게만큼 저를 더 단단하게 만들어주었던 것 같아요.

선거에 나서면서 주민들께 세 가지를 약속했어요. 첫 번째는 '기후위기 대응 정치를 하겠다', 두 번째는 '소통하는 정치를 하겠다', 세 번째는 실제 '변화를 체감할 수 있는 정치를 하겠다'라는 약속이었어요. 이 약속들은 제 선택의 기준점이 되었어요. 어떤 길을 가야 할지, 무엇을 최우선으로 해야 할지 스스로에게 던지는 질문이 되었죠. 저에게 정치란 '누군가의 신뢰를 품고 끝까지 책임지는 마음으로 나아가는 일'이에요. 늘 신뢰의 무게를 잊지 않고 그에 걸맞은 걸맞게 행동하려 노력하고 있어요.

기후위기 대응을 위한 약속

저도 주변에 기후위기 이야기를 해보면 '아직 먼일'이라고 생각하는 분들이 너무 많아요. 이런 현실 속에서도 의원님께서는 왜 기후위기 대응 정치를 첫 번째 약속으로 내세우셨나요?

기후위기는 단순히 환경 보호 차원이 아니에요. 지금 우리의 삶, 아이들의 생존과 직결된 문제잖아요. 기후위기 대응 정치는 그냥 수많은 공약 중 하나가 아니라, 제 정치의 시작이자 이유라 할 수 있어요. 어떤 현실적인 어려움 앞에서도 이 약속만큼은 끝까지 놓지 않겠다고 다짐하며 정치를 시작했죠.

하지만 기후위기 대응을 논의할 때면 보통 국제협약, 국가 온실가스 감축목표NDC, 2050 탄소중립, 국제 기후

회의 같은 거대한 단어들을 떠올리게 돼요. 그러다 보니 "기후위기는 중앙정부에서나 다룰 문제예요. 지방정부 차원에서는 할 일이 없어요"라는 말을 듣곤 하죠. 물론 그렇게 생각할 수 있어요. 그러나 저는 그렇게 보지 않았어요.

기후위기는 단지 기술이나 행정적인 차원의 문제만이 아니에요. 기후위기 대응, 그린뉴딜, 정의로운 전환이라는 말들은 슬로건을 넘어 우리가 어떤 사회를 만들어가고 싶은지에 대한 철학의 문제예요. 그 철학은 말로 그치면 안 되고 구체적인 행정과 예산, 정책 결정으로 이어져야 한다고 믿었어요.

바로 그 지점에서 지방정부의 역할에 주목했어요. 교통, 에너지, 폐기물, 도시계획 등의 문제들을 실질적으로 다루는 주체가 바로 지방정부예요. 대중교통이 얼마나 탄소를 배출하는지, 지역의 에너지는 얼마나 친환경적으로 생산·공급되는지, 쓰레기 정책은 얼마나 세밀하게 관리되고 있는지, 이 모든 것이 지방정부의 손안에 있어요. 이런 결정 하나하나가 기후위기를 줄여갈 열쇠가 될 수 있고요, 현장에서 지금 당장 바꿀 수 있고 구체적인 일상에서부터 시작될 수 있는 일이죠. 그런 의미에서 제가 실천하는 기후 정치를 한마디로 정의한다면 이렇게 말할

수 있을 것 같아요. '우리가 매일 마주하는 일상이야말로 기후위기 대응의 최전선이다.'

일상의 어느 지점에서부터 기후위기 변화를 만들어가야겠다고 생각하셨나요? 그 시작점은 어떤 고민 끝에 정해졌는지 궁금해요.

특정 분야를 선택하지 않았어요. 도시계획, 교통, 폐기물, 급식, 에너지, 하천관리까지 하나하나 들여다보면 온실가스를 줄일 만한 수많은 지점이 숨어 있었거든요. 특정 부서나 어느 하나의 영역에서 끝나는 일이 아니라 행정 전체를 관통해야 하는 관점의 문제였어요.

그래서 과천시의 행정을 처음부터 기후의 눈으로 다시 보기로 했어요. 과천시의회는 상임위원회가 따로 없는 최소 규모라 오히려 정책 영역의 경계 없이 전방위적으로 문제를 제기하고 대안을 제시할 수 있는 환경이었어요. 그 구조를 기회로 삼아 모든 부서에 질문을 던졌죠. 그중에서도 가장 먼저 주목한 건 '교통'이었어요. 과천은 작은 도시지만 서울과 수도권을 잇고 있는, 수많은 차량이 오가는 교통의 중심지예요. 대중교통 이용률도 굉장히 높은 편이고요. 그런데 그 많은 교통수단 대부분이 안타깝게도 기름으로 움직이는 내연기관 차량이었어요. 내연기관 차량들은 탄소를 뿜어내며 지구의 기온을 올리고 있고, 매일같이 미세먼지를 배출하며 시민들의 건강까지 위협하고 있었어요.

물론 모든 교통수단을 한꺼번에 친환경으로 바꿀 수는 없죠. 하지만 친환경으로 바꾸어갈 가장 현실적인 시작점은 찾을 수 있었어요. 바로 '공공버스'였어요. 개인 차량은 당연히 각자의 선택이니 바로 변화되기 어렵지만, 공공버스는 정책적으로 조정할 여지가 있었어요. 작은 도시일수록 교통이 배출하는 탄소의 비중이 커지는데 당시 과천시에는 전기 마을버스가 단 한 대도 없었거든요. 이에 행정과 예산, 의회의 협조가 맞물린다면 변화를 만들어낼 수 있을 거라고 봤습니다. 그래서 '과천에서부터 친환경 탄소중립 대중교통을 확대하자'라는 목표를 세우고, 의회에서 명확하게 방향을 제시하며 과천시 전기버스 도입을 강하게 요청했어요. 버스 한 대만 바꾸어도 공공이 먼저 책임지는 기후정치의 출발이 될 수 있다고 믿었기에 추진했습니다. 지금은 반수 이상의 마을버스가 전기버스로 전환되었어요.

제 목표는 임기 내에 과천의 모든 마을버스를 전기버스로 전환하는 것이에요. 이건 단순한 교통정책이 아니에요. 도시의 공기와 주민의 일상을 바꾸는 일이죠. 변화는 공공이 주도하되 그 혜택은 모두에게 돌아가고요. 이처럼 모든 정책을 기후의 관점에서 다시 설계하고자 해요. 그 관점에서 지금도 모든 부서에 같은 방식으로 정책 제안을 하고 있어요.

기후위기 대응 정책이 하나둘 실현되면서, 멀게만 느껴졌던 변화들이 실제 일어나기 시작했잖아요. 이에 주변 반응은 어땠는지, 또 기억에 남는 피드백이 있다면 들려주세요.

'기후위기'라는 단어에 대한 반응부터 확실히 달라졌어요. 기후위기를 담당하는 부서도 없던 시절, 처음 정치에 들어왔을 때만 해도 '탄소중립'이라는 단어조차 낯설어했어요. 그에 비해 지금은 다양한 부서에서 '기후위기를 막기 위한 사업'이라고 적힌 정책 사업안을 스스로 제안하고 있어요. 그런 모습을 마주할 때마다 '정말 변화가 시작되었구나'라고 체감하죠.

특히 문화체육과와의 경험이 기억에 남아요. 처음엔 "지금은 좀 즐기자, 기후는 나중에 생각하자"라는 분위기였어요. 축제나 행사를 맡은 부서로서 자연스러운 반응이었을 거예요. 하지만 오랜 논의 끝에 결국 "지금의 즐거움이 내일의 짐이 되지 않게 하자"는 데 함께 뜻을 모을 수 있었어요. 그 합의는 '야외빙상장 운영을 위한 재생

에너지 구매'라는 구체적인 실행계획으로 이어졌고요. 처음엔 불가능할 것 같던 협력이 결국은 가능하다는 걸 보여준 소중한 사례였어요.

처음 정치를 시작할 때는 '기후위기에 대해 말하는 사람이 각 지방의회에 단 한 명씩만 있어도 세상은 분명 달라질 거야'라고 막연히 상상했다면, 지금은 그 말을 스스로 증명하고 있는 것 같아요. 처음엔 저의 제안들을 낯설게 바라보던 과천시가 지금은 '탄소중립 선도도시'를 목표로 하고 있어요. 어색했던 기후위기 관련 말들이 행정의 언어가 되고, 서로를 이해하지 못해 부딪히던 부서들 사이에서도 점점 대화와 협력이 자라나고 있어요. 이 모든 과정을 통해 '추구하는 가치를 끝까지 밀고 나가는 용기'가 필요하다고 새삼 되새기게 되었어요.

체감할 수 있는 정치에 대한 약속

약속하신 '체감할 수 있는 정치'란 어떤 것인가요? 왜 그 약속을 중요하게 생각하셨나요?

'체감할 수 있는 정치를 하겠다'는 말은 반드시 지켜야 한다고 생각했어요. 왜냐하면 많은 주민께서 정치에 대한 기대보다는 실망을, 신뢰보다는 무력감을 먼저 언급하시곤 했거든요. 선거 때마다 수많은 공약이 쏟아지지만, 정작 일상에서 체감하기 쉽지 않기 때문에 '정치가 뭘 바꿀 수 있겠어'라는 체념이 자리 잡은 거예요. 저는 이 정치적 무력감이야말로 정치 불신의 근본적인 원인이라고 봤습니다. '정치가 변화를 만들 수 있다'라는 구체적인 경험이 쌓이면, 정치에 대한 신뢰도 조금씩 회복되리라 믿었어요. 이를 위해 효능감을 느끼게 하는 정치를 하겠다고 약속드렸어요.

요즘 특히 저 자신에게 이 질문을 자주 해요. "정치가 무너진 지금, 우리는 무엇으로 희망을 줄 수 있을까?" 양극단으로 치닫는 갈등, 서로를 향한 불신과 혐오, 피로감을 넘어 점점 더 등을 돌리게 만드는 지금의 정치는 말 그대로 비극이에요. 이런 현실 앞에서 저는 한 사람의 정치인으로서 깊은 책임감을 느끼게 되었어요. '이래도 정치를 해야 하나'라는 회의보다는 '진짜 제대로 해야 한다'라는 다짐이 더 커졌어요. 삶에서 희망을 정치를 느끼게 해주어야 해요.

그래서 더욱더 '체감할 수 있는 정치'를 중요하게 여기고 있어요. 화려한 말보다 눈에 보이는 변화가, 무수한 견해 표명보다 삶을 바꾸는 실행이 우선이라고 생각해요. 주민 한 사람의 말이 정책으로 발전하고 그 정책이 실제 일상을 변화시키는 경험, 비록 작더라도 그런 경험이 정치에 대한 신뢰를 회복하는 가장 강력한 출발점이라고 믿고 있어요. 정치가 가까이 있다는 그 '감각'을 되살리고 싶어요. 정치가 삶에 반응하고, 실제로 움직이고, 다시 기대할 수 있는 일임을 조금씩 증명해가고 싶어요.

정치적 무력감을 '정말 바뀔 수 있다'는 확신으로 변화시킨 사례가 있었나요? 그때 느꼈던 감정이나 깨달음이 지금의 정치여정에서 어떻게 살아 움직이고 있는지도 듣고 싶어요.

지난여름 과천시의회 청소년 의정 학교에서 그런 경험을 했어요. 과천시의회에서는 방학마다 청소년 의정 학교를 운영하고 있어요. 청소년들이 직접 조례를 만들고, 토론하고, 의결까지 해보는 모의 의회 프로그램인데요, 단순히 정책을 배우는 것을 넘어, 정치 참여를 경험하는 자리예요. 지난여름 의정 학교 마지막 날, 모의 의회에 참관하여 청소년들이 직접 제안한 정책 의제와 그에 관한 토론을 지켜보는 시간이 있었어요. 그날 저는 한 친구의 발언을 듣고 그만 말문이 막히고 말았어요. "과천에는 청소년들이 갈 곳이 없어요. 우리도 과천 시민인데 늘 소외되는 기분이에요."

청소년들이 갈 공간이 없는 문제를 단 한 번도 깊이 들여다본 적이 없었거든요. 어른들이 너무 무심했다는 걸 그 자리에서 처음 실감했어요. 더 놀라운 건 그다음이었어요. "지금 당장은 예산도 부족하고 마땅한 부지도 없을 거예요. 공간 조성은 어려울 것 같아요"라고 말하며 청소년들이 그 안건을 부결시키더라고요. 자기들의 필요를 스스로 포기하는 모습을 보면서, 말로 표현하기 힘든 감정을 느꼈어요. 배려심 깊은 판단이라는 생각도 들었지만, 동시에 어른으로서 그리고 정치인으로서 너무나 부끄러웠어요. '청소년들이 자신의 권리를 포기하게 해서는 안 되겠다'라는 정치적 책임이 제 마음 깊숙이 들어왔어요. 새로운 과제가 생긴 거죠.

의원님께서도 많이 받아 보셨겠지만, 정작 어떤 어른들은 말도 안 되는 민원도 해결해달라고 요구하잖아요. 이에 반해 예산과 상황을 고려하여 논의를 이끌어가는 청소년들의 모습이 오히려 성숙한 민주시민의 모습으로 보이네요.

맞아요. 그날 청소년들의 발언은 단순한 '제안'이 아니라 정치가 어떤 역할을 해야 하는지 정면으로 묻는 선언처럼 들렸어요. 청소년 공간 문제에 무심했던 게 너무도 부끄러웠고 그래서 더더욱 이 이야기를 이대로 끝내선 안 되겠다고 결심했죠. 성숙하게 토론을 마무리한 그 태도 앞에서 '정치인으로서 응답해야 한다'라는 책임감이 밀려왔어요.

그때부터 할 수 있는 모든 걸 시작했어요. 청소년 정책 전문가, 시설 운영자, 그날 발언했던 청소년 당사자까지 한자리에 초대해 토론회를 열었어요. 전국의 사례들을 함께 살피고, 과천이 어떤 모델을 추구해야 할지, 어떤 공간이 진짜 '청소년의 공간'이 될 수 있을지 함께 고민했어요. 그렇게 준비한 자료를 바탕으로 과천시장에게 시정질의를 이어갔어요. "청소년 시절부터 지역 사회에 소속감을 느끼는 경험이 필요합니다. 그 경험이 누적된다면 우리 사회가 겪고 있는 초저출생 문제의 가장 근본적인 해법이 될 것입니다"라고 말씀드리며 관련 시설 확충을 강력하게 촉구했어요. 이 문제 제기에 시청에서도 깊이 공감해주었고, 마침 지역 내 한 기업의 공공기여와 연결되면서 청소년 공간을 조성할 길이 열리게 되었어요. 이후로는 과천시청, 관계기관과 함께 다양한 선진 사례를 방문하며 공간 설계, 운영 방식, 프로그램 하나까지 꼼꼼히 점검했어요.

올여름 그 공간이 드디어 문을 열게 되었어요. 무엇보다 자랑스러운 건, 그 모든 과정에 청소년들의 목소리가 고스란히 담겨 있다는 점이에요. 가장 약한 목소리에서 시작한 울림이 끝내 모두의 공간을 만들어낸 순간으로 오래 기억될 것 같아요. 제게 정치는 어떤 모습이어야 하는지 다시금 깨닫게 해준 시간이었어요.

자신이 제안한 정책이 실제로 실현되는 과정을 지켜보며 청소년들은 어떤 반응을 보였나요? 그 경험이 이후 시민 참여나 정치에 대한 인식에 영향을 주었다고 보시나요?

해당 안건을 제안했던 학생이 "불가능할 줄 알았는데 진짜 만들어지네요!"라고 말했을 때 눈빛을 지금도 잊을 수 없어요. 저도 함께 마음이 벅차오르더라고요. '우리의 이야기로 과천이 바뀌었어'라는 정치적 효능감을 의정 학교에 참가했던 학생들이 느끼게 되길 바랐는데, 그 바람이 현실이 되었죠.

이 경험이 단지 한 번의 기억으로 끝나지 않는다는 걸 이후에 더 분명하게 알 수 있었어요. 의정 학교에 다시 참여 신청한 청소년들이 많아졌거든요. "이번엔 이런 주제를 논의해보고 싶어요"라고 이야기하는 청소년들을 보면서 '이 친구들에게 정치는 자신들의 이야기가 되었구나' 싶었어요. 이건 단순한 만족이나 즐거움을 넘는

박주리 의원이 2024 푸른과천 시민 걷기 대행진 행사에서 마주한 아이와 인사하고 있다.

변화예요. 자신들의 제안이 실행되는 과정을 직접 보면서 '정치는 특별한 사람들만의 일'이라는 고정관념 대신, '나도 할 수 있다'라는 인식이 싹트는 거니까요. 이것이 바로 정치적 효능감이잖아요. 이런 변화가 청소년 의정 학교 안에서만 머무르지 않고, 앞으로 정책을 제안해주실 더 많은 주민분께도 퍼져 나가길 바라고 있어요. 그럴수록 우리의 정치는 더 살아 숨 쉬게 될 테니까요.

주민과 소통한다는 약속

세 번째 약속인 '소통하는 정치'는 어떻게 지켜나가셨나요? 말처럼 쉽지 않다는 걸 잘 알고 계실 텐데, 소통을 중요한 가치로 삼으신 이유는 무엇인가요?

소통하는 정치는 주민들의 삶을 지켜내고 변화를 만들어내기 위해서는 무엇보다 당사자의 목소리를 제대로 들어야 한다고 생각해 내세웠습니다. 이를 언급할 때마다 '정치는 주민의 삶에서 멀어지면 안 된다'는 말을 떠올려요. 막상 정치 뉴스를 보면 일반 주민의 눈높이로는 도저히 이해하기 어려운 결정들이 나올 때가 많아요. 그때마다 정치가 우리 삶에서 너무 멀어졌다는 걸 체감하죠.

그래서 '먼저 가서 듣는 정치'를 실천하자고 다짐했어요. 그 시작이 바로 '100번의 주민 만남'이었죠. 저를 찾는 분들이 계신 곳이라면 시장, 도서관, 작은 상점, 학부모 모임, 경로당, 청년 모임, 지역 동아리까지 어디든 직접 찾아갔어요. '일주일에 한 번은 꼭 나가자'라는 마음으로 시작했는데, 생각보다 100번의 만남이 너무 빨리 채워졌어요. 그 이후로는 숫자에 연연하지 않고 계속하고 있습니다.

아울러 찾아가는 정치만큼이나 중요한 건 '찾아올 수 있는 정치'라고 생각해 출근길 티타임인 '과천모닝크루'를 시작했어요. 매일 아침 7시, 하루를 한 시간 일찍 시작한다면 한 분이라도 더 만날 수 있으리라는 마음이었죠. 카페 한자리에 앉아 커피를 사이에 두고 정말 다양한 주민들을 만날 수 있었어요. 어떤 날은 여러 분이 함께 오시기도 했고, 어떤 날은 아무도 오지 않아 저 혼자 자리를 지킨 적도 있었어요. 하지만 그 기다림조차 저에겐 소중한 시간이었어요. 정치란 결국 사람을 기다리는 일이고, 기다림 끝에 들리는 삶의 이야기가 진짜 정책의 출발점이니까요. 그렇게 만난 이야기 중에는 실제 조례로 이어진 제안도 있었고, 단순한 민원처럼 보였던 사연이 구조적인 정책 제안으로 발전된 경우도 있었어요. 무엇보다 중요한 건, 이 만남들이 정치를 삶 가까이로 끌어왔다는 점이에요.

저는 소통을 '많이 말하는 정치'로 규정짓고 싶지 않아요. 소통이란 '먼저 다가가 듣고, 기꺼이 기다리며, 우리의 삶 가까이에 머무는 태도'라고 믿고 있어요. 이것이 제가 약속했던 세 번째 정치의 기준이자 지금도 흔들림 없이 지켜가는 정치 방식이에요.

지키는 정치에서 확장하는 정치로

지금까지 해오신 것과 그 과정에서 나타난 변화를 보면서 앞으로의 정치가 더 궁금해지고 기대됩니다. 지금은 어떤 정치를 구상하고 있고, 앞으로는 또 어떤 변화를 만들어내고 싶으신가요?

정치를 시작했을 때 제 질문은 아주 절박했지만 단순했어요. '이 도시를 기후위기로부터 어떻게 지킬 수 있을까.' 우리 아이를 위해서라도, 우리 삶을 위해서라도 반드시 지켜내야 하는 약속들을 이행하기 위해 지금까지 쉼 없이 달려왔던 것 같아요.

하지만 정치를 하는 동안 수많은 주민의 삶을 마주하면

서 점점 더 많은 질문이 생겨났습니다. 정책 하나로는 해결되지 않는 문제들이 너무도 많다는 것을 절감했죠. 문제 하나를 해결한다고 해서 세상을 바꿀 수 없다는 것도 깨달았어요. 기후위기와 도시계획, 복지와 에너지, 돌봄과 주거, 청년과 노동처럼 서로 다른 문제들이 엮여 있었고, 단일한 해법으로는 절대로 풀 수 없는 사회 구조와 마주하게 되었어요.

이제는 '지키는 정치'를 넘어서 '확장하는 정치'로 나아가려 해요. 하나의 정책이 만들어낸 변화가 또 다른 정책과 연결되어 더 큰 전환을 이루는 정치를 추구하고자 합니다.

전기버스 한 대를 도입하는 일에서 시작했던 기후 대응 정책이 이제는 충전 인프라 부족, 전력 수급 문제, 민간 확대라는 새로운 과제들로 남았어요. 이 흐름을 놓치지 않고, 에너지 기준 전환, 학교 급식의 탄소 감축, 지역 에너지 전환과 청년 일자리 연계까지 아우르는 구조적 접근으로 확장하려고 해요. 문제와 문제 사이에 길을 트고 정책과 정책을 연결하는 정치, 그렇게 일궈낸 한 도시의 변화가 다른 도시의 영감이 되고, 한 사람의 목소리가 또 다른 사람의 움직임으로 이어지는 정치. 그런 변화의 정치를 만들어가고 싶어요.

아직 많이 부족한 초선의원이지만, 늘 곁에서 지지해주고 함께 걸어와주신 주민 여러분 덕분에 여기까지 올 수 있었습니다. 진심으로 감사드립니다. 그 믿음과 지지를 바탕으로 이제 더 멀리 내다보려 해요. 앞으로도 약속을 지키며 주민들 한 분 한 분의 삶 가까이에서 모두 함께 만드는 '확장의 정치'를 이어가겠어요. 함께 걸어주시길 요청드려요.

모두가 함께 만드는 '확장의 정치'가 어디까지 확장될지 기대해봅니다.

박주리 의원에 대하여

1. 학력 및 이력

한양대학교 간호학과 학사
전 한양대학교병원 간호사
전 의료서비스 스타트업 메디팔 매니저
제9대 경기도 과천시의회 의원, 윤리특별위원회 위원장

2. 의정 활동 직무 정보

• 소속 선거구 | 인구수
경기도 과천시 나 선거구 | 5만 862명
※ 갈현동 1만 7,320명, 문원동 6,730명, 부림동 1만 650명, 원문동 1만 6,162명

• 전체 예산(2024년, 추경 포함) | 의원 수
5,480억 8,551만 9,000원 | 7명

• 월정수당 | 의정 활동비 | 세전 급여
259만 8,140원 | 150만 원 | 409만 8,140원

• 대표 발의 조례
경기도 과천시 주택임차인 전세피해 지원 조례안
경기도 과천시 아빠 육아휴직 장려금 지원 조례안

경기도 과천시 환경친화적 자동차 전용주차구역의 화재예방 및 안전시
  설 지원 조례안
경기도 과천시 지역행사 다회용기 활성화 지원조례안
경기도 과천시 시각장애인 보도 점자블록 설치 및 관리 조례안

- **의정 활동 중 발의 조례 수**

대표 발의 10건, 일부 개정 발의 7건, 공동 발의 1건

3. 기타

- **SNS 계정**

instagram.com/juripark.theminjoo
facebook.com/withjuripark
youtube.com/@juripark.theminjoo

신종혁

1980년생. 제9대 광주광역시 남구의회 의원으로 의정 활동을 펼치고 있다. 저녁 10시부터 12시 사이, 아무에게도 방해받지 않고 오롯이 즐길 수 있는 이 시간을 좋아한다. 정치에서는 '신념'이 가장 중요하다고 생각한다. 쉴 때는 넷플릭스 또는 프로야구 경기를 주로 감상하며, 최근에는 《황현필의 진보를 위한 역사》를 감명 깊게 읽었다. 좌우명은 카르페 디엠Carpe diem(현재를 즐기고, 오늘 할 수 있는 일을 미루지 말라).

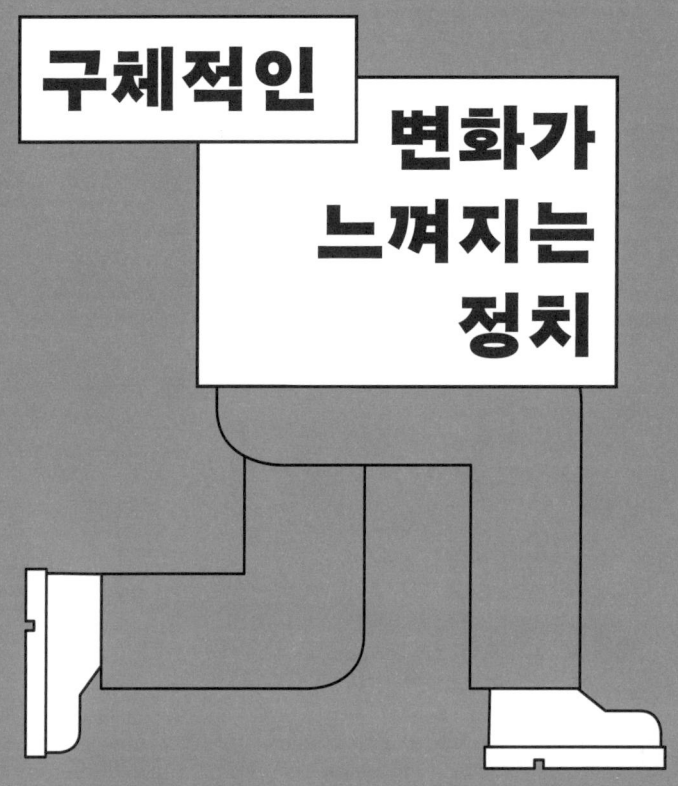

"설명하는 정치가 아니라
직접 겪어볼 수 있는 정치를
만들고자 해요."

"정치가 중요하다지만, 그게 내 삶과 무슨 상관이야?" 많은 사람들이 이렇게 말합니다. 뉴스에선 끊임없이 정치가 등장하지만 정작 일상에선 잘 느껴지지 않기 때문입니다. 정말 정치는 우리 삶과 멀리 떨어져 있는 것일까요? 신종혁 의원과의 인터뷰는 이러한 질문에서 시작되었습니다.

신종혁 의원은 광주광역시의회에서 정책지원관으로 일했습니다. 정치가 어떻게 움직이는지, 정책은 어떻게 만들어지고 실행되는지 가장 가까운 자리에서 목격했습니다. 정치가 현실이 되는 그 수많은 시행착오를 몸으로 겪었습니다. 주민분들의 삶을 더 나아지게 하기 위해 현장에서 끊임없이 치열하게 노력하고 있다는 사실을 누구보다 잘 이해했습니다.

그런데 이상하게도 신종혁 의원의 마음에 불편함이 자리 잡고 있었다고 합니다. '이렇게나 정치의 현장은 열심히 돌아가고 있는데, 왜 주민들은 변화를 체감하지 못할까?' 정치를 몰라서가 아니라, 너무 가까이서 봤기 때문에 오히려 더 선명해지는 질문이었습니다.

그는 결심했습니다. 말로 설명하는 정치를 넘어서, 직접 몸으로 경험하는 정치를 해보자고요. "정치하려면 국회로 가야 하지 않느냐"라는 말을 뒤로하고 오히려 지방의회를 택했습니다. 사람들의 일상과 가장 맞닿아 있는 현장에서 구체적인 변화를 만들어내고 싶었기 때문입니다.

이 인터뷰에는 그 도전의 과정이 담겨 있습니다. 청년들이 '관객'이 아니라 '주인공'이 되어 직접 기획하고 운영하는 축제를 만든 이야기, 지역 대학과 청년 네트워크가 함께 어우러진 실험들, 그리고 세대를 연결하는 조례와 제도까지. 지역에서 주민들과 함께 겪은 그의 정치를 따라가봅니다.

정치가 우리 삶과 멀어 보일 때

정치가 중요하다지만 정작 그게 내 삶에 어떤 영향을 끼치는지 잘 모르겠다는 분들도 많아요. 이에 대해 어떻게 생각하시나요?

바로 그 질문이 제 정치의 시작점이었어요. 의원이 되기 전에는 광주광역시의회에서 정책지원관으로 일하며, 정책이 실제로 어떻게 만들어지는지 가장 가까이에서 지켜볼 수 있었어요. 조례 하나를 만들기 위해 어떤 사례들을 조사하고, 각 부서와는 어떻게 협의하며, 해당 정책이 예산안에 어떻게 반영되는지 함께하며 그 흐름을 몸으로 체득할 수 있었죠. 주민들의 삶을 더 나아지게 하기 위한 논의, 협업, 시행착오, 조정의 과정이 얼마나 세밀하게 얽혀 있는지 깨달았습니다.

그런데 이상하게도 마음 한편이 자꾸 불편했어요. '현장에서 이토록 치열하게 조율되고 제도로 정리된 정치적 결과물들이 왜 주민들의 일상에서는 보이지 않는 걸까?' 정치에 가까이에서 경험했기 때문에 그런 정치적 거리감이 더 뚜렷하게 느껴졌어요. 그래서 자연스럽게 '이 간극을 메울 수 있을까?'라는 질문이 떠올랐던 것 같아요.

그 간극을 마주했을 때 어떤 생각이 들었나요? 그 생각이 정치적 결단으로 이어지기까지 어떤 내면의 변화가 일어났나요?

어렵게 쌓아 올린 노력들이 너무 쉽게 공기처럼 흩어지는 걸 볼 때마다 마음이 내려앉았어요. 이대로는 안 된다는 생각이 들었어요. '누군가는 이 일상과 정치 사이를 연결해야 하지 않을까?'라고 질문하게 되었고 이 질문의 끝에서 저 자신과 마주하게 되었어요. '내가 해보면 어떨까?' 어쩌면 이미 마음은 정해져 있었을지도 모르겠어요.

그래서 직접 이 간극을 메워보겠다고, 꼭 거창한 자리나 거대한 변화를 꿈꾸지 않더라도 가장 가까운 곳부터 시작해보겠다고 마음먹게 되었어요.

물론 두렵기도 했습니다. 이전에 수행했던 정책지원관은 조력자이지만 이제는 결과를 직접 책임지는 자리에 서는 거니까요. '내가 과연 해낼 수 있을까?' 매일같이 묻고 또 물었어요. 오히려 그 무게를 알기에 더는 피할 수 없었던 것 같아요. 그 일을 감당하고 싶었고, 할 수 있을 거라 믿었어요. 정치가 바로 곁에 있다는 걸 증명하고 싶은 마음이 정치를 선택한 시작점이자 이유였고, 지금도 매일 다시 다짐하는 부분이에요.

왜 지방의원인가

여전히 대부분 정치라고 하면 중앙정부나 국회를 떠올리곤 해요. 이런 흐름에서도 지방의원을 선택한 이유가 무엇인가요?

중앙정부나 국회로 가는 방향을 고민하기도 했죠. 하지만 곧 저의 질문이 조금 다른 지점에 있다는 걸 깨달았어요. '어디까지 올라가야 하나'보다는 '어떻게 정치가 더 가까워질 수 있을까'를 더 고민하고 있더라고요.

제게 정치는 어떤 높은 자리로 향하는 경로가 아니라, 우리네 삶 가까이에 놓이게 해야 할 무게감 있는 존재였어요. 그래서 오히려 물리적·정서적으로 주민들과 가장 밀착된 공간에서 출발하고 싶었습니다. 지방의회는 중앙정치에 비해 규모는 작지만 작은 조례 하나가, 예산의 아주 작은 배분 하나가, 동네 골목길을 바꾸고 마을 복지관을 살리고 아이들 통학로를 바꿀 수 있는 곳이니까요. 변화를 가장 직접적으로 만들어낼 수 있는 곳에서 시작하고 싶었어요.

물론 현실은 쉽지 않다는 걸 알고 있었어요. 지방의회의 존재감을 알아주는 사람도 많지 않고 관심도 뜨겁지 않으니까요. "구의원이 무슨 일을 해요?"라는 질문을 듣는 것도 알고 있었어요. 지방의회가 우리 정치 구조 속에서 얼마나 인지도가 낮은지 보여주는 말이죠. 오히려 그래서 더 의미가 있다고 느꼈어요. 그만큼 바꿀 여지가 더 많다는 뜻이니까요. 지방의회를 단순히 작은 정치로 보는 게 아니라, 삶에 스며드는 가까운 정치임을 제대로 보여주고 싶었어요.

지방의원의 길을 결심하고 현실 정치로 발을 내디뎠을 때, 어떤 마음이셨나요?

솔직히 말씀드리면, 설렘과 두려움이 공존했습니다. '드디어 진짜 정치를 시작하게 되는구나'라는 기대감도 있었지만 그만큼 무게감도 컸던 것 같아요. 말로만 '가까운 정치'를 말하는 게 아니라 삶으로 증명해내야 하는 자리에 서게 된 거죠.

지방의회에 첫발을 내디뎠을 때 가장 크게 들었던 생각은 '이제는 핑계 댈 곳이 없구나'였어요. 전에는 "시스템 문제라 어쩔 수 없어요", "위에서 결정한 일이라 한계가 있어요"와 같은 말로 한발 물러설 수 있었지만, 이제는 그러지 못하니까요. 마치 등 뒤에 아무것도 없는 절벽 앞에 서 있는 기분이어요. 정치인이란 안 되는 이유를 설명하는 사람이 아니라 안 되더라도 돌파구를 찾아야 하는 사람이에요. 그 무게를 실감하니 설렘은 한순간에 가라앉고 책임감만 묵직하게 남게 되었어요.

스스로 다짐했어요. '큰 걸 바꾸겠다고 욕심내지 말자. 작더라도 구체적인 변화부터 시작하자.' 그렇게 마음을 다잡으면서 한 걸음 내디뎠던 것 같아요. 누구도 알아주지 않는 눈에 잘 띄지 않는 자리지만, 제가 서 있는 이 자리에서부터 변화의 씨앗을 하나씩 심어나가자고요.

변화의 시작은 이해로부터

선택지가 너무 많으면 오히려 선택이 어려워진다는 '선택의 역설'처럼, 수많은 문제로 가득 차 있는 현실 정치 속에서 변화의 시작점을 찾기가 쉽지 않으셨을 것 같아요. 갓 현실 정치에 뛰어들었을 때 어디서부터 변화를 만들어야겠다고 마음먹으셨나요?

바꾸고 싶다는 마음은 분명했지만, 어디에 첫발을 내디뎌야 좋을지 쉽게 결정할 수 없었어요. 청년, 주거, 돌봄, 일자리 등 그 모든 것이 우선순위를 정하기 어려울 만큼 절박한 문제들이잖아요.

그러다 자연스럽게 저 자신을 먼저 돌아보게 되었어요. 사회에서는 결코 어린 나이가 아니었지만, 의회 안에서는 막내 정치인으로 활동하고 있는 저의 모습을 살폈죠. 청년 정치인으로서 기존의 정치 문화에 새로움을 더해보려 애쓰고 있지만, 나이와 서열을 따지고 관행과 관계를 중시하는 이 구조 속에서 저도 모르게 정치와 멀어져 있다는 걸 깨닫게 되었어요. '왜 이렇게 해야 하지? 조금 더 효율적이고 솔직해지면 안 되는 건가?' 그런 생각에 거부감부터 드러냈던 순간들도 있었죠. 그럴수록 알게 되더라고요. 변화를 만들기 위해서는 기존의 것을 무작정 부정하는 게 아니라 먼저 이해하고 넘어서는 과정이 필요해요. 저부터 이 거리를 좁혀야 한다는 걸 뼈저리게 느끼게 되었어요.

생각을 바꾸고 나니 청년 정치인이라는 정체성이 저를 더 또렷하게 비추어주는 것 같았어요. 동료 의원들, 함께 활동하는 많은 분의 시선에서 느껴지는 미묘한 긴장과 기대를 읽을 수 있었어요. 경험 부족에 대한 걱정, 아직은 지켜봐야 한다는 조심스러운 생각, 한편으로는 응원하고 밀어주고 싶은 따뜻한 마음까지, 이를 마주하면서 다짐하게 되었어요. '나를 향한 이분들의 시선과 정치적 거리를 먼저 좁혀야겠다. 행동함으로써 변화를 만들어내 이분들에게 다가가야겠다.'

그 뒤로 제게 매일같이 묻고 있어요. '지금까지 쌓여온 흐름 위에서, 어떤 방식으로 진짜 변화를 이끌 수 있을까?' 정답은 아직 모르겠어요. 하지만 그 질문에서부터 시작된 제 길을 조용히 그러나 단단하게 다듬어가고 있어요. 이 길의 끝이 어디로 향할지는 몰라도, 시작은 분명했거든요.

그 길이 어디로 뻗어나갔을지 궁금해요. 수많은 방향이 있었을 텐데 그중 의원님의 시선은 어디로 향했나요?

청년 정치인으로서 저와 같은 청년들이 살아가는 일상이 보였어요. 지역에서 청년으로 살아가는 건 생각보다 훨씬 버거운 일이에요. 저 역시 오랫동안 그 무게를 직접 느껴왔고요. 취업을 준비하고, 지역에 정착하고, 미래를 고민하는 과정 하나하나가 정말 막막했어요. 정책은 멀리 있고 기회는 늘 부족했죠. 정치가 멀게 느껴진다는 말에 공감했던 이유예요.

제 길을 스스로 좁혀가다 보니 조금씩 실마리가 보이기 시작했어요. 단순히 지원을 늘리는 문제가 아니라는 걸 깨달았죠. 청년 스스로 목소리를 내는 구조를 만드는 일이 중요했어요. 제도보다 먼저 삶을 읽어야 한다는 것도요. 그렇게 한 걸음씩 내디디며 변화의 감각을 조금씩 얻을 수 있었어요.

청년이 주체가 되는 구조

'구조를 만들어야 한다'라고 말씀하셨는데요, 이런 생각을 하게 된 특별한 계기가 있었나요? 의원님이 그리던 '청년이 스스로 주체가 되는 구조'는 어떤 모습이었는지 듣고 싶어요.

광주광역시 남구에는 청년 정책에 관한 주요 사항을 심의하기 위해 조례에 따라 '청년정책위원회'가 설치되어 있습니다. 이 위원회는 남구청의 청년 기본 계획을 수립하고 평가하며, 각종 청년 정책과 관련된 사업의 시행

신종혁 의원이 주민들과 대화를 나누고 있다.

여부를 논의하고 협력을 조율하는 자리예요. 한마디로 지역 청년 정책의 관문이라고 할 수 있죠.

막상 그 위원회에 들어가 보니 너무도 이상했어요. '청년정책위원회'인데 회의에 참석한 청년은 극소수였고, 때로는 아예 없기도 했어요. 안건은 이미 사전에 결정돼 있었고, 위원회 회의는 그저 이를 통보받고 서명하는 절차처럼 느껴졌어요. 논의보다는 수용을 전제로 한 자리였어요.

지켜보는 동안 정말 숨이 턱 막혔어요. 단지 청년의 자리가 적은 게 아니었어요. 청년이 애초에 없다고 전제하고 만들어진 것 같았어요. 처음엔 저도 예산이 늘고 제도가 생기면 자연히 지역 청년의 삶이 나아지리라 생각했어요. 하지만 청년 없이 만들어진 청년 정책은 아무리 예산이 늘어나도, 이름이 그럴듯해도, 청년들의 삶에 좀처럼 닿지 못해요. 그걸 절실하게 느꼈고, 바로 그 지점에서 문제의 본질은 '지원'이 아니라 '구조'에 있다는 걸 깨닫게 되었어요.

그래서 마음을 먹었죠. '단순히 청년을 위한 자리를 만드는 게 아니라, 청년이 직접 제안하고 결정할 수 있는 구조를 만들자.' 그 출발점이 바로 광주광역시 남구 청년정책위원회였어요. 이름만 청년이 걸린 위원회가 아니라,

청년이 실질적인 주체로 참여하는 자리를 마련하는 것, 그것이 제가 처음 손대기 시작한 변화의 지점이었어요.

저도 지역 자치구 청년정책위원회에 참여했던 경험이 있는데요. 대부분은 이미 정해진 안건을 따라가고, 저는 그저 회의록에 서명만 하고 돌아온 기억이 있어요. '내가 왜 여기 있는 걸까' 싶은 생각이 들 만큼 존재감 없었죠. 그런 경험을 저만 하지는 않았을 것 같아요. 이런 구조를 바꾸기 위해 무엇부터 시도하셨나요?

처음 청년정책위원회 개편을 고민했을 때 가장 먼저 떠오른 건 "이걸 정말 위원회라고 부를 수 있을까?"라는 물음이었어요. 회의는 정기적으로 열렸지만, 말씀하신 것처럼 그 안에서는 실질적인 논의가 거의 이뤄지지 않았거든요.

저는 '형식이 아니라, 역할을 바꾸자'라고 결심했어요. 청년이 회의의 끝자락이 아니라 시작점이 되어야 한다고 생각했습니다. 그러려면 위원회의 기본 틀부터 바꿔야 했어요.

가장 먼저 위원 구성 방식을 바꾸었습니다. 기관 추천으로 인물이 위촉되는 기존 방식에서 벗어나, 청년 당사자들이 스스로 참여할 수 있도록 문을 열었어요. 청년 각자가 정책 아이디어나 생활 속 문제의식을 간단한 제안서 형식으로 신청하게 했고, 그 내용을 바탕으로 위원을 선정했죠. 구청 내부에서는 "과연 이 방식이 실효성 있을까요?", "전문성이 떨어지지 않을까요?"라는 우려도 일부 있었지만, 저는 오히려 그런 구체적인 현실감이 이 위원회에 꼭 필요하다고 느꼈어요.

다음으로는 의제 설정 방식을 바꿨어요. 그전까지는 행정이 미리 준비한 안건을 설명하고 의견을 받는 식이었다면, 개편 이후에는 청년 위원들이 직접 의제를 제안하고 논의의 흐름을 이끌도록 했어요. 그러자 각자의 구체적인 삶에서 나온 고민들, 예컨대 '청년 주거', '정신건강', '구직 활동에서 겪는 고립감' 같은 주제들이 회의 테이블에 오르게 되었어요. 그 이후 위원회의 분위기 자체가 달라졌어요. 단순히 말하는 자리가 아니라, 삶의 어려움이 정책적으로 논의하는 위원회 구조로 전환되었어요.

새로운 구조를 만들어낸다는 게 쉬운 일이 아니잖아요. 익숙한 것에서 오는 편안함까지 넘어서야 했을 텐데 어떠셨나요? 그런 벽 앞에서 멈추지 않을 수 있었던 원동력은 무엇이었나요?

처음부터 다 해낼 수 있을 거라는 확신은 없었어요. 청년정책위원회를 새로 구성하겠다고 했을 때 제일 먼저

들은 말이 "왜 굳이 바꾸려고 해요?"였거든요. 그 말 안에는 익숙하고도 단단한 감정이 담겨 있었던 것 같아요. 다시 설계하지 않아도 회의는 열리고, 일정은 맞춰지고, 보고할 성과도 나오잖아요. "이 복잡한 걸 힘들게 왜 새로 만들지?"라는 말이 여기저기서 은근히 돌 정도로 구청 안에서도 불편한 기류가 있었죠.

하지만 진짜 어려웠던 건 지역에서 활동하는 청년들의 냉소였어요. "말해도 바뀌는 거 없던데요", "또 형식적인 거 아니에요?"라는 식의 반응들과 그 속에 담겨 있는 회의감이 저를 무겁게 만들었어요. 어떤 분들은 청년정책위원회 참여를 거부하셨고, 또 어떤 분들은 "제가요?"라고 하시며 그냥 한발 물러서 있었죠. 저는 변화의 가능성을 생각하며 청년들을 바라봤는데, 정작 당사자들은 자기 말이 의미 없으리라 느끼고 있다는 사실이 가장 뼈아팠어요. '내가 너무 이상적이었던 건 아닐까?', '결국 또 하나의 틀만 바꾸는 건 아닐까?'라는 의심이 계속 따라붙었어요.

그런 흔들림 속에서도 작지만 분명한 움직임들이 생기기 시작했기에 스스로를 다잡을 수 있었어요. 처음엔 아무도 주목하지 않던 위원회 회의였지만, 청년들이 한두 번씩 스스로 안건을 제안하면서 변화가 시작됐어요. 청년들이 직접 제안한 안건들이 실제 의회 논의나 예산 편성에 반영되어 구청 내 청년 정책으로 연결되는 걸 경험했거든요. 그제서야 '아, 이게 진짜 가능하구나'라는 공감이 생겨났어요. 한 명의 참여가 또 다른 참여를 낳고, 의견을 말하던 자리에 자연스럽게 새로운 제안이 얹히는 걸 보면서, 이게 진짜 살아 있는 위원회가 될 수 있겠다는 확신이 들었어요.

거창하거나 드라마틱한 변화는 아니었지만 제가 정말 원했던 장면이었어요. 청년 당사자의 말에 사람들이 반응하고, 그렇게 모인 말들이 결국 제도를 바꾸어내는 모습을 직접 확인하고 나니 '이 흐름을 포기하지 말자. 가능하다는 걸 증명해보자'라고 다시금 다짐하게 되었어요.

청년이 주체가 되어 움직이기 시작했을 때 어떤 변화들이 생겨났나요? 그 과정에서 정치는 그들과 얼마나 가까워졌나요?

변화는 놀라울 만큼 빠르게 퍼져나갔어요. 처음엔 구청에서 진행되는 청년정책위원회 회의에서 몇 가지 안건을 제안하는 수준이었어요. 하지만 점차 지역의 청년정책네트워크로 참여자의 범위가 확대되었고, '우리 스스로 만들어보자'라는 생각이 퍼져나가기 시작했어요.

그 변화의 상징이 바로 '청년 축제'였어요. 초기에 구청에서는 1,000만 원 정도 예산을 할당해 관행적으로 무대 설치와 간단한 공연 몇 가지를 업체에 맡겨 진행할 계획이었어요. 아마도 내빈 소개와 축사로 시작했겠죠. 그 방식이라면 청년은 또다시 구경꾼으로 동원되고 말 것 같았어요. 그래서 "이 축제를 청년들이 직접 만들어 나가도록 남구 청년정책네트워크에서 자율적으로 기획하고 진행하도록 넘겨주는 게 좋겠습니다"라며 구청에 요청했어요.

다행히 구청도 흔쾌히 받아들였고, 그 순간부터 분위기는 완전히 달라졌어요. 청년들은 무대 대신 텐트를 치고 테이블을 세팅했어요. 행사는 청년들의 이야기가 중심이 되었고, 진행은 전적으로 청년정책네트워크가 맡았어요. 내빈 소개도, 인사도 없었고, 귀빈석도 특별히 마련하지 않았어요. 그 공간은 행사의 자리가 아니라, 관계가 형성되는 자리였어요.

그 축제를 위해 지역의 청년 기획사들은 재능 기부 수준으로 참여했고, 청년정책네트워크의 한 청년은 "이건 우리가 꼭 해내야 할 축제예요"라며 사비를 기꺼이 보태기도 했어요. 사회를 맡은 청년도 "돈은 적게 받아도 되니까 지금은 일단 해봐요"라며 열정적으로 도와줬어요. 그렇게 모두가 한마음으로 끌어준 덕분에 축제는 성공적으로 마무리됐고, '할 수 있다'라는 효능감이 청년들 사이에 퍼져 나갔어요.

이 흐름은 자연스럽게 지역 대학과의 협업으로 이어졌어요. 축제에 참여했던 광주대학교, 송원대학교 학생들과의 연결을 시작으로, 이제는 각 대학 축제 일정과 연계해 청년 축제 계획까지 세우고 있어요. 광주대학교 동아리연합회 친구들이 청년정책네트워크의 문화분과 위원이 되어, 자치구 청년들과 함께 축제를 기획하고 있죠. 캠퍼스와 지역을 오가며, 청년들의 삶이 서로 연결되는 접점이 생긴 거예요.

이 모든 과정을 통해 정치가 꼭 투표소나 의회 회의실에만 있는 게 아니라는 걸 새삼 깨달았어요. 정치는 거창한 게 아니었어요. 누군가의 필요를 들여다보고, 함께해 보자고 손을 내미는 그 순간이 바로 정치가 시작되는 지점이었어요.

청년을 넘어 중장년으로

청년들과 함께 만든 흐름이 구청 내 위원회를 넘어 지역 전체로 번져가는 흐름 속에서 또 어떤 지점을 마주하게 되셨나요?

자연스레 다음 질문을 품게 되었어요. '청년을 지나면 그다음은 어디지?' 그게 제게는 꽤 선명한 전환점이었던 것 같아요. 청년 시절에는 '청년 정책은 왜 이렇게 부족하지?'라는 생각만 했는데, 청년의 나이를 지나고 보니 그다음은 더 막막해 보였어요. 아예 정책의 대상에서 제외되더라고요. 아동, 청소년, 청년, 노년은 모두 기본 조례가 있는데, 중장년만 없었어요. 관련 조례도 없고 지원도 없으니 파생 조례도 불가능하고, 예산 편성 논의조차 시작할 수 없었어요. 제도적 사각지대였죠.

그때 생각하게 되었어요. '청년이라는 틀 안에서만 이 흐름을 이어갈 수는 없겠구나. 다음 세대로 연결되어야겠구나.' 흐름은 계속 확장되는데 제도는 특정 나이를 기준으로 끊어버리니, 그다음을 고민할 수밖에 없었어요.

그래서 '중장년 기본 조례'를 만들기로 결심했어요. '내가 혜택 대상자라면 어떨까?'라는 마음으로 준비하기 시작했어요. 그래야 오히려 더 솔직해질 것 같았죠.

논의만으로도 긴 시간이 소요되는 정치 구조 안에서 백지인 상태로 출발한다면 막막했을 텐데요. 어떤 방식으로 실마리를 풀어나가셨나요?

중장년의 정의부터 다시 써 내려가야만 했죠. 생애주기

에서 어떤 정책이 필요한지, 어떤 욕구를 정책으로 풀어내야 하는지 하나하나 정리해보기 시작했어요. 단순히 복지의 관점에서 접근하지 않고 오히려 지금 여기서부터 다시 시작할 수 있다는 가능성을 담고 싶었고 새로운 기회로 연결시키고 싶었어요.

조례는 본질적으로 시간과 싸워야 하는 제도잖아요. 단기간에 성과를 내기 어려워요. 추진 과정에서 쉽지 않은 벽들을 넘어야 하고요. 그런 어려움이 있지만 저는 '광주광역시 남구 중장년 기본 조례안'을 발의했어요. 위로는 부모를 봉양하고 아래로는 자녀를 키우고 있지만, 정작 정책의 사각지대에 있는 이들의 삶을 정치가 조금 더 명확하게 붙잡아줘야 할 것 같았죠.

처음엔 조심스러웠어요. "중장년 정책이요? 또 하나의 보여주기식 행정이 되진 않을까요?", "그 나이대는 정책의 수혜자라기보다 사회적 책임을 지는 세대 아닌가요?"라는 우려의 목소리가 컸거든요. 하지만 저는 오히려 그 애매한 경계에 있는 세대야말로 정치가 더 적극적으로 지원하고 돌보아야 한다고 생각했어요. 경제 인구의 허리에 해당하는 중장년층이 탄탄하게 서 있지 않다면 국가와 지자체의 지속 가능한 발전은 기대할 수 없기 때문이었어요.

그래서 중장년 기본계획 수립과 실태조사뿐 아니라 정책조정위원회 설치, 고용과 복지의 연계, 포상과 수당에 이르기까지 구체적인 실행 체계를 넣고자 했어요. 앞으로도 중장년층의 목소리에 귀 기울이며, 다양한 지원 정책을 보다 마련해가고자 해요.

체감할 수 있는 정치를 위해

광주광역시는 2022년 치러진 20대 대선 투표율은 81.5퍼센트로 전국에서 제일 높았지만, 이어 치러진 제8회 전국동시지방선거에서는 37.66퍼센트의 투표율로 전국 최저를 기록했어요. 이렇게 가장 가까운 정치가 외면받는 지금의 정치 구조를 마주할 때 어떤 생각이 드시나요? 이 간극을 좁히기 위해 지금 어떤 노력을 해나가고 싶으신가요?

지방선거 투표율이 30퍼센트대라는 사실을 처음 마주했을 때, 한편으론 이해하기 어려우면서도 다른 한편으론 그 이유가 너무 분명하게 보였어요. 저는 이 숫자를 단순히 무관심의 결과로 보지 않아요. 광주는 대선 투표율이 전국 1위일 정도로 정치적 관심이 높은 도시잖아요. 오히려 '정치를 아직 경험하지 못했기 때문'이라고 생각해요. 대선은 뉴스와 미디어, 주변의 이야기로라도 다들 어느 정도는 접하게 돼요. 그런데 지방정치, 특히 기초의회에서 벌어지는 일들은 체감할 기회조차 없는 경우가 대부분이에요. 그게 왜 중요하고, 어떻게 작동하는지, 삶을 어떻게 바꾸는지 알 수가 없어요. 그래서 저는 정치와 삶의 거리를 줄이기 위해선 무엇보다 '정치를 경험할 수 있는 구조'를 만드는 게 중요하다고 느꼈어요. 단지 뉴스로 전달할 게 아니라, 직접 목격할 수 있는 정치, 설명하는 정치가 아니라 실제로 겪어보는 정치 말이에요.

그 시도를 주민자치회에서 해봤어요. 주민자치회의 경우엔 그동안 익숙한 몇몇 사람만 회의에 참여하여 정해진 보고만 하고 끝나는 경우가 많았어요. 이럴 거면 자치회가 왜 존재하나 싶을 정도로 정말 형식적이었죠. 이 틀을 조금이나마 바꿔보고 싶었어요.

그렇다고 특별한 시도를 했던 건 아니었어요. 그저 기존에는 대표되지 못했던 사람들을 열심히 발굴해 추천했어요. 처음에는 새로운 시각을 가진 청년을 추천하기도 했고, 지역에서 활동하던 단체 활동가에게 회의 참석을 제안해보기도 하며, 주민들이 직접 정치를 경험할 수 있게끔 안내하는 역할을 했죠. 그게 생각보다 큰 변화를

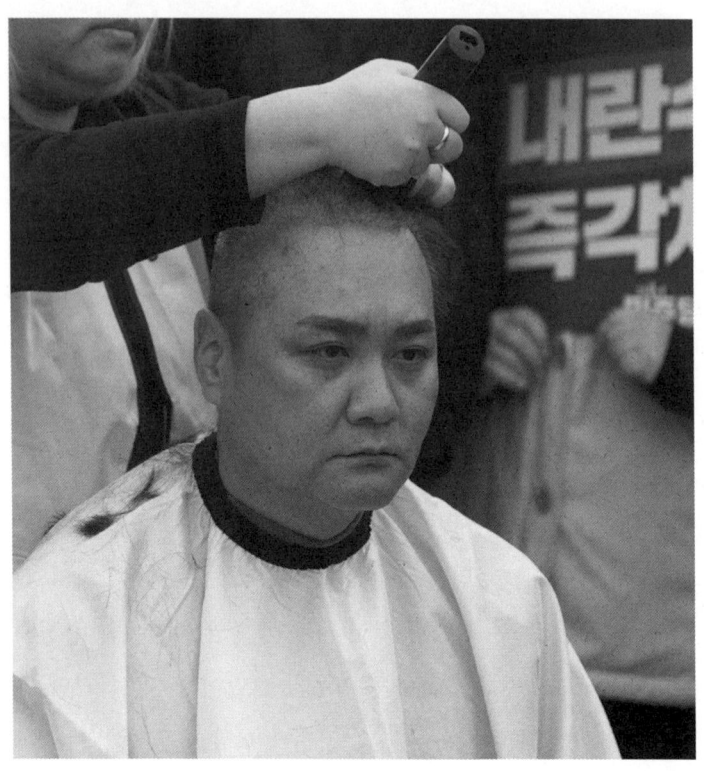

신종혁 의원이 윤석열 당시 대통령 탄핵 찬성 집회에서 삭발 시위를 감행하고 있다.

만들어내더라고요. 처음엔 그저 듣기만 하시던 분이 다음 회의에선 의견을 냈고, 그다음엔 직접 안건을 제안하셨어요. 그렇게 제안된 아이디어가 실제로 동 특화사업으로 채택되었고, 주민들이 직접 예산계획서를 써서 행정과 조율까지 해내게 되었어요. 제안에 참여했던 분 중 몇몇은 나중에 예산 심사 평가위원으로까지 활동하게 되었고요.

저는 중간에서 연결하는 역할에 집중했어요. 예산 항목에 대한 기초 교육, 사전 워크숍 등을 지원해가며 참여가 성과로 이어질 수 있게 노력했어요. 무엇보다 '내가 했던 말이 어떻게든 결론으로 돌아오는구나'라고 경험하게끔 최선을 다했죠. 그렇게 하나의 제안이 사업이 되고 그 사업을 지켜본 사람이 또 다른 회의의 주체가 되는, 참여의 선순환 구조가 만들어졌어요. 이 경험이야말로 정치에 대한 인식을 바꾸는 가장 현실적인 시작점이 될 수 있었어요.

앞으로 어떤 정치를 해나가고 싶으신가요? 이 길을 누구와 함께 걷고 싶으신가요?

삶과 정치의 틈을 줄이는 것이 제 정치의 첫걸음이었고, 지금껏 쉼 없이 달려온 이유이기도 해요. 정치를 통해 주민들과 행정 사이를 연결해가면서 점점 더 확신하게 되었어요. 변화는 절대 혼자 만들 수 없고, 정치는 혼자 앞서가는 게 아니라, 함께 걸어가는 것이더라고요. 함께 하는 사람들 덕분에 지속 가능한 변화가 만들어진다는 것을 깨달았어요. 제 곁에 주민들이 있었고, 청년들과 중장년까지 다양한 세대가 함께했어요. 그리고 저처럼 간극을 좁히기 위해 애쓰는 다른 지역의 청년 정치인 동료들도 있었죠. 이들 덕분에 더 많이 시도할 수 있었고, 때로는 실패해도 다시 나아가면 된다는 믿음을 얻었어요.

이제는 저처럼 새로운 구조를 상상하며 정치를 시작하고 싶은 청년들이 정치의 문턱 앞에서 주저하지 않도록 돕고 싶어요. 처음 발을 내딛는 청년 정치인들이 이 길을 혼자 걷지 않도록, 함께 손잡고 만들어갈 수 있는 구조를 준비 중입니다. 앞으로도 '연결하는 정치'를 계속 해보고 싶어요. 삶과 정책을 연결하고, 사람과 사람을 연결하는 구조를 설계하려 합니다.

제가 꿈꾸는 정치는 설명을 덧붙이지 않아도 '아, 이게 바로 정치구나'라고 체감할 수 있는 거예요. 삶에서 나온 제안 하나가 제도가 되고, 다시 그 제도가 다른 삶을 변화시키는 순환이 이루어지는 정치, 그러한 정치가 지금 제가 서 있는 이 지역에서부터 시작될 수 있다고 믿고 있어요. 지역에서 출발한 정치가 전국으로 이어질 수 있다는 걸, 지금 제가 있는 이 자리에서 증명해보고 싶어요. 거대한 정치 담론이 아니더라도 작지만 구체적인 실천으로 시작되는 정치, 그 변화의 물결이 이곳 광주 남구에서부터 흘러나갈 수 있다고 믿고 있습니다.

구의원이든 또 다른 위치에 있든, 늘 같은 마음으로 지금의 도전을 계속해가야죠. 정치를 설명하는 사람이 아니라 정치와 함께 살아보는 사람으로, 저의 다음 정치도 그 연장선에 서 있을 것 같아요.

정치가 당연하게 함께 살아가는 그런 일상의 하나였으면 해요. 저는 그 '당연함'을 조금 앞당기고 싶어요. 지금 여기에서부터요.

신종혁 의원에 대하여

1. 학력 및 이력

전남대학교 산림자원조경학부, 경영학부(복수전공) 학사
전 광주광역시의회 시간선택제임기제 공무원
전 이목포럼 공동대표
제9대 광주광역시 남구의원, 사회건설위원회 위원장

2. 의정 활동 직무 정보

• **소속 선거구 | 인구수**
광주광역시 남구 나 선거구 | 9만 9,371명
※ 대촌동 8,944명, 봉선2동 2만 7,380명, 송암동 2만 630명, 진월동 2만 7,469명, 효덕동 1만 4,948명

• **전체 예산(2024년, 추경 포함) | 의원 수**
6,676억 4,167만 6,000원 | 11명

• **월정수당 | 의정 활동비 | 세전 급여**
217만 1,920원 | 150만 원 | 367만 1,920원

• **대표 발의 조례**
광주광역시 남구 에너지 복지 조례
광주광역시 남구 지속가능발전 기본 조례

광주광역시 남구 주민참여예산제 운영 조례 일부 개정 조례
광주광역시 남구 중장년 기본 조례
광주광역시 남구 백일해 예방접종 지원 조례

- **의정 활동 중 발의 조례 수**
대표 발의 12건, 일부 개정 발의 3건, 공동 발의 2건

3. 기타

- **SNS 계정**

instagram.com/kyure1004
facebook.com/kyure1004

오현식

1986년생. 제8대 인천광역시 강화군의회 의원을 지냈으며, 재선에 성공하여 제9대 강화군의회 의원으로 활동하던 중 2025년, 강화군의원을 사퇴하고 인천광역시의회 재보궐선거에 도전했지만 석패했다. 좌우명이 수신제가 치국평천하인 만큼, 가장 작은 공동체인 가족과 함께 산책하는 순간을 즐긴다. 아이들이 적은 동네에 살아서인지 산책할 때 들리는 자녀들의 웃음소리에 주변 분들이 환하게 웃어주시는데, 그 모습을 볼 때가 좋다.

"지금은 분명하게 말할 수 있어요.
남는 게 있다고요."

"지금은 분명하게 말할 수 있어요. 남은 게 있다고요." 이는 쉽게 꺼낼 수 있는 말이 아닙니다. 숱한 실패와 도전의 시간을 지나온 사람만이 할 수 있는 신념의 고백입니다.

정치는 냉혹한 현실의 장입니다. 특히 지방정치에서는 '당선될 리 없는' 자리와 '넘을 수 없는' 지역이 존재합니다. 2018년, 오현식 의원은 누구도 당선될 거라 기대하지 않았던 '다 번'으로 출마했습니다. 2025년에는 민주당이 단 한 번도 승리한 적 없던 험지인 강화군에서 인천광역시의회 재보궐선거에 도전했습니다. 누군가는 무모하다고 했고 누군가는 결과만으로 그 의미를 재단하려 했지만, 그는 물러서지 않았습니다. 왜일까요? 어째서 오현식 의원은 불가능해 보이는 도전의 길을 끊임없이 나섰던 걸까요?

그는 말합니다. 자신이 남기는 한 발자국이 길이 될 수 있지 않을까 싶었다고요. 자신의 도전이 누군가에게는 새로운 시작이 되기를 바라며, '이 지역은 안 돼'라는 인식에 균열을 내고 싶었다고 했습니다. 미약하더라도 언젠가는 더 많은 이들이 이 길을 걸을 수 있으리라는 희망을 품고 나아갔다고 합니다.

정치를 보다 보면 실망할 때가 많습니다. 하지만 여전히 우리는 그 안에서 가능성과 희망을 찾으려 합니다. 그런 의미에서 오현식 의원이 걸어가고 있는 이 정치의 길은 냉혹한 현실 속에서도 포기하지 않아야 할 '도전'과 '희망'의 의미를 다시금 생각하게 합니다.

이제 그가 걸어온 7년의 길을 따라가보려 합니다. 그 여정 안에서 여러분만의 것을 찾게 되길 희망합니다.

누구도 도전하지 않을 때 도전하는 이유

더불어민주당 가 번을 받아도 당선을 확신하지 못했던 2018년 강화군 지방선거에서 더불어민주당 다 번으로 출마하고, 단 한 번도 민주당이 승리한 적 없는 강화군에서 출마한 2025년 인천광역시의회 재보궐선거까지, 불가능해 보이는 장벽을 넘어온 7년의 시간은 의원님께 어떤 의미로 남아 있나요?

돌아보면 도전의 연속이었던 것 같아요. 시작부터 그랬죠. 흔히들 지방선거는 '가 번 싸움'이라고들 해요. 고착화되어 있는 지역 내 정당 구조에서 투표에 나서는 유권자분들 대다수가 가 번에 표를 주시거든요. 한 지역구에서 세 명을 뽑지 않는 이상 나 번도 당선되기 어렵죠. 이런 상황에서 다 번은 명분을 위한 자리, 선거에 참여하는 데 의미를 둔 배치 정도로 받아들여져요. 더군다나 더불어민주당으로서는 험지 중의 험지인 강화군에서 다 번으로 출마한다는 건 말 그대로 무모한 도전이었어요. 그런데도 2018년 제7회 전국동시지방선거에 출마했던 건, 그 자리를 무의미하게 넘기고 싶지 않았기 때문이에요. 아무도 기대하지 않았지만 그래도 한번 해봐야겠다 싶었어요. 처음엔 그저 벽에 부딪히는 기분이었지만, 제가 먼저 도전해봐야 다음에 또 다른 누군가가 한 번 더 시도해볼 수 있잖아요. 덕분에 기호에 연연하지 않고 최선을 다할 수 있었어요. 축제처럼 함께 춤추고 노래하며 즐겁게 선거운동을 했습니다. 선거운동으로 새로운 모습을 보여드리고 싶었는데, 이런 저의 모습을 지역에서 좋게 봐주신 것 같아요.

제가 가 번 후보보다 더 많은 득표수로 당선됐다는 사실에 놀라서 말을 잃었어요. 단지 저라는 사람을 선택해주신 건 아니었을 거예요. 어쩌면 주민들께서 '한 번은 새로운 선택을 해보자'라고 마음을 내주신 결과였던 것 같아요. 지역 정치에 대한 절박함과 변화에 대한 갈망으로 나온 것이죠.

그 신뢰가 재선까지 이어졌어요. 2022년 제8회 전국동시지방선거에서는 국민의힘 후보를 제치고 재선에 성공할 수 있었어요. 단순히 운이 좋았다고는 생각하지 않아요. '이 사람이라면 한 번 더 맡겨봐도 되겠다'라는 신뢰가 쌓였다는 의미로 받아들였어요. 그리고 그 신뢰를 바탕으로 2025년 인천광역시의회 재보궐선거라는 무대를 향해 문을 두드렸지만, 결과는 약 4,500표 차이로 낙선이었어요. 아쉽긴 했지만, 그 도전은 제게 "이 길을 다시 시작할 수 있겠어?"라고 되묻게 했어요. 오히려 그 실패가 저의 정치를 한 번 더 돌아보게 했던 것 같아요.

첫 번째 도전부터 차근히 같이 되돌아보면 좋을 것 같아요. 그 도전의 길은 어떠했나요?

당시 상황을 다시 떠올려보면 '어떻게 선거를 치렀을까?'보다는 '어떻게 그렇게 몰랐을까?'라는 의문이 더 먼저 들어요. 처음 치르는 선거라 유세차 빌리는 법도 몰랐고, 선관위에 뭘 제출해야 하는지도 몰랐고, 뭐가 되는지 안 되는지도 구분도 못한 채 그냥 눈앞에 놓인 걸 하나씩 해나갔던 것 같아요. 부딪히면서 배워갔던 길이었어요.

다 번 자체가 주는 보이지 않는 벽이 있었어요. 사람들도 그걸 당연하게 받아들이고요. 이력서에 한 줄 남기는 선거, 명분을 위한 출마라는 말이 괜히 나온 게 아니잖아요. 그런데 저는 그 자리를 그렇게 받아들이지 않았어요. 도전할 기회가 생긴 것에 감사하며 잘 몰라도 최선을 다하고자 했어요. 새벽 6시에 일어나 다음 날 새벽 2시까지 강화읍에서 음식점이란 음식점은 다 돌아다니면서 인사드렸어요. 한 분이라도 더 만나 뵙고 저의 진심을 전하고자 노력했어요.

돌아보면 이런 마음이 저의 정치를 만든 시작이었던 것 같아요. 그때 주민들과 마주했던 시간을 통해 어떤 정치를 어떤 자세로 임해야 하는지 알 수 있었어요. 순번과 상관없이 얼마나 진심으로 임하느냐, 주민들의 어려움을 듣고 얼마나 절실하게 그 문제를 해결하려 나서느냐, 그 차이가 중요하다는 걸 배웠어요.

그렇게 이 정치 구조 안에서 다 번으로 살아남게 되었어요. 이런 경험을 가진 사람은 정말 몇 안 되거든요. 그때 그 무모함이 없었더라면, 처음부터 될지 말지 계산기를 두드리고 출마했더라면 저는 아마 지금까지 정치를 하지 못했을 거예요. 아무것도 몰랐기 때문에 오히려 끝까지 가볼 수 있었죠. 무모함 덕분에 배운 게 너무 많았던 시절이에요.

그렇게 시작된 정치가 재선까지 이어졌어요. 주민들께서 다시 한번 선택해주신 이유가 분명히 있을 것 같아요. 재선에 성공한 이유는 무엇이라 생각하시나요? 재선이 확실시되었을 때 어떤 생각이 가장 먼저 드셨나요?

처음 재선 결과를 확인하고는 긴장이 탁 풀리며 안도의 한숨이 나왔어요. 4년 동안 열심히 달려온 시간이 헛되지 않았다는 걸 주민들께서 확인시켜주신 느낌이었어요. 임기 동안 제가 뭘 했는지, 어떻게 살아왔는지 보고 다시 판단해주셨다는 거잖아요. 이는 단지 기회를 한 번 더 얻었다는 뜻이 아니라, 그만큼 더 무거운 책임이 따라오는 일이었어요.

그냥 할 수 있는 걸 꾸준히 해왔던 모습을 보셨기 때문에 재선에 성공하지 않았을까 싶어요. 여름엔 땡볕, 겨울엔 찬바람 속에서도 노상주차장을 관리하는 어르신들을 위해 공영주차장 쉼터를 설치했던 일도 그중 하나예요. 눈에 띄는 성과는 아니었지만 그 공간을 매일 지나는 분들은 기억하시잖아요. 그리고 청년들의 지역 정착을 위해 제정한 청년 창업 지원 조례도 오래 기억에 남아요. 이 조례는 만들기까지 2년이 걸렸어요. 중간에 몇 번이나 포기할까 싶었지만, 그걸 끝까지 붙들었던 시간을 주민들께서 봐주신 것 같아요. 강화군이라는 지역 특성상, 소수 야당으로 성과를 내는 일이 쉽지는 않았습니다. 그럼에도 '그래도 저 사람은 하려고 한다', '말만 하지 않는다'라는 인상을 이런 과정을 통해 조금씩 쌓아왔던 게 아닐까요.

그래서 재선은 저에게 '당선'이라기보다는 '질문'으로 다가왔어요. '앞으로는 어떻게 더 열심히 해야 하지?', '이제 진짜 다른 모습을 보여줘야 하지 않을까?' 그런 질문들이 계속 떠올랐어요. 재선의 무게를 가볍게 여기지 않으려 했어요. 오히려 더 겸손하게, 더 진심으로, 더 깊게 주민들 곁에 있어야겠다는 다짐부터 했습니다.

2022년 군의원 선거에선 6,005표, 33.59퍼센트를 득표하셨고, 이번 2025년 4월 인천광역시의회 의원 보궐선거에선 1만 796표, 41.24퍼센트를 얻으셨어요. 재보궐이라는 특수한 선거에서 더 넓은 지역, 더 강한 상대, 더 힘한 구도였음에도 군의원 지지율보다 더 높은 가능성을 보여주셨는데요. 이 숫자들, 이 결과들, 그리고 이 도전을 통해 어떤 정치를 확인하게 되셨는지 궁금해요.

결과만 보면 낙선이지만, 그 안에 담긴 경험과 평가를 생각하면 쉽게 '졌다'라고 정리하긴 어려워요. 군의원 선거보다 훨씬 더 넓은 지역을 누비며 더 많은 주민의 마음을 만날 수 있었고 더 많은 열망과 함께 더 큰 한계에 부딪혔던 순간들이었어요. 처음엔 '의원직을 내려놓고 출마하는 게 맞느냐'라는 고민도 있었어요. 민주당 안에서도 쉽지 않은 판단이었고요. 그런데도 도전했던 건, 정치를 시작했을 때 마음과 같은 이유 때문이었어요. 더불어민주당이 한 번도 이기지 못한 선거에, 누구도 기대하지 않지만 누군가는 도전해야 하는 자리이기에 그냥 지나칠 수 없었어요. '민주당으로 이 지역은 안 된다'라는 말이 너무 당연하게 받아들여지는 구조에 균열을 내는 첫 사람이 제가 되었으면 했어요.

결과적으로는 그 불가능하다고 여겨졌던 자리에서 41.24퍼센트라는 숫자를 받아들였어요. 이걸 단순한 개인의 경쟁력이나 선거 전략의 결과라고 보지 않아요. 오히려 지난 7년간 주민들과 마주하고 살아온 시간들이 만들어낸 '작은 신뢰의 총합'이었다고 생각해요. 실제로 어떤 분은 그러시더라고요. "오현식 의원이라서 찍은 거예요. 당이 아니라." 그 말이 저한텐 너무 큰 울림이었어요.

정치는 결국 그 사람의 얼굴과 태도, 말투, 걸음으로 판단 받는 일이잖아요. 저는 그걸 너무 잘 알아요. 선거가 다가오면 사람들이 말해요. "이번엔 이겨야죠", "이번에도 힘드시겠어요." 그런 말들이 섞인 와중에도 누군가는 이렇게 이야기해주세요. "그래도 오현식 의원이 계속 도전하잖아요. 언제나 응원하고 있어요." 그 말을 믿고 가고 싶어요.

이번 선거를 통해 저는 정치가 가능성의 문제가 아니라 '지속성의 문제'라는 걸 다시 확인했어요. 표를 얻기 위해 잠깐 와서 손 흔드는 게 아니라, 그 안에서 얼마나 오래 머물렀는지, 얼마나 많이 부딪혔는지, 얼마나 자주 고개를 숙였는지가 결국 표로 돌아온다고 생각해요. 이번 선거에서 이를 또 한 번 배웠어요.

이 선거는 저에게 정치의 좌표를 다시 설정하는 시간이었어요. 앞으로 해야 할 정치가 뭔지, 어떤 방식으로 나아가야 하는지 생각해보게 되었어요. 1만 명이 넘는 주민께서 이 쉽지 않은 구도 속에서도 제 이름을 써주셨다는 건 단순한 지지 그 이상을 담고 있어요. '그래, 좀 다르게 해봐도 괜찮지 않을까?'라는 사인 같았습니다. 그 응답을 앞으로 어떻게 품고 살아가야 할지, 어떻게 정치로 갚아야 할지 계속 고민하고 있어요.

정치하며 남은 것들

흔히들 '정치하면 남는 게 없다'라고 하잖아요. 재산도 잃고, 명예도 잃기에 주변에선 도시락 싸 들고 말린다고 하죠. 그런 정치의 길, 도전의 시간을 지나온 지금, 의원님께는 무엇이 남았나요?

고백하자면 처음엔 저도 '남는 게 있을까?'라는 생각을 자주 했어요. 정치라는 게 결과가 분명하고 또 눈에 보이는 것들로만 평가받다 보니까, 가끔은 계속 내주고만 있다는 기분이 들 거든요. 어떤 날은 제가 점점 소모되고 있는 것 같았어요. 그런데 시간이 흐르고, 사람들을 더 깊이 만나고, 다시 선거를 치르면서 생각이 조금씩 달라졌어요. 지금은 분명하게 말할 수 있어요. 남은 게 있다고요.

뭐가 남았냐고 묻는다면, 저는 주저 없이 '사람'이라고 말할 거예요. 특히 저를 믿고 지지해주신 주민들이요. 처음 정치를 시작할 때만 해도 "이 지역에서 민주당은 안 돼요"라는 말을 정말 많이 들었어요. 실제로도 단 한 번도 민주당이 이긴 적 없는 지역에서 누군가가 저한테 기대를 걸고, 표를 주고, 또다시 선택해주셨다는 건 단순한 지지를 넘는 어떤 용기였다고 생각해요. "그래도 오현식 의원은 믿을 수 있어요"라고 말해준 분이 계셨고, 또 누군가는 "정치가 이런 거라면 한 번 더 기대해봐도 될 것 같아요"라고 이야기해주셨어요. 그분들의 눈빛과 목소리를 지금도 또렷하게 기억해요.

2025년 인천광역시의회 의원 보궐선거 운동을 하고 있는 오현식 의원. 강화군의회 군의원 보궐선거에 나선 동료 차성훈 후보와 함께 큰절을 올리고 있다.

정치가 혼자 걸어가야 하는 고립의 연속처럼 느껴질 때도 많았지만, 그런 말과 손길들이 저를 다시 이 길 위로 불러냈어요. 그냥 지나치지 않고 인사해주시는 분, 작은 민원 하나에도 진심으로 다가와주시는 분, 조용히 "고생 많으셨어요"라고 말을 건네는 그분들이 없었다면 저는 끝까지 걷지 못했을 거예요. 지금도 지역 행사 하나가, 골목에서 마주치는 순간 하나하나가 저한테는 '이 길을 계속 가야 하는 이유'예요.

또 하나, 함께 정치의 길을 걷는 동료들이 남았어요. 정치라고 하면 서로 경쟁하고 견제하는 이미지가 크지만, 저는 이 길 위에서 오히려 함께 버티고 살아가는 법을 배웠어요. 특히 청년 정치의 자리에서 실감했습니다. 정치 안에서, 지방의회라는 구조 안에서 청년으로 살아남는 건 정말 쉽지 않았어요. 기대보다 의심을 먼저 받고, 가능성보다 한계를 마주할 때가 더 많았죠. 구조적으로 너무 쉽게 고립되고 빨리 소진되는 환경에서 청년 정치인들은 늘 외로웠어요. 그런 환경 속에서도 말없이 응원해주고, 조용히 공감해주고, 기꺼이 연대해준 동료들은 존재 자체로 위로를 줍니다.

그 계기로 전국의 청년 정치인들과 함께할 수 있는 구조를 만들어보자고 결심하게 됐어요. 처음엔 몇몇 사람과 이야기를 나누는 수준이었지만, 점점 네트워크가 생기고 서로를 지지해주는 공동체로 발전해갔어요. 각자의 지역에서, 각자의 어려움을 버텨내고 있는 동료들이 생겼고, 우리는 서로에게 '정치를 계속할 이유'가 되어주었어요. 저는 그 안에서 정말 실감할 수 있었어요. '정치라는 건 결국 사람을 남기고, 사람을 지키는 일이구나'라는 것을 말이죠.

의원님께서는 그런 '사람'들이 단지 스쳐 지나가지 않고, 정치 안에 오래 머물 수 있도록 다양한 노력을 해오셨어요. 더불어민주당 청년지방의원협의회 회장직을 맡아 청년 정치의 세력화를 위한 활동도 이끌어오셨고요. 그런 활동들은 어떤 변화들로 나아갔나요? 어떤 장면들이 기억에 남아 있으신가요?

정치가 외롭고 힘든 길이라는 건, 정치에 조금이라도 발을 담가본 사람이라면 다 공감할 거예요. 특히 청년 정치인에게는 훨씬 그 무게가 크게 다가오죠. 이 길을 걸으면서 계속 다음과 같은 질문이 머릿속을 떠나지 않았어요. '이걸 혼자 버텨야 하나?', '왜 이렇게 정치를 그만두는 사람들이 많을까?' 그 질문 끝에 다다른 게 바로 '함께 버텨야 한다'라는 결론이었어요. '나'의 지속이 아니라, '우리'의 지속을 위한 방법이 필요했어요. 그게 청년지방의원협의회 활동을 시작하게 된 이유였어요.

재선 후 회장직을 맡은 처음엔 막막했어요. 전국 각지에서 활동하는 청년 의원들이 어떤 고민을 하는지도 모르고, 당장 뭘 할 수 있을지도 감이 잡히지 않았죠. 그런데 막상 직접 만나보니 고민이 비슷하더라고요. 혼자다, 외롭다, 버티기 어렵다. 어떤 분은 울면서 말씀하셨어요. "이 길이 내 길이 맞는지 모르겠어요"라고요. 그 말에 깊이 공감했어요. 말은 아꼈지만 저 역시 그만두고 싶은 순간이 수없이 많았거든요.

그래서 우리는 그 순간부터라도 서로를 응원해주기로 했어요. 특별한 걸 하지 않아도 좋으니, 적어도 함께하고 있다는 걸 확인하자고요. 청년 지방의원을 위한 워크숍을 열고, 정책 제안서를 함께 만들고, 중앙당에 가서 우리 입장을 직접 전하기도 했어요. 한번은 청년 의원들끼리 정책 제안서를 만들기 위해 밤을 새우기도 했죠. 작은 사무실에서 각자 노트북을 켜놓고 각 지역의 사례를 어떤 방식으로 고칠지 이야기를 나누던 그 시간이 저에겐 참 소중했어요. 단순한 자료 만들기가 아니라 각자의 현장에서 싸우고 있는 서로의 삶을 공유하는 자리였거든요.

이를 통해 함께 이 길을 걷고 있는 사람이 존재하는 것만으로도 서로에게 용기가 된다는 것을 확신하게 됐어요. 지금도 그 구조를 만들기 위해 동료들과 함께 고민하는 중입니다. 우리가 사라지지 않기 위해, 다음 사람이 떠나지 않도록 하기 위해서요.

지속가능한 정치가 되려면

버텨내야 하고 살아남아야만 하는 정치 구조 안에서 지금도 노력하고 있는 수많은 청년 정치인의 모습이 눈에 선하네요. 전국을 돌며 만난 청년 정치인들과 연대하면서 어떤 걸 가장 많이 느끼셨나요?

정치에 발을 디딘 이후로 줄곧 '살아남아야 한다'라는 절박함이 있었어요. 단지 제가 하고 싶은 걸 해보겠다는 의미가 아니라, 살아남지 않으면 아무것도 할 수 없다는 마음이 늘 먼저였어요. 처음엔 '도전'이라고 생각했는데, 시간이 지나고 보니 '존재'의 문제더라고요. 어떻게든 그 안에 남아 있어야만 제가 생각하는 정치를 시도할 기회라도 생기니까요.

전국의 청년 정치인들을 만나보니 저만의 생각이 아니더라고요. 청년 정치라고 하면 흔히들 신선한 얼굴과 새로운 언어를 기대하지만, 정작 그 새로움을 유지하도록 지탱해주는 구조는 전무해요. 오히려 새로운 만큼 더 빨리 지치고 더 쉽게 밀려나기도 해요.

출마를 결심하는 순간부터 막막해요. 조직도 없고, 예산도 없고, 경험도 없는데 "기회를 받았으면 알아서 해내야지요"라는 말을 들어요. 정치는 처음인데 모든 걸 혼자 감당해야 해요. 공천도 '기준'보다 '관계'가 앞설 때도 많고, 당의 계산에 따라 자신이 살아남을 수 있을지조차 불투명한 상황도 많아요. 그래서 청년 정치인은 늘 시험대에 서 있는 기분이에요. 도전보다 기다림이 요구되는, 자신의 정치적 판단보다는 외부의 정치적 계산에 좌지우지되는 환경이죠.

정치에 도전하는 입장에서 이 길은 정말 예측할 수 없는 불확실성의 연속 같아요. 기준이 있어도 상황에 따라 바뀌고, 오래 준비했어도 하루아침에 무력해질 수 있고요. 그래서 어떤 분들은 "애초에 도전을 안 하겠다"라고까지 하더라고요. 어디서부터 바뀌어야 한다고 보시나요?

정말 공감 가는 말씀이에요. 저 역시 그런 순간들을 겪었고, "공천이 안 되면 어떡하죠?", "제가 준비해도 누군가 내려오면 끝이잖아요"라는 말을 정말 많이 들었어요.

'정치라는 게 이렇게까지 예측 불가능해야 하나?', '이렇게 불안한 상태로 계속 버텨야만 하나?' 이 질문은 결국 이건 개인의 결단 문제가 아니라 구조의 문제라는 반증이고요.

청년지방협의회 회장으로 활동하면서, 청년 정치인이 정치에 도전하고 지속할 수 있도록 돕는 구조가 제대로 작동하지 않는 현실을 자주 마주했어요. 청년 정치인들은 정당이라는 시스템이 공정하게 작동하지 않는다고 느끼고 있었죠. 그래서 전국을 직접 돌며 그 목소리들을 모았어요. 단지 정책 제안을 넘어서 청년 정치인이 어떻게 살아남을 수 있는지, 정치에 도전하는 구조를 어떻게 만들지 나누기 위해서였어요.

그 과정을 통해 아무리 열심히 해도 뿌리내릴 토양이 없다면 꽃을 피우기 어렵다는 걸 알게 되었죠. 도전은 개인이 하지만, 그 도전을 가능하게 만드는 건 구조의 몫이더라고요. 특히 청년 정치인이 정당 안에서 오래 머물고 한 걸음씩 성장해갈 수 있으려면 공천 제도라든지 활동을 바라보는 평가 기준, 그리고 기회를 어떻게 만들고 나누는지에 대한 방식 자체가 바뀌어야 한다고 느꼈어요. 지금도 '이 길을 누구라도 다시 걸을 수 있으려면 과연 무엇이 달라져야 할까?'라는 질문을 놓지 않고 있습니다. 이 질문이 결국은 다음 세대를 품을 수 있는 정치로 가는 길이라고 믿으니까요.

도전만 요구받고 버티는 사람만 살아남는 정치 안에서 누가 오래 머물 수 있겠어요. 그래서 지금 정치에는 '존재할 수 있는 시스템'이 꼭 필요하다고 보는데요, 의원님께서는 어떤 조건이 가장 먼저 갖춰져야 한다고 보시나요?

우선적으로 '기준'이 필요하다고 생각합니다. 기준이 매번 달라지고, 비공식적으로 작동하다 보니 결국엔 줄을 잘 서야 한다는 인식만 남게 돼요. 도전하는 입장에서는 준비조차 하지 말라는 것과 같잖아요. 게다가 청년 정치인에게는 줄을 설 시간도, 줄 설 곳도 없어요. 그러니 자연스럽게 떠나게 되는 것이죠.

경쟁은 치열해도 누구나 감내할 수 있어요. 그러나 기준이 명확하지 않으면 결국 사람들은 지쳐 포기하게 돼요. '기회가 있긴 한 걸까?', '이 길의 끝은 있는 걸까?'라는 의심이 쌓이고, '자신의 노력'이 아니라 '남의 판단'에 따라 모든 게 결정된다는 불안감이 생기니까요.

청년 정치인이 자기다움을 잃지 않고 오래 머물 수 있으려면, 무엇보다 그런 구조가 먼저 만들어져야 합니다. 공천 과정, 의정 활동 평가, 재선 기회 부여 등 최소한

'어디까지 해내면 된다'라는 기준이 명확해야 준비하고 며 기다릴 수 있잖아요.

두 번째는 '함께 배우는 구조'입니다. 지금의 정치 구조는 어떻게 시작해야 할지, 무엇을 준비해야 할지, 누구에게 조언을 구해야 할지 아무것도 없는 상태입니다. 청년 정치인들은 "너무 이른 것 아닌가요", "준비가 부족한 것 같아요"라는 말만 들으며 혼자 버텨야 해요. 이러한 상황이 지금의 구조를 더 가혹하게 만든다고 생각해요. 그래서 정치 교육과 멘토링 시스템이 필요해요. 정책 역량을 키우기 위한 컨설팅, 의정 활동에 필요한 기초 실무 교육, 정치적 상황을 함께 진단하고 대안을 고민하는 집담회 등. 단순히 프로그램을 나열하는 게 아니라 '우리가 왜 여기에 모였는가', '어떻게 서로의 존재를 지지할 수 있을까'를 함께 배워갈 교육 체계가 있어야 해요.

마지막으로는 서로를 연결하는 지점입니다. 청년 정치인은 늘 혼자였어요. 지역에선 더욱 그래요. 나이 많은 선배들 사이에서 주눅 들고, 기획도 잘 받아들여지지 않아요. 의정 활동은 늘 '초보'로 규정되고요. 이게 사람을 사라지게 만드는 구조라고 생각해요. 청년지방의원협의회를 하며 전국 청년 의원들을 만났을 때 다들 "내가 뭘 잘못하고 있는 건가 싶어요"라고 이야기하더라고요. 구조보다도 관계가 먼저여야 해요. 같은 것을 경험한 사람들이 동등한 눈높이에서, 서로의 존재를 확인하며 이야기 나눌 네트워크가 절실했어요.

결국 '존재할 수 있는 시스템'은 단기적인 성과나 누가 더 주목받았는지 따지는 게 아니라, 오래 머물 수 있고 활동하게끔 만들어주는 정치 구조인 것 같아요. 저는 그게 다음 정치를 위한 가장 중요한 조건이라고 봅니다. 지금 우리가 그 구조를 만들지 않으면 다음 세대는 이 길에 들어올 수조차 없을 거예요.

'존재할 수 있는 시스템'은 단지 청년을 위한 구조를 넘어, 정치 전체의 지속성을 묻는 이야기군요. 이 시스템을 다음 세대에게 어떻게 전하고 싶으신가요? 정치를 지속 가능하도록 만들기 위해 지금 당장 무엇을 시작할 수 있다고 보시나요?

정치 안에서 오래 살아남는다는 건 단순히 자리를 지키는 걸 의미하지 않더라고요. 지금까지는 그저 '나 하나라도 버텨야 한다'라는 마음으로 정치를 해왔지만, 이제는 생각이 조금 달라졌어요. 그보다 저와 같은 길을 걸으려는 사람들이 함께 머무는 구조를 만드는 게 더 중요하다는 사실을 절감하고 있어요. 단 한 사람이라도 더 이 길에 남을 수 있도록 먼저 그 자리를 만들어야 한다는 책임감이 점점 커졌어요.

'존재할 수 있는 시스템'이 우리 정치에 있다는 걸 다음 세대에게 보여주고 싶어요. 이 길이 갈 만하고, 실패해도 다시 시작할 수 있다는 것만 보여줘도 누군가는 계속 걸어갈 수 있다고 믿게 되죠. 가능성 있는 사람을 데려다 놓고도 성과를 내지 못한다며 금방 밀어낸다면, 결국 아무도 오래 머물지 못해요.

정치를 시작했다는 이유만으로 혼자가 되고 사라지는 사람이 더는 없었으면 해요. 제가 누군가가 버텨준 덕분에 여기까지 올 수 있었듯, 저도 그 자리를 지켜주고 싶어요. 그게 결국 연대라고 생각해요. 사람 한 명이 끝까지 머물도록 돕는 일, 그걸 가능하게 하는 환경을 만드는 일이 '정치'라고 믿고 있고, 그래서 여전히 그 길을 걸어가고 싶어요. 누구든 다시 시작할 수 있는 정치를, 누군가는 끝까지 걸어갈 수 있는 정치를 만들고 싶어요. 지금 우리가 그 가능성을 지켜야 한다고 봐요.

다음을 위한 정치

'지속 가능한 정치'라는 말이 계속 맴도네요. 의원님의 정치 방

수신제가치국평천하를 좌우명으로 삼은 오현식 의원은 정치 활동을 지속하는 데 가족이 가장 큰 힘이 된다고 한다.

향뿐 아니라 걸어온 시간과 지켜내고 싶은 태도들이 담겨 있는 말 같아요. 지금 잠시 숨을 고르고 계신 이 시간, 앞으로 계속 걸어가고 싶은 정치는 어떤 모습인가요?

'지속 가능한 정치'라는 말은 참 오랫동안 제 마음에 남아 있었습니다. 저 역시 이 길을 처음 들어섰을 때는 오래 버틸 수 있을지 확신할 수 없었어요. 막막한 도전 속에서 정치가 무엇인지 스스로 끊임없이 물어야 했고, 한 걸음 한 걸음 내디딜 수밖에 없었어요. 그런 경험 속에서 제가 배운 가장 중요한 한 가지는 '정치는 결국 살아남는 사람이 아니라, 살아남을 수 있는 구조를 만드는 사람이어야 한다'라는 것이었어요.

강화군은 여전히 정치적으로 쉽지 않은, 더불어민주당에게는 험지 중의 험지예요. 이에 더해 인구는 줄고, 젊은 세대는 떠나는 현실을 목도하는 곳이죠. 그럼에도 이 지역이야말로 앞으로 정치가 제대로 작동해야 할 현장이라고 생각해요. 강화군이 지방소멸의 경계에 서 있다는 건 단지 관념상 문제가 아니라 우리의 삶이 점점 말라가고 있다는 신호예요. 저는 그런 강화에서 다시 정치의 역할을 회복시키고 싶어요. 단지 선거를 위한 정치가 아니라, 사람이 머물 수 있도록 조건을 설계하는 정치를 지향합니다. 다시 말해 젊은 세대가 돌아올 수 있는 강화, 남은 이들이 떠나지 않아도 되는 강화, 그 기반을 설계하고 싶습니다.

그러려면 이제는 더 치밀하게 준비해야겠죠. 무작정 감정적으로 밀어붙일 수는 없잖아요. 그동안 현장에서 부딪히며 배운 것들, 전국의 청년 정치인들과 나눴던 고민들, 정책을 설계하고 제도화하려 시도했던 경험들. 그 모든 것을 종합해서 이제는 하나의 설계도로 만들어보고 싶습니다. 지금은 멈춰 있는 게 아니라 다시 시작하기 위해 방향을 잡는 중이에요. 이 지역에 꼭 필요한 게 무엇인지, 어떻게 하면 조금 더 오래, 더 단단하게 이어갈 수 있을지 다시 질문하고, 구조를 설계해보고 있어요.

정치의 대상을 청년으로 한정 짓기보다는 청년을 정치의 시작점이자 동반자로 바라보고 싶어요. 저는 지금도 청년 정치인들과 함께 전국 곳곳에서 살아남기 위한 싸움을 이어가고 있어요. 그들이 지역에서 외롭지 않도록, 연대하고 배우고 서로 지지하는 구조를 만들기 위해 청년지방의원협의회 활동을 해왔고, 정책 제안, 네트워크, 교육과 멘토링 시스템 등 조금씩 기반을 쌓아왔어요. 이제 그 경험을 다시 구체화하고 싶어요. 청년이 꿈꿀 수 있게, 정치가 삶의 언어로 작동할 수 있게 도전을 이어가고 그 성과를 확인해보고 싶어요.

앞으로 어떤 자리에서 정치를 하든, 단 하나를 중심에 두고자 해요. 단지 '당선'을 목표로 하는 게 아니라 '오래갈 수 있는' 정치 환경을 만들고 싶어요. 누구 하나 고립되지 않고, 누군가는 한 발짝 더 다가설 수 있는 구조를 만들어가는 일을 '강화에서의 정치 도전'으로, '청년에서의 정치 도전'으로 다시 풀어내고 싶어요. 주민들과 정책을 구상하고, 청년들과 함께 실행하고, 정치가 더는 멀게 느껴지지 않게 만들고 싶어요.

정치를 다음 세대에게 물려줄 만한 '삶의 기반'으로 만들기 위해서 계속 도전해나가고 싶습니다. 이것이 제가 그리고 있는 다음 정치, 지속 가능한 정치를 향한 저의 길이라 확신하고 있어요. 반드시 변화가 있으리라 믿어요.

오현식 의원에 대하여

1. 학력 및 이력

성결대학교 사범대학 체육교육학과 학사
제8대, 제9대 강화군의회 의원
전 더불어민주당 전국청년지방의원 협의회장

2. 의정 활동 직무 정보

• 소속 선거구 | 인구수
강화군 가 선거구 | 2만 6,500명

• 전체 예산(2024년, 추경 포함) | 의원 수
7,367억 3,034만 1,000원 | 7명

• 월정수당 | 의정 활동비 | 세전 급여
190만 원 | 110만 원 | 300만 원

• 대표 발의 조례
인천광역시 강화군 청년 창업 지원 조례

• 의정 활동 중 발의 조례 수
대표 발의 2건

3. 기타

• **SNS 계정**
facebook.com/ohsletter3

• **수상 및 출간 내역**
《나는 지방의원이다: 가장 가까운 정치의 가장 몰랐던 이야기》(공저), 섀도우캐비닛, 2022

이혜인

1989년생. 제8대 울산광역시 남구의회 비례대표 의원으로 행정자치위원회 위원을 맡고 있다. 주민들로부터 "의원님 덕분에 개선되어 감사하다"라는 말을 들을 때마다 마음 한편이 따뜻해지며 뿌듯함을 느낀다. "높은 곳에서 빛을 발하라LUCE IN ALTIS"는 말처럼 나 또한 누군가에게 도움을 주는 빛이 되기를, 하루하루 조금씩 더 나아가는 사람이 되기를 바란다. 정치란 빛을 나누는 자리이자 함께 나아가는 길이라 믿는다.

"정책이 사람들에게 닿을 수 있도록
끝까지 책임지는 사람이 되자고
결심하게 되었어요."

공공정책을 연구하고 설계해온 이혜인 의원은 타당하고 세밀하게 만들어진 정책들이 현장의 이해관계와 정치적 셈법 앞에서 좌초되는 광경을 반복해서 마주했습니다. 밤새워 만든 정책들이 사람들에게 닿지 못한 채 책상 위 보고서로 남는 현실을 직접 겪었습니다. 그 무력함 앞에서 그는 정치를 결심하게 되었습니다.

선거철마다 수많은 정책 공약들을 마주합니다. 청년 주거, 저출산, 지방소멸 등 어느 것 하나 시급하지 않은 문제가 없습니다. 하지만 선거가 끝나면 그 공약들은 지켜지지 않은 채 허공을 떠돌다 사라집니다. '이번에는 다를까?'라는 기대는 곧 '역시나'라는 체념으로 돌아오고, 정치는 그렇게 신뢰를 잃어갑니다. 정책이 실현되는 게 이토록 어려운 일일까요.

이혜인 의원은 '좋은 정책을 만든다는 것'과 '정책을 실제로 실행해내는 것'은 완전히 다른 문제라고 합니다. 선거철마다 쏟아지는 수많은 공약이 결국 실행되지 못하는 이유가 바로 여기에 있다고 말합니다. 전자는 문제를 진단하고 해법을 설계하는 일이라면, 후자는 사람을 설득하고, 충돌을 조율하고, 행정과 협업하며 시민의 참여를 이끌어내는 일이라고 합니다. 그 과정에 '정책과 현실을 끝까지 연결하는 정치'가 필요하다고 합니다.

 이 인터뷰에는 이혜인 의원이 자신의 정책을 현실화하기까지의 과정이 담겨 있습니다. 어떤 과정을 거쳐 어떤 결과를 만들어냈는지, 그렇게 이끌어낸 정치는 어떠했는지. 이 인터뷰를 통해 확인해보길 바랍니다.

쏟아지는 정책, 지켜지지 않는 정책

'정책이 이렇게 많은데 왜 실행되지 않는 거지?' 정치를 바라볼 때마다 이런 생각이 들어요. 정책을 입안하고 실행하는 정치인으로서는 이 문제를 어떻게 바라보고 계신가요?

 아마도 정책을 고민하는 사람이라면 누구나 이런 질문을 던지는 것 같아요. 선거철이 되면 출산율이 위기라며, 청년 주거 문제가 심각하다며, 지방소멸이 문제라며 수많은 정책이 발표돼요. 그런데 선거가 끝나면 역시나 실행되지 않고 같은 문제가 반복되죠. 주민들은 매번 기대하다가 결국 실망하고요. 그러다 보니 이제는 정치에 아무것도 기대하지 않고 불신만 쌓이는 거죠. 정치인이 되고 나서야 깨달을 수 있었어요. 좋은 정책을 만든다는 것과 그 정책을 실제로 실행해내는 건 완전히 다른 문제라는 것을 말이죠.

좋은 정책을 만드는 것과 실행하는 것이 완전히 다른 문제라는 말씀, 정말 공감되네요. 그렇다면 정책을 만들고 실행하고자 하는 마음은 어떻게 생겨난 건가요? 그 인식이 삶 속에서 처음 생긴 순간은 언제였고 그 생각이 실행되기까지 과정이 궁금해요.

정책에 대한 마음은 사회생활을 하면서부터 품고 있었어요. 저는 마케팅 업무로 사회생활을 시작했어요. 그런데 시간이 갈수록 인사, 안전관리, 전반적인 행정업무까지 모두 제 몫이 되는 거예요. 역할이 커진 만큼 보상이나 권한이 따라와야 하는데 전혀 그러지 않았어요. 주 6일 풀타임 근무에 명절에도 하루만 겨우 쉴 수 있었고 점심시간조차 허락되지 않는 날들이 많았죠. 새벽부터 일하거나 밤늦게까지 야근하는 경우도 잦았지만 누구도 그 이유를 설명해주지 않았어요. 무엇보다 힘들었던 건, 아무리 성실하게 일해도 저는 늘 '언제든 대체될 수 있는 사람'으로 여겨졌다는 사실이에요. 제가 맡은 일은 분명 무거운 책임을 요구하는데, 그에 상응하는 보호나 권리는 전혀 주어지지 않는 구조였어요. 이런 상황에서 어느 순간부터 '나는 이 안에서 과연 어떤 보호를 받을 수 있는 걸까?'라는 생각이 머릿속에 자리 잡기 시작했어요.

답을 찾고 싶어 스스로 '근로기준법'을 찾아보기 시작했어요. 조항 하나하나를 살펴보면서 정말 큰 충격을 받았죠. 제가 겪은 상황 중 상당수가 법으로 보호받을 수 있는 사안이었더라고요. 제가 근무하던 직장엔 이걸 아는 사람도 알려주는 사람도 없었어요. 그때 처음으로 깨달았어요. '정책과 제도는 결국 아는 사람만 활용할 수 있구나. 어떤 사람들은 평생 모른 채 지나갈 수도 있겠구나.' 마치 운동장이 기울어진 줄도 모르고 뛰고 있었던 기분이었어요.

그 경험이 저를 정책이라는 구조적 문제로 이끌었어요. 이런 불균형을 바로잡을 수 있는 건 결국 정책과 제도라는 생각이 들었죠. 제 권리를 알고 싶었고, 저와 비슷한 처지에 놓인 이들의 권리도 찾아주고 싶었어요. 그렇게 정책 설계자로서의 길을 걷기 시작했어요.

공부하면 할수록 정책의 매력에 빠져들었어요. 데이터를 읽고 분석하고 문제를 진단해 실질적인 해결책을 설계하는 일 자체가 저에게 큰 의미였어요. 어떤 정책이 구체화되어 누군가의 삶을 조금이라도 나아지게 만들 수 있다는 상상만으로도 굉장한 보람을 느꼈거든요.

동시에 또 다른 고민이 깊어졌어요. 그렇게 만들어낸 수많은 정책이 막상 현실에서는 실행되지 않는 걸 반복해서 목격하며 점점 더 큰 무력감을 느꼈어요. '내가 밤새 고민하고 만든 설계들이 결국 서랍 속에만 남게 되는 건 아닐까', '애초에 현실의 벽은 너무 높은 게 아닐까' 하는 생각도 들었어요. 아무리 좋은 정책이라도 실행되지 않으면 아무 의미가 없다는 걸 그때 절실히 깨달았어요. 무력감 속에서 저 자신에게 질문했어요. '그럼 나는 지금 무엇을 할 수 있지? 계속 이렇게 바깥에서 분석만 하는 게 맞을까?' 결국 그 질문 끝에 도달한 답이 정치였어요. 설계만으로는 안 되겠다는 생각, 실행까지 책임질 수 있어야 한다는 절박함이 생겼어요.

정책 설계와 정책 실행 사이에서 느낀 현실의 벽이 어떠했는지 궁금해요. 그중에서도 '이건 정말 다르구나'를 느낀 순간이 있었나요?

2018년 9월 부산대학교 일반대학원 공공정책학 석사과정에 입학하면서 본격적으로 정책을 공부하기 시작했어요. 석사과정 때는 정책이 어떻게 형성되는지, 즉 정책이 어떤 경로로 만들어지는지에 대해 주로 공부했어요. 다양한 이해관계자들이 어떻게 정책 결정에 영향을 주는지, 왜 어떤 정책은 채택되고 어떤 정책은 무산되는지, 그 과정을 들여다봤죠. 박사 과정에서는 그 '이후'로 시선을 옮겼어요. 정책이 실제로 실행된 이후 어떠한 결과가 나타나는지 분석했어요.

먼저 좋은 정책을 만든다는 것은 문제를 정확히 진단하고 데이터를 기반으로 한 해결책을 제시하는 일이에요. 가장 효과적인 시나리오를 구상하고 현실적인 실행 가능성을 설계하죠. 그에 반해 좋은 정책을 실행한다는 것은 전혀 다른 차원의 일이에요. 실행은 설득과 조율, 갈등 조정, 예산 확보, 행정과의 협업, 그리고 시민들의 공감대 형성까지 포함된 복합적인 과정이에요. 이건 책상 위에서만 가능한 일이 아니더라고요.

정책 설계와 실행이 다르다는 사실을 가장 크게 느꼈던 것은 2021년 울산연구원에서 지방소멸에 대응하기 위한 영남권 발전방안 '영남권 그랜드 메가시티 구상' 공동 연구에 참여했을 때였어요. 당시는 부산, 울산, 경남을 하나의 경제권으로 통합하여 지역소멸에 대응하고 수도권 집중 현상을 완화하려는 장기적 전략을 세우고 있을 때였어요. 저는 그 연구에서 지방자치단체의 기능, 인구 구조, 산업 분포, 생활권 데이터를 다각도로 분석하는 일을 맡았고, 광역 교통망과 산업 협력 구상을 포함한 정책 로드맵 설계 기초 자료를 구성하고 관련 자료의 비교 분석 연구를 했어요.

그때까지만 해도 '타당하고 명확한 정책이라면 곧 실행되겠지'라는 믿음이 있었죠. 하지만 광역단체 간의 이해관계, 예산 배정 문제, 정치적 셈법, 그리고 시민들의 체감도 부족 등으로 인해 이 정책은 실행되지 못했고 결국 보고서로 남게 되었어요.

그때 '정책은 책으로만 존재하면 안 되겠구나'라는 절박함이 생겼어요. 그런 마음이 '정치 바깥에 계속 머무른 채 분석만 하지 말고, 직접 안으로 들어가 한번 부딪혀보자. 그러면 뭐라도 알 수 있을 것 같아'라는 용기가 되었어요. '이제는 정책을 설계하는 데서 멈추지 말자. 정책이 사람들에게 닿을 수 있도록 끝까지 책임지는 사람이 되자.' 그게 제가 정치를 결심하게 된 계기였고 지금 제 정치 철학이에요.

정책 연구자에서 정책 입안자로

결심은 순간일 수 있지만 출마는 실행이잖아요. 그사이에 어떤 고민과 갈등이 있었나요?

'정치인이 되겠다'라고 결심하는 것과 '출마하겠다'라고 마음먹는 건 완전히 다른 문제였어요. '과연 내가 현실 정치에 들어가도 되는 걸까?' 싶어 고민이 많았어요. 주변에서는 "한번 해보면 좋겠다. 너처럼 정책을 아는 사람이 꼭 필요하다"라고 응원해주셨지만, 스스로는 확신이 없었어요.

그럴 때 제일 가까운 사람인 남편이 큰 영향을 줬어요. 제 고민을 옆에서 계속 지켜보고 제가 언제 몰입하는지 언제 의미를 느끼는지 가장 잘 아는 사람이잖아요. 그런 남편이 제게 "나는 당신이 정책 하나를 만들기 위해 얼마나 깊이 고민하고 애쓰는지 옆에서 늘 지켜봤어요. 이제 그 능력과 에너지를 세상 밖으로 꺼내야 할 때라고 생각해요"라고 말해줬어요. 그 말에 용기를 낼 수 있었던 것 같아요. '나를 정말 잘 아는 사람이 이렇게 확신한다면, 이건 그냥 응원이 아니라 진심이겠구나. 지금이 아니면 언제 또 내가 할 수 있을까' 싶었죠. 그렇게 정치 도전을 결심하게 되었어요.

가장 먼저 지역을 돌아봤어요. 연구자로서 고민해왔던 문제들, 지방소멸, 지역 의료, 돌봄 공백 같은 이슈들이 바로 우리 지역의 문제들이었어요. 그래서 곁에 있는 문제들을 해결하는 데서 시작하기로 마음을 먹고 지방의원으로 출마하게 되었습니다.

이혜인 의원이 주민들의 고충을 직접 듣고 있다.

연구자로 활동하던 시절과 비교하여 어떤지 궁금해요. 정말 해결하고 싶던 문제들을 바로 앞에서 마주하셨을 텐데 어떤 차이점이 있었나요?

책임감의 무게가 가장 큰 차이인 것 같아요. 연구자로 있을 때는 좋은 정책을 설계하고 정리하여 보고서로 제안하는 것으로 제 역할이 끝났어요. 지금은 정책을 실제로 '실현해내야 하는 위치'에 있어요. 그러다 보니 하나의 아이디어가 정책화되고 현실화하려면 얼마나 많은 단계를 거쳐야 하는지 절실히 체감하게 되었어요.

두 번째는 정책은 논리가 아니라 삶을 통해 만드는 것이라는 사실을 알게 되었어요. 데이터가 아무리 정확해도, 정책의 논리가 아무리 완벽하고 근거가 충분해도, 주민들과 어떤 관계가 있는지 설명할 수 없다면 의미가 없어요. 그래서 방향을 바꾸게 되었어요. '왜 필요한가'를 설명하는 대신 '이 정책이 우리 삶을 어떻게 바꿀 수 있는가'를 말해야겠다고 말이죠.

정책이 현실화되는 과정

정책 하나가 현실화되기까지, 해당 정책이 주민들의 삶을 바꾸게 되기까지 수많은 단계를 거친다고 하셨는데요. '정책 실행이 이토록 먼 길이구나'라고 가장 절실히 느낀 경험을 나누어주실 수 있을까요?

제가 의원이 된 이후 발의했던 '임산부·영유아 가족배려주차구역 설치·운영' 정책 과정이 가장 먼저 떠오릅니다. 행정사무감사를 준비하던 시기에 동료 의원과 함께 지역주민들의 의견을 직접 듣는 자리를 열었는데요, 그 자리에서 양육자들께서 겪고 있는 주차의 어려움이 계속 언급되었어요. "아이를 안고 차에서 내리는 게 가장 힘들어요", "주차장이 너무 좁아서 유모차를 꺼낼 공간이 없어요." 이 말을 듣고 지나칠 수 없었어요. 저도 주차하며 불편하다고 느꼈던 부분인데 주민의 시선에서 바라보게 되니 너무 크게 다가왔어요.

분명히 '임산부 전용 주차구역'은 제도적으로 이미 있었거든요. 그런데 막상 현장에서는 유모차를 펼치거나, 카시트에서 아이를 안고 내릴 공간이 턱없이 부족합니다. 임산부에게도 필요하지만, 사실상 영유아를 동반한 부모들에게 더 넓은 공간이 절실하다는 걸 현장에서 느끼게 되었어요. 기존 제도는 임산부 중심으로만 설계되어 있고 육아로 겪는 일상적 불편은 전혀 고려되지 않았던 거예요. 그게 굉장히 중요한 문제의식으로 다가왔어요.

'많은 분이 공통으로 느끼는 문제가 왜 해결되지 않을까? 이게 바로 주민들의 삶에서 출발하는 정책이 되지 않을까?' 생각 끝에 이 정책을 추진하게 되었어요.

처음에는 비교적 단순하게 접근했어요. '공공시설 주차장의 공간을 조금 더 넓히고 명확히 표시하면 되겠지.' 그런데 고민이 깊어질수록 본질적인 질문이 따라왔어요. '왜 이렇게 아이 키우는 게 버겁게 느껴질까? 구청에 한 번 방문하는 이 사소한 과정조차 왜 이리 힘들어야 할까? 왜 아이를 낳는 순간부터 우리 사회는 이렇게 불친절해지는 걸까?' 단순히 주차면 몇 칸을 늘리는 문제가 아니더라고요. 우리 사회가 육아와 돌봄의 삶을 어떻게 대하고 있느냐 하는 태도의 문제였어요.

울산을 비롯한 많은 지역이 지금 지방소멸 위기에 놓여 있습니다. 출산율은 어느 지역 할 것 없이 전 세계 최저를 기록하고 있고요. 저는 이런 문제가 단순히 경제적인 조건 때문에 생긴다고 생각하지 않아요. 가장 큰 문제는 '아이 키우는 삶에 무관심한 사회'라고 생각해요. 아이 둘을 차에 태우고 시간을 쪼개어 구청에 왔는데 주차 공간 때문에 하염없이 기다리게 된다면, 그나마 겨우 주차한 자리는 아이를 안고 내리기도 힘들 정도로 좁다면 이건 단지 주차의 문제가 아니에요. '환영받지 못하는 존재'라는 무언의 메시지를 우리 사회로부터 받는 거라고 생각해요. 이런 사소한 것부터 힘든데 누가 아이를 낳고 싶어 하겠어요. 저는 이런 사회적 메시지를 바꾸고 싶었어요. 양육자들을 환영한다는, 언제든 우리 공공의 영역은 열려 있다는 메시지를 주고 싶었죠.

지방소멸이나 저출산 위기가 이런 '삶을 대하는 태도'에서 비롯된 문제가 아닐까요. 그런데 단순히 시설을 채워가는 것보다 이런 사회적 분위기를 바꾸는 게 더 어려운 일이잖아요. 이 문제에 어떻게 대처하셨나요?

교통 정책이 아니라 문화 정책이라고 생각하며 준비했어요. 양육이 존중받는 문화를 만들어나가는 게 문제 해결의 핵심이라고 봤습니다. 조례 초안을 만들기 전에 현장 실태조사부터 시작했어요. 관공서, 보건소, 공영주차장 등을 돌면서 현재 임산부나 영유아 보호자 전용 주차 공간이 얼마나 되는지, 어디에 배치되어 있는지, 실제로는 얼마나 사용 가능한지 조사했어요. 그 결과 대부분 주차장이 없거나, 너무 멀거나, 지나치게 좁더라고요. 당사자를 배려하는 마음 없이 그저 '만들어야 했기에 만든' 느낌이었어요. 그래서 조성 위치도 건물 입구 가까운 곳으로 정하고 공간도 더욱 넓히고자 했어요. 표지판도 눈에 띄도록 배치하고 아이를 안고도 더 편하게 이동할 수 있도록 설계했어요.

저출산, 지방소멸이라 하면 거대한 구조적인 문제라고 생각할 수 있어요. 그래서 어디서부터 해결해나가야 할지 시작점을 찾기가 쉽지 않아 보이죠. 저는 오히려 다르게 바라보고 싶어요. 아이를 키울 때, 사소해 보이지만 당사자에게는 너무나 크게 느껴지는 불편한 부분을 고쳐주는 것에서 시작하면 된다고 생각해요.

'임산부·영유아 전용 주차구역 확대' 조례가 통과되고, 이제 실행만 남았다고 보셨을 텐데요. 실제로는 그 이후의 과정이 더 복잡했다고 알고 있어요. 어떤 어려움이 있었나요?

조례 통과는 출발선에 불과하더라고요. 정책이 현실화되기까지는 말 그대로 수많은 '설득의 시간'을 거쳐야 했어요. 가장 먼저 부딪혔던 건 행정의 칸막이 구조였어요. 보통 주차장은 교통과 관련되어 있으니 교통행정과가 담당할 것 같잖아요. 아니었어요. 국가유공자, 장애인, 어르신, 임산부, 친환경 전기차 등의 주차구역, 전체 주차장 관리까지 소관부서가 모두 달랐어요. 어디에 설치되어 있는지에 따라 소관부서가 또 달랐고요.

게다가 이 부서들 대부분이 "저희는 여기까지만 담당하

니 그 부분은 우리 일이 아니에요"라는 식으로 선을 그었어요. 막상 임산부 주차구역에 대한 문제를 논의할 때 보건소에서는 "저희는 조성만 하지 시설 관련 문제는 도시관리공단에서 담당하고 있으니 그쪽에 물어보셔야 할 것 같아요"라며 다른 부서로 소관을 넘기는 거예요. 서로 자기 일이 아니라며 빠지는 구조다 보니 시작조차 할 수 없었어요.

공식 회의를 열어보자고도 제안했는데 아무도 자발적으로 모이려 하지 않더라고요. 그래서 하루는 주관부서인 보건소에 가서 이야기하고, 하루는 교통행정과에 찾아가고, 다음날엔 도시관리공단 관계자를 만나 주차구역에 대한 방식을 논의했어요. 각 부서 실무자들을 개별적으로 만나 조율했죠. 지금도 부서 간 조율은 진행 중이에요.

직접 만나 설득하셨을 때 현장의 반응은 어땠나요? 어떤 말, 어떤 태도가 가장 인상 깊으셨어요?

가장 많이 들었던 말이 "이거 하면 민원 생겨요"였어요. 저는 기존에 있던 정책을 확대하는 거라 별다른 민원이 없으리라 예상했는데 아니었어요. "왜 아이 낳는 사람만 혜택받느냐", "왜 임산부 자리를 축소하냐"라는 민원이

빗발칠 거라는 우려가 컸어요. 또 현재 시스템으로는 어느 차량이 정책대상자인지 알 수 없기 때문에 주차 관리 시스템 전체를 통폐합해야 한다는 말까지 들었어요. 임산부와 영유아를 위한 주차구역 한두 칸 확보하기가 이토록 어려울 줄 전혀 예상하지 못했어요.

조정과 설득 과정에서 어떤 부분을 가장 중요하게 생각하셨나요?
이 정책을 이행하고자 하는 저의 마음을 전달하는 것이었어요. "이건 단순히 주차구역 하나를 더 만드는 게 아니라 우리 지역이 어떤 가치를 추구하는지 보여주는 중요한 문제라고 생각해요. 아이가 있으면 구청에 한 번 가려고 해도 출발하기도 전에 부담스러워지잖아요. 불편한 마음으로 관공소에 갔는데 자신을 위한 자리가 비어 있다면 어떤 마음이 들까요. 한번 같이 생각해보면 좋겠어요"라며 진솔하게 말씀드렸어요.
벤치마킹차 실무자들과 부산광역시 동래구에서 시행하고 있는 가족 배려 주차구역 현장도 동행했어요. 그러고 나서 어느 부서에서 단독으로 책임지는 구조가 아닌 서로 협업하는 구조를 제안했습니다. 이번 논의를 통해 오히려 중복 업무와 비효율적인 부분을 제거해 서로 짊어져야 할 부담을 줄일 수 있게 조정해갔죠. 그렇게 하나

하나 설득하다 보니 안 된다는 말은 점차 사라지고 '한 번 해봅시다'라는 분위기가 자리 잡기 시작했어요. 이후 본격적으로 정책을 실행할 수 있게 되었어요.

변화가 이렇게나 어렵다는 걸 다시금 확인하게 되네요. 이 과정을 거치면서 많은 것을 느끼셨을 것 같아요.

그래도 결과를 보니 '하길 정말 잘했구나'라고 느꼈어요. 지역의 반응도 너무 좋아서 그동안의 고생을 싹 잊어버릴 정도였어요. 특히 지역 부모들께서 "우리를 위해 신경 써준 그 마음이 정말 고맙다"라고 이야기해주셨을 때는 정말 뿌듯했죠. 이제는 그 대상과 범위를 확장하고자 해요. 지역에 있는 구청 및 소속기관 청사, 공공시설 중 50면 이상의 주차장이면 어디든 주차 면수의 2퍼센트를 가족 배려 주차구역으로 조성했고, 나아가 공영주차장뿐 아니라 노외주차장에도 설치하도록 준비하고 있어요.

이 과정을 통해 무엇보다 '연결'이 중요하다고 느꼈습니다. 정치의 역할이 단순히 '의견을 내는 일'이 아니라 부서 간, 이해관계자 간, 시스템 간의 틈을 메우고 서로를 연결하는 일이란 걸 절실히 깨달았죠. 이 정책도 실행되지 못할 이유는 수도 없이 많았어요. 하지만 그걸 하나

하나 이어 조율할 수 있어야 진짜 '실행되는 정책, 살아 있는 정책'이 된다는 것을 알게 되었어요.

또한 정책이 실행되는 과정, 즉 구상, 설계, 통과, 실행이라는 긴 과정을 잘 연결해야 한다고도 느꼈어요. 주민의 삶에서 아이디어를 얻어야 하고요, 그에 맞는 적확한 정책을 설계해야 해요. 그래야 그 정책에 대한 동의를 얻어 통과될 수 있어요. 그리고 통과되었다고 해서 바로 실행되지 않잖아요. 수많은 현실의 문제를 이겨내야 비로소 실행 가능하다는 걸 알게 되었어요. 이 실행의 연결 고리는 어느 하나 중요하지 않은 게 없어요. 그 과정 중 하나라도 실패하면 그냥 아이디어로 남게 되죠. 저는 정치가 바로 이 연결 고리가 되어야 한다고 생각해요. 그걸 위해 주민들의 삶을 살피고 연구하고 소통하는 게 아니겠어요? 이러한 정치의 본질을 이 과정을 통해 배우게 된 거 같아요.

영 케어러 조례, 다시 도전하는 이유

정말이지 정치는 '연결의 기술'과 '실행을 위한 집요함'이 필요한 영역 같아요. 그렇게 치열하게 쌓은 경험을 토대로 어떤 정

책을 또 준비하고 계신가요?

지금은 '영 케어러young carer 조례'를 다시 준비하고 있어요. '영 케어러'라는 단어가 낯설게 느껴지는 분들이 많으실 거 같아요. 우리말로는 '가족돌봄청년'이라고 부르는데요, 신체적·정신적 질병이나 장애가 있는 가족 구성원을 돌보며 '실질적 가장' 역할을 하고 있는 청년 세대를 일컫는 단어입니다. 돌봄과 생업을 위해 학업과 진로를 포기하고 일을 해야만 하는 친구들이죠. 사회적으로 아직 잘 드러나지 않은 존재지만 실제로는 주변에 너무 많아요. 그리고 상상하는 것보다 훨씬 더 고단하게 살고 있어요.

처음엔 '어려운 상황에 있는 청년' 정도로 생각했어요. 그런데 지역을 돌며 직접 만나 이야기를 모으다 보니 생각이 완전히 바뀌게 되었어요. 어떤 청년은 고등학교를 졸업하자마자 부모의 병시중을 들어야만 했어요. "취업도 진학도 미룬 채 하루하루 생계를 걱정하며 살아가야만 해요"라고 말해줬죠. "저는 누구한테도 꿈을 말해본 적이 없어요. 돌봄 때문에 꿈을 가질 기회조차 없었어요"라던 청년도 있었어요. 이들의 아픔에 응답하고 싶었어요. 이 문제는 개인이 아닌 우리 사회가 책임져야 할 사회적 과제라고 생각했습니다.

이를 해결하고자 '영 케어러 지원 조례'를 의정 활동 초기에 준비했어요. 저의 1호 조례로 발의하고자 했죠. 하지만 지금까지도 실행하지 못했어요. 그러다 보니 저에게는 참 아픈 손가락입니다. 그럼에도 포기하지 않고 다시 한번 시도해볼 예정입니다.

'영 케어러 지원 조례'가 실행되지 못한 이유는 무엇이었나요? 앞서 말씀해주신 연결 과정 가운데 어느 단계에서 어려움을 겪으셨나요?

'통과'라는 고리에서 연결이 끊겼어요. 준비는 정말 열심히 했거든요. 공적인 자리에서 논의하고자 간담회도 진행하였고, 간담회에서 나온 이야기들이 지역에 강한 울림을 줄 정도로 이 문제에 대한 공감대도 형성되었고요. 서울시 서대문구에서 진행했던 시범사업도 철저히 분석하여 지역에 맞는 맞춤형 지원 조례와 이후 진행할 정책까지 꼼꼼하게 설계하여 발의했지만 결국 통과되지 못했어요.

여러 원인이 있겠지만 저의 부족함이 가장 컸겠죠. 정책의 필요성과 시급성만 잘 설명하면 가능하리라 생각했어요. 각종 의견을 종합한 제안서와 통계자료, 시범사업 분석 보고서까지 모두 제시하며 설득에 나섰죠.

이혜인 의원이 울산 남구 청년 정책 간담회에서 영케어러 지원 조례 제정과 관련해 발언하고 있다.

지금 생각해보면 그저 제 의견을 제시만 했던 것 같아요. 동료 의원들과의 간극, 구청과의 간극을 메우지 못했어요. "이 정책은 중앙정부에서나 진행할 사업이다", "대상이 한정적이라 예산 낭비로 보인다"라는 의견이 대다수였는데 이런 의견을 설득해 공감을 얻어내지 못했어요. 게다가 저는 야당 소속 의원이잖아요. "구청과 협의가 되어 있지 않은 사항은 진행할 수 없다"라는 이유로 논의 자체가 중단되었어요. 그 당시엔 정말 실망스러웠지만 지나고 보니 그 과정을 통해 좋은 조례를 설계하는 것만으로는 부족하다는 것을, 통과되고 실행되려면 정치적인 설득과 조율까지 책임져야 한다는 것을 배울 수 있었습니다.

지금은 어떤 방식으로 실행하고 계시나요?

이전에는 먼저 구상하고 조례 초안도 직접 만들어 제시했다면, 지금은 반대로 '현장의 이야기에서 출발하여 행정과 함께 설계하는 방식'으로 진행하고 있어요. 당사자들과 더 깊은 이야기를 나눔으로써 단순한 지원 조례가 아닌 생활, 돌봄, 교육과 진로, 정신건강까지 아우르는 통합적인 조례안으로 새롭게 설계하고 있습니다. 처음부터 그 과정을 구청과 함께하고 있고요. 조례안을 검토하는 단계에서부터 실무 부서와 협의하고, 무엇보다 단독 발의가 아닌 초당적 공동 발의를 통해 통과 가능성을 높이려고 준비하고 있어요. 서로 간의 견해 차이, 정당의 다름, 현실의 간극에 좌절하지 않고 끝까지 조율하며 전 과정을 연결하고자 노력하는 중입니다.

정책 설계자의 시선과 실행자의 걸음

의원님의 의정 활동을 보면 설계자의 시선과 실행자의 걸음을 동시에 가진 정치인이라는 생각이 들어요. '데이터를 읽고, 정책을 설계하고, 현장에서 실행까지 해내는 정치'가 말은 간단해도 현실에서는 정말 보기 드물잖아요. 두 가지를 동시에 해내는 게 쉽지 않을 텐데, 어떻게 해나가고 계신가요?

저도 매일 쉽지 않다고 느끼고 있어요. 정책 하나를 설계하는데도 수많은 데이터를 분석해야 하고, 그 정책을 실행하려면 현장의 조율, 이해관계자와의 협의, 때로는 예상치 못한 갈등까지 다 감당해야 하거든요. 그런데 그 어려움을 감당해야만 정책이 진짜 삶을 바꾸는 힘이 될 수 있어요. 정책을 단순히 머리로만 다루고 싶지 않아요. 데이터를 읽고 논리적 설계를 할 줄 알되, 그 안에 있는 사람의 목소리에 함께 귀 기울이는 정치를 하고 싶어요. 해당 설계가 누군가의 삶을 어떻게 바꿀 수 있을지 고민하려고 해요. 아무리 훌륭한 정책도 삶과 연결되지 않으면 아무 의미가 없더라고요. 정치의 본질이 '연결'이라는 걸 잊지 않고자 노력하고 있어요.

우리 사회는 저출산, 지방소멸, 복지의 불균형과 같은 거대한 구조적 문제가 산적해 있잖아요. 그렇기에 문제를 제대로 분석할 줄 아는 힘, 정확한 정책을 설계하는 역량이 정말 중요하다고 느껴져요. 무엇보다 그런 정책을 실제로 실현해서 문제해결로 이어나가는 정치력이 필요한 시점인 것 같고요. 이런 구조적 과제들 앞에서 어떤 정치를 해나가고 싶으신가요?

지금 우리 한국 사회는 거대한 구조의 갈림길에 서 있죠. 특히 저출산과 지방소멸, 복지의 지속 가능성 같은 문제들은 어느 한 부처의 과제도, 특정 시기의 이슈도 아니에요. 사회 전체를 새롭게 설계해야만 해결할 수 있는 말 그대로 '구조적 전환'이 필요한 문제입니다.

우리가 맞서고 있는 문제들이 너무 크잖아요. 더는 개인의 역량이나 의지만으로 버틸 수 있는 문제가 아니에요. 정책을 설계하는 일도, 실행해내는 일도 각각 엄청난 전문성과 에너지가 필요해요. 그런데 우리 정치 환경은 그

걸 한 사람이 다 해야 하는 구조예요. 이런 상황에서 문제 해결을 기대하는 건 너무 비현실적인 것 같아요. 모두가 이 문제들을 해결하기 위해 새로운 연결이 필요한 시점으로 보여요.

정치와 정책을 잇는 팀워크

맞아요. 이제는 팀이 필요한 시점 같아요. 새로운 변화를 꿈꾸는 정치인들이 각자 거대한 문제에 도전하다 사라지는 게 아니라 함께 도전하며 지속할 수 있게 만들어야 할 것 같은데, 어떻게 생각하시나요?

저도 "이제는 팀이 필요하다"란 말을 하고 싶어요. 지금까지는 정책을 설계하는 전문가들과 정치를 하는 사람들이 따로 움직였던 것 같아요. 정책은 행정적 논리로 움직였고, 정치는 메시지 중심으로만 흘러가곤 했어요. 이제는 정책과 정치, 실행과 설계, 데이터와 삶이 긴밀하게 연결되어야만 문제를 해결할 수 있는 시점입니다. 그러려면 결국 협업과 '정치적 팀워크'가 필요하다고 생각해요.

저도 그런 연결을 만드는 정치를 하고 싶어요. 저의 정책만 통과되면 끝나는 게 아니라, 옆 동료가 낸 아이디어도 정책이 되도록 함께 설계하고 도와주는 정치, 혼자가 아닌 함께 실행하여 변화를 만들어내는 정치를 하고 싶어요. 나만 빛나는 사람이 되기보다는 필요한 곳에 연결되고 쓰이는 사람이 되고 싶어요.

앞으로 어떤 정치를 해나가고 싶으신가요? 또 어떻게 기억되고 싶으신가요?

저는 이제 막 시작점에 선 사람이에요. 무엇을 더 할 수 있을지, 어디까지 나아갈 수 있을지 아직은 잘 모르겠어요. 다만 분명한 건 하나 있습니다. 앞으로도 삶에서 출발한 정책을 현실로 연결하는 정치를 계속하고 싶어요. 제가 배운 것들을 다른 사람들과 나누며 정치하고 싶어요. '사람과 사람을 어떻게 만나게 할 것인가', '정책과 현실을 어떻게 이어줄 것인가'를 함께 고민하며 나아가고자 합니다.

정치는 아직도 너무 어렵고 풀리지 않는 퍼즐 같아요. 하지만 그 조각 하나쯤은 제가 맞출 수 있기를 바라고 있어요. 제 역량과 시선, 이 모든 과정에서 쌓은 경험까지 더해 더 많은 동료와 함께 풀어가고 싶어요. 누군가는 정책을 설계할 때 다른 누군가는 그걸 현실화해야 하잖아요. 그 '정치와 정책의 경계'를 계속 건너려 합니다. 그렇게 살아 있는 정책을 만드는 정치인으로 기억되기 바라요.

이혜인 의원에 대하여

1. 학력 및 이력

부산대학교 대학원 공공정책학전공 박사과정 수료
전 (재)울산연구원 전문연구원
울산청년정책포럼 공동대표
제8대 울산광역시 남구의회 비례대표 의원, 행정자치위원회 위원

2. 의정 활동 직무 정보

• 소속 선거구 | 인구수
울산광역시 남구 비례대표남구선거구 | 30만 4,375명
※ 달동 2만 5,622명, 대현동 3만 2,186명, 무거동 3만 853명, 삼산동 4만 7,423명, 삼호동 2만 205명 선암동 13,060명, 수암동 1만 5,709명, 신정동 8만 6,033명, 야음장생포동 8,505명, 옥동 2만 4,779명

• 전체 예산(2024년, 추경 포함) | 의원 수
8,308억 6,606만 5,000원 | 14명

• 월정수당 | 의정 활동비 | 세전 급여
282만 310원 | 150만 원 | 432만 310원

• 대표 발의 조례
울산광역시 남구의회와 국내외 지방의회 간 교류협력에 관한 조례
울산광역시 남구 개인정보 보호에 관한 조례

울산광역시 남구 관광약자를 위한 관광환경 조성 조례
울산광역시 남구 임산부 전용주차구역 설치 확대, 운영 조례 전부개정
 조례
울산광역시 남구 거리공연 활성화 지원에 관한 조례

- **의정 활동 중 발의 조례 수**

대표 발의 5건, 일부 개정 발의 2건, 공동 발의 12건

3. 기타

- **SNS 계정**

facebook.com/Luvshiny519
instagram.com/ulsan_yi.hyeni
threads.com/@ulsan_yi.hyeni

정보현

1998년생. 제9대 인천광역시 연수구의회 의원으로 활동 중이다. 가족들과 평범한 일상을 보낼 때, 친한 친구들과 만나 시답잖은 이야기를 나눌 때, 해 질 녘 노을을 바라보며 하루를 마무리할 때 문득 행복하다고 느낀다. 일체유심조一切唯心造(모든 것은 마음먹기에 달렸다), 일신우일신日新又日新(날마다 새롭게 발전해야 한다)을 좌우명으로 삼아 삶에서 실천하고 있다. 머리는 차갑지만 가슴은 따뜻한 정치를 해나가고 싶다.

"정치, 충분히
할 수 있을 것 같았어요."

대한민국 사회에서 '청년'이라는 수식어는 때론 기대와 함께 우려를 동반합니다. 특히 정치 분야에서 청년 정치인은 '열정은 있지만 경험은 부족하다'라는 편견을 마주하기 쉽습니다. 이런 현실에서 정보현 의원은 대학교를 졸업하기도 전인 만 스물셋에 정치에 입문하여 3년째 정치의 길을 걷고 있습니다. '너무 이른 것 아니냐', '아직 배워야 할 게 많지 않냐'라는 주변의 수많은 걱정과 우려 속에서도 쉼 없이 움직이고 있습니다. 과연 그는 이러한 편견의 벽을 어떻게 넘어섰을까요?

정보현 의원은 처음 정치를 시작할 때 '내가 잘할 수 있을까'라고 끊임없이 되새겼다고 합니다. 하지만 이제는 '고생했어. 잘했더라', 'SNS에서 봤는데 그 기사 좋더라'는 주변의 격려와 응원을 받으며 '이 길을 택하길 잘했구나'라는 확신을 얻고 있습니다. 이러한 변화는 단순히 시간이 흘러 얻어진 것이 아닙니다. 정책의 불평등을 없애고, 정치적 효능감을 만들고, 끊임없이 주민들과 소통해왔기에 가능했습니다.

이 인터뷰는 단순히 어린 나이에 정치를 시작한 한 사람의 '독특한 이력'이 아닙니다. 현실 정치의 한복판에서 실력과 태도로 자신의 존재 가치를 증명해가는 한 정치인의 기록입니다. 동시에 새로운 변화에 대한 하나의 응답이기도 합니다. 정보현 의원이 "정치, 충분히 할 수 있을 것 같아요"라고 말한 이유와 그가 정치로써 만들어낸 변화의 결과를 이 인터뷰를 통해 확인해보길 바랍니다.

만 스물셋의 정치

대학교를 졸업하기도 전, 아직 많은 이들이 진로를 탐색하고 있을 만 스물셋에 정치에 입문하여 벌써 3년째 현실 정치의 길을 걷고 계신데요, 어떠신가요?

'내가 정치를 잘할 수 있을까' 끊임없이 고민하던 게 엊그제 같은데 벌써 시간이 이렇게나 흘렀네요. 사실 저뿐 아니라 가족부터 친구들까지 다들 너무 이른 것 아니냐는 걱정이 많았어요. 부모님께서도 "정치 같은 힘든 길을 왜 굳이 가려고 하느냐"라고 물어보실 정도였죠. 아마 다들 저를 걱정해서서 나온 반응일 거예요. 하지만 주변의 걱정이 이제는 격려와 응원으로 바뀌는 걸 보며 '그래도 이 길을 택하길 잘했구나'라는 생각이 들어요.

청년 정치인에게는 늘 '기존의 정치인과는 어떤 면이 다를까?'라는 기대도 있지만, 다른 한편으로는 '경험이 부족한데 과연 잘할 수 있을까?'라는 우려도 공존하죠. 그 수많은 질문 속에서 어떤 생각을 하셨나요?

주변에서 "너처럼 젊은 사람이 정치를 해야 변화가 생기지"라며 응원도 해주셨지만, 반대로 "너무 어려서 주민들에게 신뢰를 얻기 힘들지 않을까?"라며 걱정도 많이 해주셨어요. "왜 하필 정치야?"라는 질문도 많이 받았고요. 이에 대한 답을 저도 찾아야 했어요. 왜 이 길을 가고 싶어 하는지, 이 길이 나에게 맞는지 고민하는 과정이 꽤 길었던 것 같아요.

주변 친구들은 각자의 전문성을 쌓아가며 비교적 안정적으로 커리어를 시작하는데, 저는 상대적으로 특별한 길을 가는 것에 대한 두려움도 있었어요. '한 번 정치를 시작하면 다른 길로 갈 수 없지 않을까?'라는 불안과 '과연 내가 이 일을 해낼 수 있을까' 하는 의문도 존재했죠. 정치라는 게 단순히 열정만으로 되지 않는다는 걸 알고 있었으니까요. 특히나 지방의원은 주민들의 삶과 직접 맞닿아 있는 자리라 그 책임감이 크게 느껴졌어요.

실제 정치인이 되고 나서도 우려의 시선을 마주하셨나요? 특히 우리나라는 나이에 엄격한 편이잖아요. 의원님은 주민들로부터 권리를 위임받은 정치인이지만 공적인 지위가 아닌 사회

초년생으로 바라보는 시각이 많았을 것 같아요.

많았죠. 정치에 입문했을 때 가장 많이 받았던 질문 중 하나가 "정치하기엔 너무 이르지 않나? 너무 젊은 거 아니야?"라는 말이었어요. 이 질문 속에는 '네가 과연 이 일을 잘할 수 있을까?'라는 의심이 담겨 있잖아요. 청년 세대의 목소리를 대변하고 정치에 반영하기 위해 지방의원이 되었는데, 정작 저를 '정치 경험이 부족한 어린 사회초년생'으로만 보는 시선에 어려움이 많았어요.

이런 시선은 단순히 저에 대한 불신뿐 아니라 청년 정치 전반에 대한 인식이라고 느꼈어요. '청년이 뭘 알겠어', '경험도 없는데 어떻게 문제를 해결하겠어'라는 시선은 저뿐 아니라 앞으로 정치에 도전하는 다른 청년들에게도 큰 장벽이 되리라 예상했어요. 어쩌면 당연한 시선이라고 생각합니다. 우리 정치에서 청년 정치인의 비율이 워낙 낮다 보니 제대로 일하는 청년 정치인과 협업해본 경험이 많지 않기 때문일 수 있어요. 그래서 더 열심히 하고 싶었어요. 이전과는 다른 새로운 정치의 모습을 보여주고 싶었습니다.

편견의 벽 앞에서

그런 시선들은 청년 정치 전체가 마주하고 있는 벽이 아닐까 생각됩니다. 그 편견을 깨기 위해 어떤 노력을 하셨나요? 그런 노력이 실제로 어떤 변화를 만들어냈다고 느끼시나요?

첫 번째는 정책의 불평등을 없애고자 노력했어요. 의회에 들어와 살펴보니 그나마 있는 청년 정책도 일부 청년들에게만 혜택이 돌아가고 있었습니다. 연수구에서는 구정 업무를 직접 체험해볼 수 있도록 지원하는 '대학생 행정체험연수 프로그램'의 대상이 제한적이더라고요. 요즘은 일반 4년제 대학교 외에도 사이버대학교, 전문대학교, 방송통신대학교를 다니는 청년들부터 학교를 잠시 쉬고 있는 휴학생까지 정말 다양한 형태의 대학생들이 있잖아요. 하지만 그런 이들은 체험 대상에서 제외되었어요. 이 청년들은 공공기관에서 행정 경험을 쌓고 싶어도 애초에 지원할 기회조차 없는 거예요. 이런 불평등한 부분을 바꿔야겠다고 생각하여 '연수구 대학생 현장체험연수 운영 조례 일부 개정 조례안'을 발의했어요. 이제는 이 조례에 근거하여 출신 학교와 재학 여부에 관계없이 연수구 거주 대학생이라면 누구나 해당 프로그램에 신청할 수 있게 되었어요.

두 번째는 주민들께서 정치적 효능감을 느끼게 하기 위해 노력했어요. 민원을 단순히 접수하는 데 그치지 않고 직접 현장을 찾아 근본적인 해결책을 모색하는 데 집중했어요. 도로 위의 지뢰라고 불리는 포트홀(도로의 움푹 팬 곳)이 생긴 전 지역을 돌아보며 어디가 가장 심각한지, 어떤 방식으로 보수가 이루어지는지 등을 꼼꼼히 살펴보았어요. 현장 주민들의 목소리를 듣고 이 문제가 매년 반복적으로 발생하고 있다는 것도 파악했죠.

그 과정에서 '문제를 얼마나 빨리 해결하느냐'도 중요하지만 '문제가 일어나지 않게 어떻게 선제적으로 관리하느냐'가 더 중요하다는 결론을 내렸어요. 그래서 5분 발언을 통해 지역 내 포트홀 문제를 인공지능 신기술과 접목해 체계적으로 관리하자고 제안했습니다. 이후 관련 부서에서도 대책을 내놓고 전체적인 점검도 진행했어요. 이에 더해 도로 관리 예방 방안도 마련하기 시작했어요.

이 과정을 함께해주신 주민들께서 "처음으로 이 문제가 제대로 다뤄지는 것 같다", "젊은 의원이라서 걱정했는데, 직접 뛰어다니는 걸 보니 믿음이 간다"라는 이야기를 해주셨어요. 그때 확실히 느꼈어요. '이런 정치적 효능감이 필요하구나. 함께 문제를 바라보고 해결해나가

면 정치를 바라보는 인식이 달라지는구나.'

마지막으로는 주민들과 소통하고자 노력했어요. 그중에서도 가장 기억에 남는 건 자율방범대 간담회였어요. 평소에도 자율방범대가 우리 지역 사회에서 가장 활발하게 활동하는 단체 중 하나라고는 알고 있었는데, 의원이 되어보니 그분들의 역할이 막중하다는 걸 다시금 실감했습니다.

하지만 그분들의 활동에 비해 행정적 지원은 너무 부족했죠. 개인 차량으로 야간 순찰을 하고, 순찰 초소도 마련되어 있지 않아 야외에서 모임을 진행하고 계셨어요. 더 놀라웠던 점은 이런 문제를 이야기할 자리조차 없었다는 거예요. '이분들의 이야기를 직접 들어야겠다'라고 봤습니다. 단순히 '지원이 부족하니 예산을 편성해야겠다'가 아니라 '현장에서 활동하는 분들이 느끼는 어려움을 직접 듣고 해결책을 함께 고민해야겠다'라고 생각했어요. 그래서 자율방범대 임원진과 동별 자율방범대장을 비롯해 연수구청 및 연수경찰서 담당자들을 모시고 간담회를 열었어요. 간담회에 참석한 방범대원들께서는 "큰 기대하지 않고 왔으니 맘 편히 하세요"라고 말씀하셨어요. 하지만 간담회가 끝나고서는 제 손을 잡고 "이렇게 우리 이야기를 솔직하게 나눌 수 있었던 시간은 처음이었어요. 고마워요"라며 눈물까지 보이시더라고요. 그 순간 아무 말도 할 수 없었어요. 방범대원들의 수고와 노력, 무엇보다 그 진실한 마음이 마주 잡은 손의 온기를 통해 느껴졌기 때문이에요. 마땅히 해야 할 일이었는데 그게 지금까지 당연하지 않았다는 점에 크게 놀랐어요. 그리고 이렇게 누가 알아주지 않더라도 지역을 위해 봉사하셨던 분들의 헌신이 우리 지역을 끈끈하게 지켜내고 있었다는 점에 너무 감사했어요.

주민들의 인식이 점차 바뀌는 걸 느꼈다고 하셨는데, 정치나 행정 조직에서는 어떠셨나요? 특히 나이와 연공서열을 중요시하는 우리 문화에서 청년 정치인으로서 겪은 어려움은 무엇이었으며, 어떻게 극복하셨나요?

아무래도 지방의회에는 오랜 기간 정치를 해오신 분들이 다수다 보니 이제 막 정치를 시작한 저로서는 배워야 할 부분이 많았어요. 단순히 나이 때문이 아니라 정치에 대한 경험과 정치를 바라보는 시각, 자라온 문화가 다른 것에서 오는 어려움이 존재했습니다. 저는 정치적으로도 경험상으로도 가장 막내였기 때문에 말 한마디, 행동 하나하나가 조심스러울 수밖에 없었어요.

그렇다고 마냥 신중히 있을 수만은 없었어요. 예산이나

정책을 논의할 때 의문이 든 적도 많았고 새롭게 제시하고 싶은 아이디어도 많았어요. 그래서 동료 의원들의 노하우를 배우겠다는 자세로 다가갔어요. "이런 문제를 해결하려면 어떻게 해야 할까요?"라든지 "이 사안에 대해 의원님은 어떻게 생각하세요?"라고 물어보며 선배 의원들의 경험을 듣고 실제 정치의 문제 해결 과정을 배워갔던 것 같아요. 이렇게 먼저 다가가고 배우려는 모습을 보고 선배 의원들도 저를 더 열린 마음으로 받아들여주셨던 것 같아요.

행정에서도 마찬가지였어요. 제가 만나는 공무원들, 특히 국장급·과장급 분들은 오랜 기간 지역에서 경험을 쌓아오신 전문가잖아요. 저는 이제 막 정치에 입문한 초년생이고요. 아무래도 기존 정치인들과는 배경이 다르니 어느 정도 거리감을 느꼈던 것 같아요. 어떻게 보면 자연스러운 일이에요. 공무원 입장에서도 새로운 의원이 어떤 스타일인지 파악하는 데 시간이 필요하니까요. 더욱이 저는 스물세 살, 대학도 아직 졸업하지 않은 의원이었기에 행정을 얼마나 이해하고 있을지 걱정스러우셨을 거예요.

그래서 공무원들과 자연스럽게 일할 수 있게 정책과 사업을 철저히 공부했어요. 조례안을 검토할 때나 예산안을 살펴볼 때도 주어진 자료만 보지 않았어요. 직접 찾아가 실제로 어떻게 집행되는지, 어떤 문제가 있는지 물어보며 실무적인 부분을 이해하려고 노력했어요. 또 단순히 시정을 요구하는 게 아니라 함께 해결하고자 했어요. 사업을 논의할 때 그저 예산 삭감을 요구하기보다는 "어떻게 하면 예산을 효율적으로 운영하면서도 사업의 핵심 목적을 살릴 수 있을까요?"라고 물어보며 협업하고자 했어요. 아무리 정치인이 결정권을 가지고 있다고 해도, 행정을 실행하는 주체는 공무원들이잖아요. '내가 존중받고 싶다면 먼저 존중해야 한다'라는 원칙을 바탕으로 최대한 예의를 갖추며 소통하려고 노력했어요.

정치나 행정 내부는 더 관계망이 복잡할 수도 있잖아요. 의원님의 노력이 어떤 변화를 만들어냈을지 궁금해요.

시간이 지나면서 조금씩 변화를 느낄 수 있었어요. 처음에는 '정치를 잘 모르지 않을까?' 하는 시선으로 저를 바라보던 의원들도 점차 '함께 일할 수 있는 동료'로 받아들여주시더라고요. 제 생각이 너무 이상적이라며 현실을 직시해주던 선배 의원들께서 나중에는 제 의견을 물어보시는 걸 보며 저도 이제 의회의 일원으로서 인정받고 있다는 걸 느낄 수 있었습니다.

정보현 의원이 연수구민 원탁토론회에서 지역현안과 관련해 주민들과 대화를 나누며 소통하고 있다.

공무원들과도 마찬가지였어요. 예전에는 공식적인 자리에서만 이야기를 나눴다면 이제는 저에게 먼저 정책 관련 논의를 제안해주시는 경우가 많아졌어요. "이 정책은 의원님께서 관심 있어 하실 것 같아 미리 자료를 준비해봤어요"라며 먼저 챙겨주시는 모습에서 '함께 만들어간다'라는 연대감을 느꼈죠.

초반에는 '이런 변화가 가능할까?'라는 생각도 있었어요. 하지만 작은 변화들이 쌓이면서, 서로 의견을 나누고 대안을 찾는 과정이 자연스러워지는 걸 느끼면서 그 가능성을 확신할 수 있게 되었어요. 신뢰는 단순히 시간이 지나면 자연스럽게 생기는 것이 아니라 끊임없이 노력하고 소통해야 만들어진다는 걸 배울 수 있었어요.

정치, 할 수 있을 것 같은데

이런 변화를 언제부터 꿈꿔왔는지 궁금해요. 정치에 관한 관심은 언제부터 생기셨나요? 정치라는 길을 생각하게 된 계기는 무엇이었나요?

어렸을 때부터 사회적 약자 문제나 불평등 문제에 관심이 많았는데 아마도 저희 집안 분위기에 영향을 많이 받은 것 같아요. 아버지께서는 저에게 정치적·사회적 현안에 관해 이야기를 많이 해주셨어요. 아버지와 함께 뉴스를 보며 정치나 경제 이야기를 치열하게 주고받다 보면 대화가 끝나지 않을 때가 많았어요. 교육이나 차별 같은 사회적으로 중요한 문제를 두고선 "왜 이렇게 될 수밖에 없을까?" 함께 고민도 나누고 "그 문제를 해결하려면 어떻게 해야 할까?" 해답도 생각해보곤 했어요. 아버지와의 대화를 통해 사회를 바라보는 저만의 관점을 키웠던 것 같아요.

어머니께서는 더 나은 사회를 위해 어떻게 해야 하는지 행동으로 보여주셨어요. 어려운 이웃을 돕고 사회를 위해 봉사활동을 하는 어머니의 모습을 보며 행동하는 삶이 무엇인지 이해하게 되었어요. 저도 어머니를 따라 대한적십자 봉사활동을 시작해 지금껏 거의 10년째 해오고 있어요. 처음엔 단순히 따라나섰을 뿐이었지만 그 활동들이 오히려 저를 성장시켰습니다. 이 과정에서 행동하는 삶에 대한 저만의 효능감을 느낄 수 있었던 것 같아요.

아버지와 함께 세상을 바라보고 어머니와 세상에 봉사하다 보니 더 좋은 사회를 만드는 데 일조하고 싶다고 바라게 되었습니다. 그 바람은 '더 좋은 사회를 만들기 위해서는 어떤 길로 가야 할까?'를 고민하게 했어요. 대학 진학을 앞두고 경영학과와 정치외교학과 사이에서 고민했는데 '더 좋은 세상을 만들 수 있는 여러 길 중에 그래도 정치가 나에게 가장 잘 맞지 않을까?' 싶어 정치외교학과에 진학하게 되었어요.

우리나라 학생이라면 대부분 대학 진학할 때 진로를 결정하잖아요. 적성과 가치에 맞는 길을 선택하기 어려운데 자기에게 맞는 전공을 찾고 이를 살려 지금 정치를 하고 계시네요. 어떻게 보면 가장 정석인 길을 가고 계신 것 같아요.

맞아요. 다시 생각해보면 이 모든 게 운명이 아닐까 싶을 정도로 탁월한 결정이었다고 생각합니다. 정치외교학을 전공하면서 사회를 폭넓게 바라볼 수 있게 되었어요. 우리 사회의 문제뿐 아니라 세계 각국의 다양한 사례를 분석하며 세상을 바라보는 저만의 관점을 키울 수 있었어요. 무엇보다 '더 좋은 사회는 개인의 노력만으로는 만들어지지 않는다'라는 것을 깨달았습니다. 제가 관심 있던 사회적 약자의 문제나 불평등 문제, 직접 마주하고 있는 이 시대 청년의 문제들은 구조에서 비롯된 난제라는 걸 알게 되었어요. 대학을 다니는 내내 이런 사회적 문제들을 어떻게 해결할 수 있을지 고민했는데, 결국 '정치가 가장 좋은 도구가 아닐까?'라는 결론에 이르게 되었습니다.

정치를 가장 좋은 도구라고 생각하게 된 과정이 궁금해요. 무엇이 그런 결론으로 이끌었나요?

대학 학과 선배의 권유로 시작한 국회 입법보조원 활동이 시작점이었어요. 정치외교학과 선배 한 분이 국회 보좌진으로 일하고 계셨는데 저의 활동을 보시고는 제안해준 업무였습니다. 처음에는 망설였죠. 그 당시 학생이었던 저에겐 국회라는 정치 공간이 너무 큰 무대처럼 느껴졌거든요. 동시에 정말 해보고도 싶었어요. 제가 생각했던 여러 사회적 문제의 해결책을 찾아 볼 수 있을 것 같았으니까요. 정치외교학과에서 배웠던 것들을 떠올려 보니 잘할 수 있을 것 같기도 했고요. '이 기회를 통해 현실 정치가 어떻게 돌아가는지 살펴보자'라는 생각으로 도전하게 되었어요.

입법보조원으로 일하면서는 현실 정치가 얼마나 복잡하고 어려운지 배울 수 있었어요. 밖에서는 국회가 너무 조용해 보였는데 막상 안에 들어와 보니 변화를 만들어낸다는 게 얼마나 힘든 일인지 보이더라고요. 사례 분석과 관련 자료수집 등 새로운 법안 발의 과정을 뒷받침

하는 일을 했는데, 진짜 복잡한 일은 그 이후부터였습니다. 법안의 취지가 아무리 좋아도, 법안의 논리를 뒷받침할 근거와 데이터가 아무리 많아도, 결국 이를 현실화하는 건 정치의 영역이었어요.

새로운 법안 하나를 추진하기 위해 얼마나 많은 노력이 들어가는지, 얼마나 많은 설득과 조율의 과정을 거치는지 지켜볼 수 있었어요. 그러한 과정을 거쳐 통과된 법안이 우리 삶에 어떤 영향을 끼치는지 목격했고, 정치가 우리 삶과 얼마나 밀접하게 연결되어 있는지 확인하는 시간이었어요. 저도 그 과정에서 변화를 만드는 일에 동참했다는 정치적 효능감을 느낄 수 있었습니다.

선거 캠프에서 처음으로 정치의 현장을 체험하셨다고 들었어요. 선거 캠프는 가장 치열한 정치 현장 가운데 하나잖아요. 국회에서 제도와 정책을 보셨다면, 선거 캠프에서는 어떤 경험을 하셨나요?

정치의 또 다른 본질을 배우는 시간이었어요. 국회에서 법안과 정책을 통해 정치가 우리 삶에 얼마나 지대한 영향을 끼치는지 깨달았다면, 선거 캠프에서는 정치가 우리 삶에 얼마나 밀접하게 연결되어 있는지 몸소 느낄 수 있었어요. 선거 캠프는 그야말로 정신없이 돌아갔어요.

아침 일찍부터 유세를 시작하여 온종일 주민들을 뵙고 이야기를 들었죠. 주민들의 필요와 요구를 정리하여 어떻게 풀어낼지, 어떤 약속을 해야 할지 함께 고민하는 민의 수렴의 현장이었습니다.

그곳에서 정치로 세상을 바꾸기 위해서는 먼저 주민들과 신뢰를 쌓아야 한다는 것을 배울 수 있었어요. 정치가 우리 삶을 바꿔주리라 믿고 계신 수많은 주민의 신뢰를 바탕으로 지금 그분들을 대의하여 정치하고 있는 거잖아요. 얼마나 진심으로 그분들의 이야기를 듣고 있는지, 얼마나 절실히 그분들의 문제를 해결해주고자 노력하는지, 실질적으로 정말 변화를 만들어냈는지 주민들께서는 다 지켜보고 계시거든요.

지방의원으로의 본격적인 정치 입문 과정은 어떠했나요? 어떻게 지방의원의 길을 걷게 되신 건가요?

인천 청년정책네트워크에서 활동하며 이 시대의 청년이 마주하고 있는 사회적 문제를 직접 해결해보고자 노력했어요. 같은 문제를 안고 있는 청년들과 함께 우리만의 해답을 찾아 정책으로 제안하는 일이었죠. 이런 과정 자체가 의미 있다고 생각했어요. 하지만 정책 제안만으로는 문제가 해결되지 않는 것 또한 경험했어요. 우리로서는 시급한 문제를 해결하기 위해 적합한 제안을 했는데, 이런저런 정치적 이유로 거부당하는 걸 경험하며 '이 정책들이 현실화되려면 정치적 의사결정이 필요하구나. 결국 정치의 공간으로 들어가야 하겠구나'라고 점차 확신했습니다. 정치가 현실적인 문제를 해결할 수 있는 가장 좋은 도구라면 이 도구를 제대로 활용하고 싶었어요. 마침 지역위원회에서도 청년들의 문제에 대해 심각하게 고민하고 문제를 해결하고자 노력하고 있었어요. 저도 지역위원회 대학생위원장으로 그 문제를 해결하기 위해 활동 중이었고요. 그러던 중 지방선거를 맞이하여 "청년의 문제를 청년의 시각에서 풀어낼 사람이 필요한데 네가 그 역할을 잘할 수 있을 것 같다"라며 지방의원 출마를 권유받았어요. 청년 세대와 정치, 청년 세대와 지역을 연결해줄 사람이 되어보라는 권유에 정말 깊게 고민한 끝에 도전하게 되었어요.

앞서 말씀하신 것처럼 정치에 도전하는 게 쉽지 않잖아요. 그럼에도 결국 도전하기로 결심하신 이유는 무엇이었나요?

'그래도 청년 정치인이 필요하다'라는 생각이었어요. 청년정책네트워크 활동을 하며, 대학생위원회 활동을 하며 '청년들의 목소리가 정치에서는 너무 희미하구나'라는 걸 느꼈어요. 우리의 목소리를 대변할 사람이 필요하다고 항상 생각했으면서 정작 제가 그 제안을 받았을 때 뒤로 물러나면 안 될 것 같았어요. '내가 아니면 누가 할까?'라는 질문이 마음속에 계속 떠올랐어요.

어렵지만 할 수 있을 거란 생각이 들었어요. 그저 '그래, 주민들의 신뢰를 받을 수 있게 최선을 다해보자. 그 신뢰에 활동과 결과로 보답하자'라고 결심하며 정치의 길로 나서게 되었습니다.

협의와 조정의 리더십

최선을 다하자는 결심, 활동과 결과로 보답하자는 그 결심이 지금의 신뢰를 만들어낸 것 같아요. 정치의 길에서 변화를 이끌어낼 수 있었던 힘은 무엇이라고 생각하시나요?

'협의와 조정'이라는 정치의 기본을 배운 거였어요. 정치는 혼자 하는 게 아니더라고요. '하고자 하는 것'과 '실현할 수 있는 것' 사이의 간극이 컸어요. 무엇보다 시각 차이가 가장 큰 벽이었던 것 같아요. 제가 보기에는 좋은 정책이라 모두 찬성하리라 생각했지만 "기존 정책과 큰 차이가 없어 보인다. 중복된다", "다른 지역에서는

정보현 의원이 국회 세미나 '조례: 지방자치의 심장을 두드리다'에 참석하여 기초의회의원 대표로 '주민참여 입법'의 중요성에 대해 발언 중이다.

좋은 정책이지만 우리 지역과는 맞지 않는 것 같다"라는 반대의 벽에 부딪혔어요. 의회에서는 이에 더해 또 다른 어려움이 있었어요. 각자 속해 있는 정당과 지역구 사정이 있다 보니 우선순위가 달랐어요.

그 후부터는 정책을 추진할 때 무조건 '이게 맞다'라고 주장하기보다는 다양한 입장을 먼저 듣고 조율하는 방식으로 접근했어요. 반대하는 분들의 의견에 귀 기울이고 그분들의 우려를 해결할 방법을 함께 찾으려고 노력했습니다. 그렇게 하나하나 설득하고 조율해나가다 보니, 처음에는 반대했던 분들도 점점 "이렇게 조정하면 괜찮겠다"라며 동의해주셨어요. 그리고 그렇게 만들어진 정책이 혼자 생각했던 것보다 오히려 더 나은 결과를 가져오더라고요.

의원님께서는 하반기 자치도시위원장을 맡게 되셨어요. 어떻게 보면 가장 젊은 정치인이 가장 예민한 사안을 다루는 상임위원회의 위원장이 되신 건데요, 위원장으로서 걸어간 '협의와 조정의 길'은 어떠했나요?

자치도시위원회에서는 도시 계획, 교통, 주거, 환경 등 지역 사회의 전반적인 문제를 다루고 있어요. 주민의 삶과 직결되는 사안이 산적하다 보니 예민한 문제도 많고 재개발같이 이해관계가 충돌하는 문제도 다루게 돼요. 그러다 보니 다들 날 서 있는 상황에 놓이기도 해서 정말 쉽지 않아요. 연수구 같은 경우에는 원도심과 신도심의 상황이 아주 달라요. 송도를 중심으로 하는 신도심에는 젊은 인구가 많이 유입되지만 원도심은 줄고 있거든요. 신도심은 급속한 유입으로 문제가 생기고, 원도심은 고령화되어 활성화가 필요하고요. 이런 상황에서 가장 젊은 제가 위원장을 맡게 되어 부담감이 너무 컸어요.

그런데 제 상황이 오히려 위원장 역할을 잘할 수 있게 한 비결인 것 같아요. 모두 저보다 선배이고 어른이니 배워간다는 마음으로 위원장을 수행하고 있어요. 오히려 조언도 구하고 도움도 요청하기 쉬운 입장입니다. 위원장이 권위를 앞세우며 사안을 결정짓는 시대는 이제 지나갔다고 생각해요. 지금은 얼마나 사람들의 목소리를 잘 모으는지, 각 의견을 잘 조정해내는지가 중요한 시기입니다. 위에서 군림하는 위원장이 아닌 더 겸손한 자세로 지원하는 위원장이 되어야 한다고 생각해요.

동료 의원들과의 관계뿐 아니라 업무적으로도 책임과 권한이 많이 커졌어요. 자치도시위원회 전문위원실의 과장, 팀장, 정책 지원관들의 처우 문제도 있어요. 이분들의 협력이 무엇보다 중요하기 때문에 이분들이 편하게 일할 환경 마련과 관계 구축에도 힘쓰고 있어요.
정책을 집행하는 구청과 이를 감시하고 견제해야 하는 의회의 역할은 다를 수 있어요. 하지만 주민의 삶을 우선시한다는 공통된 가치와 목표를 향해 나아가는 것이기 때문에 협력하고 함께 발전하는 게 중요하다고 생각해요. 이 같은 마음으로 더 나은 방향을 위해 소통하고자 했어요. 예산 심의와 사무감사, 상임위원회 회의를 주재할 때 이 마음을 전달하고 싶었어요. 이 분야에서 30년 이상 일해오신 분들의 입장에서도 젊은 위원장을 상대하기 쉽지 않으셨을 텐데 오히려 "위원장님께 많이 배웠고 느끼는 게 많았다"라고 말씀해주시는 걸 들으며 함께 나아가는 '협의와 조정의 길'을 배울 수 있었습니다.

'청년'정치인이 아닌 청년 '정치인'

처음에는 '청년'이라는 수식어가 의원님을 설명하는 중요한 단어였다면 이제는 '정치인'이라는 주어가 그 단어를 대체한 것으로 보입니다. 그만큼 성장하고 발전해오신 것 같아요. 앞으로 어떤 정치인이 되고 싶으신가요?

'청년 정치인'이 저에게 중요한 정체성이지만, 앞으로는 '청년'이라는 이유만으로 지지받는 것이 아니라 실력과 성과로 인정받고 싶어요. 이를 위해 정책의 실효성을 더욱 높이고자 해요. 주민들께서 원하는 건 멋진 구호나 거창한 비전이 아니라 정책의 효능감이에요. 예산이 편성되고, 정책이 추진되어도 결국 주민들의 삶에 실질적인 도움이 되지 않으면 의미가 없더라고요. 앞으로는 정책의 효능감을 높이는 데 집중하고 싶습니다.

지금까지는 청년 정책, 주거 정책, 일자리 정책을 큰 틀에서 바라봤다면 앞으로는 조금 더 지역 밀착형으로 준비할 예정입니다. 단순한 지원금 지원이 아니라 지역 내에서 실질적으로 도움이 되는 정책을 설계하고 싶어요. 예를 들어 지금까지는 청년들에게 구정 업무 체험의 기회 정도만 제공하고 있는데 앞으로는 지역 내 기업과 연계한 청년 일자리 정책으로 발전시켜 나가려 합니다. 청년들은 지역을 떠나지 않고도 경력을 쌓을 수 있고, 기업은 지역에서 인재를 확보할 수 있는, 서로가 윈윈 하는 정책을 만들고 싶어요.

마지막으로 정치인으로서 앞으로의 목표가 무엇인가요?

정치는 '사람들의 삶을 실질적으로 변화시킬 수 있는 가장 강력한 도구예요. 이를 실현하려면 정치는 신뢰받아야 하고 정치인은 그 신뢰를 지켜내야 해요. 모두가 열심히 노력하고 있지만 여전히 정치에 대한 불신이 큰 게 현실이에요. 저는 정치를 바라보는 기존의 시선을 바꾸는 데 기여하고 싶어요.

혼자 열심히 한다고 해서 바뀌지 않죠. 모두가 함께해야 해요. 특히 새로운 시선으로 새로운 변화를 만들어낼 수 있는 청년들이 함께해야 합니다. 저는 더 많은 청년이 정치에 도전하도록 돕고 싶어요. 변화는 생각보다 가까이에 있더라고요. 함께하면 더 나은 변화를 만들어낼 수 있어요. 더 많은 사람들이 그 길에 동행해주셨으면 좋겠어요.

정보현 의원에 대하여

1. 학력 및 이력

인하대학교 정치외교학과 학사
연세대학교 행정대학원 석사 과정 재학 중
전 더불어민주당 인천광역시당 연수(갑) 대학생위원회 위원장
전 국회 박찬대의원실 입법보조원
제9대 인천광역시 연수구의회 의원, 자치도시위원회 위원장

2. 의정 활동 직무 정보

- **소속 선거구 | 인구수**
인천광역시 연수구 | 40만 3,431명

- **전체 예산(2024년, 추경 포함) | 의원 수**
8,978억 9,077만 2,000원 | 13명

- **월정수당 | 의정 활동비 | 세전 급여**
224만 3,610원 | 130만 원 | 354만 3,610원

- **대표 발의 조례**
인천광역시 연수구 안전취약계층 지원 조례
인천광역시 연수구 옥외행사의 안전관리에 관한 조례
인천광역시 연수구 디지털성범죄 예방 및 피해자 지원에 관한 조례
인천광역시 연수구 자율방범대 설치 및 지원에 관한 조례
인천광역시 연수구 헌혈권장에 관한 조례 일부 개정 조례안

- **의정 활동 중 발의 조례 수**

  대표 발의 10건, 전부 개정 발의 3건, 일부 개정 발의 31건, 공동 발의 59건

3. 기타

- **SNS 계정**

  instagram.com/jbh_in_yeonsu
  facebook.com/bohyun98
  blog.naver.com/jbhinkorea

주무열

1985년생. 제8대, 제9대 서울특별시 관악구의회 의원으로 현재 행정재경위원회 위원장을 맡고 있다. 일이 늦게 끝나거나 육아를 할 때면 고단하다가도 새근새근 잠들어 있는 자식들을 보고 있으면 그 힘듦이 눈 녹듯 사라진다. 전태일 열사의 평전을 쓴 조영래 변호사를 일컬어 "일을 저지르는 사람이 아니라 일이 되게 만드는 사람"이라고 평한 문구에 큰 울림을 받아 내게 주어진 일이 되게 만들기 위해 노력하고 있다.

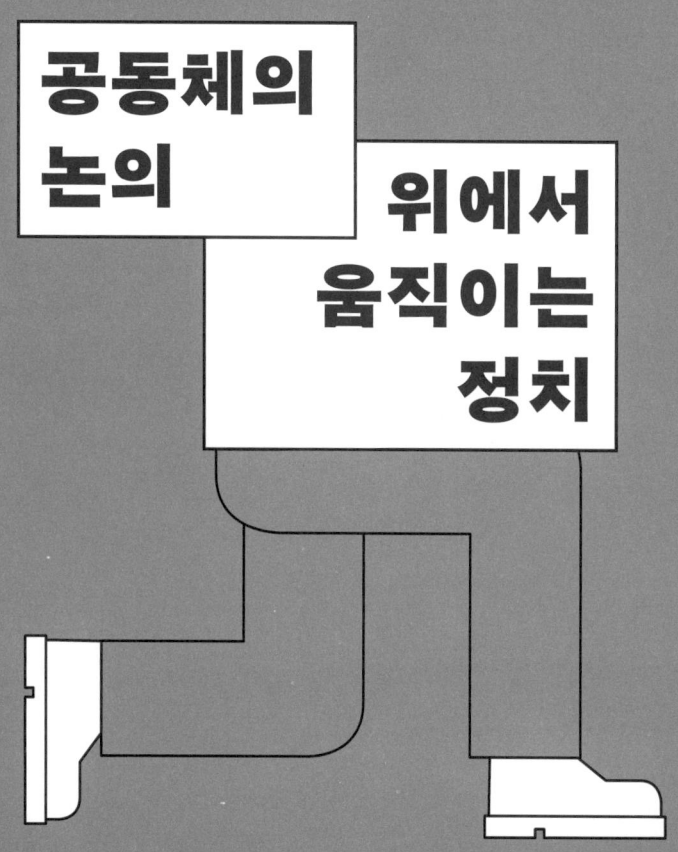

"어느 날부터
'아, 주무열 의원님이시죠?'라는
인사가 먼저 나오기 시작했어요."

먼저 명함을 건네며 본인을 설명하지 않아도 주무열 의원의 이름이 자연스럽게 불린 그 순간은 하루아침에 만들어진 것이 아닙니다. 차곡차곡 쌓아올린 노력의 결과였습니다. 그 짧은 인사 안에는 긴 시간이 담겨 있었습니다. 한 사람의 정치가 지역사회에 '신뢰'라는 뿌리를 내리기까지 과정이 있었습니다.

그 과정은 쉽지 않았습니다. 주무열 의원은 아무도 뛰어들지 않던 지역주택조합 문제에 몸을 던져 엉킨 갈등과 복잡한 구조를 풀어냈습니다. 결국 국회 차원의 입법 논의로까지 이어진 고된 과정이었습니다. 서울대입구역 일대에 형성된 이른바 샤로수길의 상권 문제를 해결하기 위해 수십 차례 주민들을 만나 흩어진 목소리를 모았습니다. 이 노력이 '로컬브랜드 상권 육성사업'이라는 실질적인 변화를 만들어냈습니다.

주무열 의원은 신뢰는 단 하나의 성과로 만들어지는 것이 아니라고, 얼마나 성실하게 노력했는지, 얼마나 꾸준히 그 자리에 있었는지에 따라 결정된다고 말합니다. 그는 그런 정치를 해왔고, 지금도 그렇게 하고 있다고 합니다.

주무열 의원은 이제 자신을 향한 신뢰를 딛고 정치를 '혼자 감당하는 일'에서 '함께 구조를 만드는 일'로 확장하고 있습니다. 한 사람의 성실함을 넘어, 여러 사람의 생각과 노력을 모아 지속 가능한 정치를 꿈꾸고 있습니다. 지역이라는 물리적 공간을 넘어 경험과 가치, 실천을 공유하는 정치 공동체를 만들고 있습니다.

이 인터뷰는 그가 어떻게 신뢰를 쌓아왔고, 그 신뢰를 바탕으로 어떤 정치를 준비하고 있는지 담고 있습니다. 정치는 결국 사람을 향하는 일이라는 믿음, 그 믿음을 가장 단단하게 증명해낸 이야기입니다. 이 인터뷰가 '신뢰할 수 있는 정치'를 다시 상상해보는 시작점이 되기를 바랍니다.

설명하지 않아도 인정해주기까지

사람들은 정치인에 대해 늘 판단하면서도, 정작 정치인을 잘 인정하지 않는 것 같아요. 의심받는 순간은 흔하지만, 인정받는 순간은 좀처럼 찾아오지 않는 이 현장에서 어떤 순간에 '정치인으로 받아들여졌다'라고 느끼셨어요?

예전엔 "안녕하세요, 관악구의회 주무열 의원입니다"라고 인사를 꺼내기 전부터 마음을 단단히 먹어야 했어요. '의원이 왜 여기에 온 거지?', '표 받으러 온 건가?'라는 경계의 눈빛이 먼저 느껴졌거든요. 낯설고 단단히 굳은 표정 앞에서 제가 뭘 하든 정치적인 계산으로 보일까 봐

늘 조심스러웠죠. 그때마다 그냥 말을 꺼내기보다 여기 왜 왔는지, 무엇이 문제인지, 어떤 이야기를 듣고 싶은지 처음부터 끝까지 설명해야 했어요. 그렇게 대화의 문을 열기에도 시간이 꽤 걸렸던 것 같아요.

그런데 어느 날부터 "아, 주무열 의원님이시죠?"라는 인사가 먼저 나오기 시작했어요. 명함을 꺼내지 않았는데도 저를 알아봐주신다는 게 단순한 호칭 이상의 감정으로 다가왔어요. 설명하지 않아도 제 마음을 기억해주는 느낌을 받았고, 처음으로 이제는 조금 받아들여지고 있다는 생각에 신기했어요. 그 짧은 인사말 한마디에 그동안의 시간이 한꺼번에 떠오르더라고요.

그 신뢰는 한 번에 쌓인 게 아니었어요. 처음엔 너무 조심스러워서 제대로 말도 꺼내지 못한 날도 있었어요. 설득하지 못해 흐지부지된 일들도 있었고, 받아들여지지 않은 제안도 많았죠. 제가 무슨 이야기를 해도 아무 반응이 없었던 회의도 경험해봤고요. 그럼에도 다시 찾아갔습니다. 또 얼굴을 마주하고 이야기를 나눴어요. 제 말을 많이 하기보다는 주민들의 이야기를 듣고자 했어요. 같은 질문, 같은 반응을 받아도 성실하게 답하고자 했죠. 그런 노력의 시간이 쌓이면서 조금씩 주민들의 반응도 달라졌던 것 같아요. "주 의원 또 왔네"라는 말이 처음엔 농담처럼 들렸지만, 점차 저와 주민 사이에 신뢰가 자리를 잡고 있다는 신호로 느껴졌어요.

회의장에 앉아 지역을 대표하는 자리에 있다고 해서, 주민들께서 저를 정치인으로 받아들이는 게 아니었어요. 명함은 그저 직책을 알려줄 뿐이지 정치인으로서의 신뢰를 증명하진 못해요. 제 이름을 기억해주는 사람이 생길 때, 저의 진심을 믿어주는 지지자들이 계실 때 비로소 정치인으로 받아들여진다는 걸 알게 됐어요. 이는 요란한 박수 소리로 오지 않아요. 대신 아주 조용하게, 먼저 말을 걸어주는 눈빛으로, 제가 꺼낸 이야기에 고개를 끄덕여주는 반응으로 느끼는 것 같아요.

성과 하나만으로 신뢰가 만들어지진 않잖아요. 오히려 얼마나 성실하게 반복했느냐가 신뢰의 무게를 결정하는 것 같아요. 초선을 지나 재선이 된 지금, 처음의 그 무게감을 떠올리면 어떤 생각이 드시나요?

초선 시절엔 정말 말 그대로 주민들의 삶 속으로 뛰어들었던 것 같아요. 아침이면 공원을 산책하는 어르신들 곁에 서서 인사를 드렸고, 낮에는 주민센터든 마을회관이든 불러주시는 곳이면 주저 없이 달려갔어요. 누구와의 약속이든, 어떤 이야깃거리든 그 안에 담긴 사정을 듣기 위해 항상 마음을 열었죠.

주민들과 마주 앉아 이야기를 나누고 불편한 점을 메모하며, 다음 약속을 정해 온종일 지역을 누비는 일이 제 일상이었어요. 그렇게 낮을 바쁘게 보내고도 밤이 되면 또 지역 청년들과 머리를 맞대고 지역 의제를 나눴어요. 상권 문제, 창업 공간, 문화 프로그램 하나하나를 두고 늦은 시간까지 고민하다 보면 하루 24시간이 늘 모자랐습니다.

한때는 '정치인도 사람인데, 나도 근무 시간을 정해야 하지 않을까' 하는 생각이 들 때도 있었어요. 밤늦게 걸려 오는 전화까지 받기는 무리라고 느꼈거든요. 그런데 그 다짐이 오래가지 않더라고요. 어느 새벽 6시, 산책 중인 어르신께서 공원 내 운동기구가 위험해 보인다는 전화를 주셨는데, 그 순간 문득 '만약 이 전화를 받지 않아 누군가 다쳤다면, 나는 책임을 다하지 않은 거겠구나'라는 생각이 들었어요. 그때 정치가 근무 시간 안에서만 머물 수 없는 이유를 진심으로 깨달았어요. 누군가의 삶을 돌보는 게 제 역할이니까요.

가장 기억에 남는 요청은 지역주택조합 문제였어요. 실현 가능성이 희박한 재개발 사업이 마치 금방이라도 이루어질 것처럼 과장되어 홍보되고 있었어요. 아직 부지도 확보되지 않은 상태인데 계약금을 받는 일이 버젓이 벌어지고 있었죠. 상가 앞에는 현수막이 걸렸고, 공사 차량은 진입이 막혔어요. 이 때문에 리모델링을 준비하던 지역 주민의 일상까지 흔들리고 있었어요.

주변에서는 "정치인은 그런 갈등에 휘말리지 말고 거리를 두는 게 좋다"고 이야기해주셨지만, 주민의 불편과 피해가 눈앞에서 계속 쌓여가는 걸 외면할 수 없었습니다. 처음엔 단지 우리 지역의 문제라고 생각했는데, 알고 보니 전국적으로도 비슷한 피해가 계속되고 있었습니다. 구조적으로 해결해야 할 문제였어요.

지역에서 조례로 해결할 수 없는 사안임을 확인하고 국회에 도움을 요청하게 되었어요. 더불어민주당 박홍근 의원실과 함께 법 개정안을 준비하게 되었고, 개정안이 실제로 국회에서 통과되었어요. 기초의원이 가장 가까운 현장에서 발굴한 의제가 정당과 국회를 거쳐 제도와 법을 바꾸며 전국으로 퍼져나갈 수 있다는 걸 직접 체감한 순간이었죠. 이 경험으로 정치의 실질적인 무게와 가능성을 느낄 수 있었어요.

무엇보다 오래 남았던 건 그 모든 과정이 주민들의 '신뢰'와 연결되어 있었다는 사실이에요. 처음엔 정치인을 멀찍이 바라보던 분들이 어느 날부터는 제 이름을 먼저

주무열 의원이 주민들과 함께 행진하며 지역주택조합에 대한 규탄 발언을 하고 있다.

언급하시고 제 이야기를 주변에 건네주시고, 나중에는 저를 위해 더불어민주당 권리당원이 되어주시기도 했어요. "좋은 사람이 한 명 있어요"라며 호감을 표시하시는 것에서 "그 사람이라면 믿을 수 있어요"라며 저를 지지해주시는 것으로 바뀌는 과정, 그 과정이 신뢰라고 느꼈어요.

돌이켜보면 초선의 정치는 '정치인으로 지역 주민들과 살아가는 법'을 배우는 시간이었어요. 그건 책이나 연설로는 배울 수 없죠. 문을 열고 나가 주민들과 같은 마음으로 삶을 겪어보지 않으면 절대 알 수 없는 일이에요. 회의장 안에만 머물러선 보이지 않는 것들을 현장에서 하나하나 직접 겪고 배우며 쌓아갔어요. 그렇게 몸으로 익힌 시간들 속에 정치의 본질을 발견했습니다.

초선과 재선, 달라진 변화

재선으로 들어오면서 그 신뢰의 무게감이 달라졌을 것 같아요. 재선은 어떤 시간이었나요? 두 시기 사이에 가장 큰 변화는 무엇이었는지 궁금해요.

초선이 지역 주민들의 삶에 다가가고 배우는 시간이었

다면, 재선은 그 곁에 함께 머무르며 살아가는 시간이었던 것 같아요. 그 변화의 시작은 제게 아이가 생기면서부터였어요. 그전까지는 정치를 제 삶의 바깥에서 바라보고 움직였던 것 같아요. '이건 일이고, 저건 삶이다'라고 명확히 나눌 수 있다고 믿었죠. 그런데 아이를 돌보면서부터는 그 모든 경계가 자연스럽게 허물어지기 시작했어요.

처음엔 나름대로 균형을 잡아보려고 했어요. 육아 50퍼센트, 정치 50퍼센트로 적당히 분배하려 했죠. 그런데 현실은 전혀 그렇지 않잖아요. 밤중에 수유를 마치고 아기가 겨우 잠든 새벽에 행사장으로 향해야 하고, 안아달라고 칭얼대는 아이를 뒤로한 채 민원 현장으로 가야 했어요. 마음은 언제나 아이에게 향하는데 몸은 약속된 지역 일정에 따라 움직였죠. 체력이 고갈되는 것도 힘들었지만, 마음 한쪽이 텅 빈 느낌 때문에 더 지치게 되었어요. 울음을 멈추지 않는 아이를 품에 안고 달래면서도, 머릿속엔 다음 날 처리해야 할 지역 현안이 가득한 상황이었어요. 늘 신경이 밖으로 뻗어 있는 삶이 정말 고단했어요.

그런데 이상하게도 그 두 역할을 동시에 해내는 시간을 보내면서 정치를 이전보다 훨씬 더 섬세하게 바라보게 되었어요. 예전엔 민원을 들으면 '이건 해결 가능한가?'부터 따졌는데, 지금은 '이분에게 얼마나 중요한 일일까?'를 먼저 묻게 되더라고요. 미끄럼틀이 고장 났다는 이야기를 들었을 땐, '우리 아이가 저기 올라갔다면 어땠을까' 하는 상상이 먼저 스쳤어요. 그렇게 정치 속에 삶의 감각이 스며드니, 주민들의 말도 전과는 다르게 들리기 시작했어요. 전에는 '요구'처럼 느껴지던 말들이 이제는 '돌봄을 요청하는 신호'로 다가오더라고요. "가로등이 너무 어두워요"라는 말 안에는 '퇴근길이 무서운 하루'라는 의미가 담겨 있음을 알게 된 거예요.

지금의 정치는 더 무겁지만 동시에 훨씬 더 가까운 일이 되었어요. 정치가 저의 '일'이 아닌 '삶'이 되었으니까요. 그 안으로 직접 들어가 살아보지 않았다면 절대로 알 수 없었던 무게와 감각들을 저는 아이를 품에 안고서야 처음으로 실감하게 되었어요. 그 이후부터는 매일같이 정치를 다시 배우고 있는 것 같아요. 주민 한 분 한 분의 삶과 마주할 때마다 제 정치의 방향과 의미를 다시 점검하게 돼요. 정치는 매 순간 삶과 함께 움직인다는 걸 요즘 더 자주 실감하고 있습니다.

말씀하신 '함께 살아가는 정치'란 어떤 정치인가요? 어떻게 구

주무열 의원이 관악중소벤처진흥원 출범식에서 의회를 대표하여 발언하고 있다.

체적인 정치 방식으로 풀어가고 계신가요?

초선 시절엔 정말 뭐든 제가 다 해야 한다는 생각이 강했어요. 문제가 생기면 제일 먼저 현장에 가야 하고, 민원이 들어오면 가장 앞에서 해결책을 제시해야만 직성이 풀렸죠. 그러다 보니 어느 순간부터 저 혼자 움직이고 있었어요. 주민들께서 저를 신뢰해주고 기대해주실수록 오히려 모든 것이 저 혼자 감당해야 할 몫이 되어버리는 것 같았어요. 처음엔 그게 저의 책임이라 믿었는데, 시간이 지날수록 그 책임감이 부담을 넘어 고립감으로 바뀌더라고요. 그렇게 하나둘 벽에 부딪히기 시작했죠. 그때 처음으로 저의 정치 방식에 근본적인 회의가 찾아왔어요.

이에 더해 육아와 의정 활동이 겹치는 날들이 이어지며, 몸보다 마음이 더 지쳐가기 시작했어요. 하루하루 지역 주민의 기대를 안고 움직이면서도 제 아이의 울음 앞에서 무기력해지는 순간들이 쌓이자, 내게 주어진 두 가지 역할을 동시에 지속할 수 있을지 불안해지기 시작했죠. 어떤 날은 압박감에 정치가 제 삶을 침식하는 것처럼 느껴지기도 했고요. 결국 '나는 지금 정치를 잘하고 있는 걸까?'라고 묻게 되었어요.

그 질문 끝에 아주 단순한 진실이 남더라고요. '정치는 혼자 하는 게 아니어야 한다.' 함께 살아가는 정치를 하겠다고 말해왔지만 실은 여전히 '혼자 판단하고, 혼자 책임지는 정치'를 하고 있는 자신을 발견했습니다. 이런 구조는 결정이 빠른 대신 설득력이 약하고, 확장도 어렵다는 걸 절감했죠.

이제는 구조를 바꾸기로 결심하게 되었어요. 그렇게 만든 게 바로 '주무열 운영위원회'였습니다. 처음엔 단순한 정치 후원회 정도로 생각했어요. 선거를 준비하는 데 필요한 공식적인 조직이니까요. 막상 만들려니 의문이 들더라고요. '왜 나는 사람들에게 후원금만 요청하고, 그들의 생각과 의견은 듣지 않았을까? 후원금을 낼 만큼 신뢰를 보내주는 사람이라면, 나의 정치에 대한 의견도 말할 수 있어야 하는 거 아닌가?' 이는 단순한 재정의 문제가 아니라 '정치를 누구와 함께할 것인가'의 문제라는 걸 깨닫게 된 거죠.

그래서 주무열 운영위원회를 단순한 후원회가 아니라, '정치적 공감자들의 숙의 기구'로 만들기로 했어요. '이 지역의 문제를 함께 나눌 사람들의 모임', '정치적 결정을 함께 고민할 수 있는 사람들의 모임'으로 만들자고 다짐하게 되었어요. 실제로 위원으로 함께하시는 분들은 그냥 이름만 올린 분들이 아니에요. 마을 커뮤니티를 오랫동안 이끌어온 분, 청년 정책을 실험해온 기획자, 돌봄과 주거 문제를 연구해온 활동가 등 정말 다양해요. 이분들과 매달 회의에서 토론하며 어떤 문제를 어떤 방식으로 접근할지, 어떤 방향이 이 지역에 꼭 맞는지 결정하고 있어요.

그렇게 만들어진 숙의 구조는 실제 현장에서 어떻게 작동하고 있나요? 그 구조가 실제로 변화를 만들어낸 순간이 있나요?

청년 창업 공간 기획이 그랬던 것 같아요. 혼자 추진했다면, 예산을 따고 장소를 확보해 제안서를 들고 구청에 제시했을 거예요. 지금은 위원회 안에서 먼저 논의가 진행되죠. 단순한 '공간 지원'이 아니라, 브랜드, 콘텐츠, 네트워크까지 함께 갖춘 '지속 가능한 인큐베이팅 구조'로 가야 한다는 의견들이 나왔고, 저는 그걸 바탕으로 계획을 새롭게 수립할 수 있었어요. 그러니 구청도 훨씬 수월하게 설득됐고, 더 빠르게 실행될 수 있었어요.

가끔 "그렇게 함께하면 정치의 속도가 너무 느려지는 건 아닌가요?"라는 질문을 받기도 해요. 그럴 때마다 이렇게 답해드려요. "속도보다 중요한 건 방향이고, 더 중요한 건 지속 가능성이에요." 혼자 판단해서 만든 정책은 제가 물러나면 사라질 수도 있죠. 하지만 여러 사람과 숙의해서

도출된 정책은 제가 없더라도 살아남을 수 있어요. 저는 그게 진짜 정치의 지속 가능성이라고 생각해요.

더는 제 이름으로만 움직이는 정치를 하지 않으려 해요. '공동체의 논의' 위에서 움직이는 정치를 추구하고 싶어요. 주무열 운영위원회는 그런 의미에서 '후원회'가 아니라 '공감회'이고, '의논회'예요. 저의 정치는 그 안에서 더 뾰족해지고 정교하게 다듬어지고 있어요. 이러한 과정이야말로 정치가 지속할 수 있는 가장 현실적인 방식이 아닐까요. 함께하면 더 멀리 갈 수 있다는 것을 직접 체감하고 있으니까요.

정치는 사람이 하는 일이잖아요. 그래서 더더욱 혼자 할 수 없다는 생각이 들어요. '함께의 힘'을 실감했던 적은 언제였나요?

아무리 좋은 공약이나 계획이어도 함께 고민해주는 사람이 곁에 없으면 현실로 이어지기 어렵더라고요. 실제로 정치를 하며 그런 순간을 자주 겪었어요. 혼자였다면 입 밖으로 꺼내지도 못했을 이야기들이, 누군가 "우리 같이 해봐요"라고 말해줄 때 비로소 실현 가능해지더라고요. 그 한마디가 저에겐 두려움보다 책임감을 먼저 불러오고, 그 책임감이 오히려 저를 더 용감하게 만들어주었어요.

'샤로수길 로컬브랜드 상권 육성사업'도 마찬가지였습니다. 2024년 서울시 공모에서 관악구가 선정되어 최대 30억 원을 확보한 건 정말 큰 성과였지만, 저는 결과보다 과정을 먼저 떠올리게 돼요. 이 사업을 논의하기 한참 전부터 이곳의 소규모 식당들, 오래된 상점들, 청년 창업가들을 수없이 만나왔어요. "장사하기가 너무 힘들어요", "여긴 예전만 못해요"라는 말을 들을 때마다, 정책을 말하기 전에 먼저 삶이 있고 현장이 있다는 생각을 하게 됐어요. 그래서 자꾸 그 거리로 발걸음이 갔던 것 같아요. 가서 그냥 인사만 하고 돌아오지 않았어요. 지역경제 구조를 설명하기도 하고, 다른 지역 사례를 함께 들여다보면서 "우리도 이렇게 해볼 수 있지 않을까요?"라며 자꾸 이야기를 걸었죠.

처음엔 다들 조심스러워하셨어요. '이 골목에서 그런 말을 해도 되나', '누가 바꿔줄 수 있을까'라는 회의감이 컸던 거 같아요. 그런데 제가 계속 찾아가고, 들은 말을 진지하게 받아들이고, 꾸준히 설득해나가다 보니 조금씩 달라지더라고요. 어느 날 상인회 대표께서 그러셨어요. "이건 의원님만의 일이 아니라 우리 일이에요." 그 말에서 엄청난 책임감을 느꼈어요. 그때부터였던 것 같아요. 지역 상권을 살리는 일이 더는 구청만 진행하는 사업이 아니라 주민들이 주도하는 모두의 일이 되었어요. 저는 그걸 정치라고 부르고 싶어요.

그러던 중 구청의 공무원 한 분이 저에게 오셔서 이런 말씀을 하시더라고요. "이 사업은 의원님께서 함께해주시면 좋겠어요. 이 지역에 의원님께서 오랜 시간 같이 호흡해온 분들이 많으니까요." 그 말이 부탁처럼 들리지 않았어요. 오히려 저를 '함께할 수 있는 사람'으로 바라봐주는 인정처럼 느껴졌죠. 정치인이 된다는 건 어쩌면 그런 순간에 드러나는 건지도 모르겠어요.

샤로수길은 서울대 앞이라는 지역성과 젊은 감성으로 자생적으로 커온 상권이지만, 동시에 유사 상권화, 임대료 상승, 관광지화의 부작용도 함께 안고 있어요. 그 안에서 '지역의 고유성을 지키면서도 지속 가능한 생태계를 만들자'라는 기획이 받아들여졌다는 건 단순한 사업 승인이 아니라 주민의 삶이 정치와 연결되었다는 증거 같았죠. 혼자였다면 절대 해낼 수 없었을 거예요.

초선 때는 주민분들의 이야기를 잘 듣고, 설명하고, 공감하면 되는 줄 알았어요. 재선이 되고 나니까 알겠더라고요. 말은 어디서나 할 수 있지만, 말을 책임지는 건 생각보다 훨씬 더 어려운 일이었어요. "그때 이야기했던 거 지금 어떻게 돼가고 있나요?"라고 누가 물으면 정말 긴장돼요. 말한 걸 이뤄야만 신뢰가 생기고, 그 신뢰가 쌓여야 다시 새로운 시도가 가능해지니까요. 그래서 더 많이 듣고, 더 오래가고, 더 자주 돌아보려고 해요. 무엇보다 함께 만들어가는 과정 자체를 정말 소중하게 여기고 있어요.

정치의 무게를 감당하다

정치가 함께하는 일이라고 해도 그 과정이 쉽지 않은 것 같아요. 혼자 움직일 때보다 오히려 더 복잡해지고, 때로는 자신이 하지 않은 일까지 책임져야 하잖아요. 어떤 때는 공동체를 위한 말이나 행동이 오히려 오해를 낳거나, 예상치 못한 공격으로 돌아오기도 하고요. 그런 경험이 있으신가요? 그 오해와 책임의 무게는 어떻게 감당하시나요?

그 질문을 들으니 몇 해 전부터 동료들과 나누던 이야기가 떠올라요. 저를 포함한 청년 정치인들의 앞날에 대한 고민을 믿을 수 있는 사람들과 진지하게 나누곤 했어요. 하나둘 정치를 떠나는 동료 청년 정치인들을 지켜보며 저는 그 불안이 단지 개인적인 위기가 아니라는 걸 점점 더 분명히 느끼게 되었어요. "다음 선거에 나갈 수 있을까요?", "생활이 안 되는데 정치를 계속할 수 있을까요?", "이 일을 오래 하고 싶지만 너무 힘드네요"라는 말들을 서로 나누며 해답을 찾고자 했어요.

정치에 들어오고 나서 절감한 사실은, 단 한 번의 임기만으로 구조적 변화를 만들어내는 건 거의 불가능하다는 점이었거든요. 그래서 생각했어요. '지금 현장에서 뛰고 있는 청년 정치인들이 정치를 더 오래 하려면 서로의 지속 가능성을 지켜주는 정치 공동체가 필요하다.' 그 마음을 담아 말했죠. "어려울 때 도와줄 수 있는 관계, 혼자 살아남는 정치가 아니라 함께 버티고 살아가는 정치를 만들어가야 하지 않을까요." 설득하려던 것도, 무언가를 계획한 발언도 아니었어요. 그냥 그때 그 자리에 있었던 사람들을 향해 자연스럽게 제 진심을 전한 거였어요.

시간이 지나면서 그 말이 왜곡되어 돌아왔어요. 설마 저를 향한 공격의 수단으로 변할 줄은 상상조차 하지 못했죠. "주무열이 자기 사람만 챙긴대요", "정책 사업에 아는 사람을 넣으려고 압박했다네요" 같은 정제되지 않은 말들이 지역 안에서 빠르게 퍼지기 시작했어요. 누군가는 제 면전에서 대놓고 그렇게 말했고, 어떤 사람은 뒷말로 확대 해석된 이야기들을 퍼뜨렸어요. 언론을 통해

보도되기도 했고요.

가장 괴로웠던 건 그런 말들이 저와 함께하는 동료들에게까지 번져 상처를 남겼다는 점이었어요. 누구 하나 사적 이익을 취하지 않았고, 다 함께 진심으로 청년 정치의 지속 가능성을 고민했을 뿐인데 말이에요. 처음엔 그냥 참고 넘기려고 했어요. '정치란 원래 이런 거니까', '내가 너무 순진했나 보다'라고 스스로를 타이르면서요. 그런데 시간이 지날수록 그 말의 무게가 점점 더 저를 짓눌렀어요. 그 자리에 있었던 제 말과 저의 뜻을 부정당한다는 건, 결국 저의 가치뿐 아니라 저와 함께했던 모든 사람의 가치를 깎아내리는 일이었으니까요.

그래서 비로소 감당하기로 마음먹었어요. 제가 했던 말이 왜곡됐다는 걸 분명히 밝히고, 그 말이 어디서부터 나왔는지 스스로 설명했어요. 오히려 더 당당하게 함께하는 정치, 공존의 정치에 대해 보다 적극적으로 나누기 시작했어요. 정치 안에서 말이라는 건 때로는 무기가 되기도 하지만, 동시에 그 무기가 나를 공격해올 수도 있다는 것, 그런 공격을 버티고 이겨내야만 정치를 지속할 수 있다는 것을 배웠습니다.

그 모든 공격 속에서 저를 흔들리지 않게 붙잡아준 건 평소엔 말없이 지켜보시던 주민들이었어요. 어떤 분은 이렇게 말씀해주셨어요. "저는 그 말을 들으니 오히려 안심됐어요. 혼자 하지 말고 같이하겠다는 말이잖아요. 요즘 그런 말을 해주는 정치인이 없어요." 그 말이 저를 다시 붙잡았어요. 때로는 열 가지 비난보다 한 번의 이해가, 수많은 의심보다 한 사람의 조용한 신뢰가 훨씬 더 큰 힘이 될 수 있다는 걸 뼈저리게 체감했죠.

정치는 함께 가야 하는 일이라고 믿어요. 그리고 그 '함께'에는 기꺼이 비난까지 나누는 일이 포함되어야 한다고 생각해요. 하지 않은 일에 대한 책임을 감수해야 할 때도 있고, 공동체를 위한 말이 왜곡되어 돌아올 때도 있어요. 그 모든 걸 감당하면서도 '우리가 함께 만들어 내는 길'이 더 크고 더 깊다고 믿는다면, 그 무게를 짊어져야 한다고 생각해요. 쉽지 않죠. 가끔은 억울하고 마음이 무너지기도 해요. 그래도 그렇게 정치하고 싶어요. 혼자 버티는 정치가 아니라, 서로를 견디게 해주는 정치를 하는 게 결국 제가 이 자리를 떠나지 않고 계속 남아 있으려는 이유예요.

그럼에도 정치를 하는 이유

청년 정치가 지역 정치의 한복판에 들어서기까지는 정말 많은 벽을 넘어야 하는 것 같아요. 그 정치가 '한때의 가능성'이 아니라 지속되기 위해 가장 필요한 힘이 뭐라고 생각하시나요? 지금껏 의원님의 정치를 버티게 만든 동력은 무엇이었는지도 말씀해주세요.

단순히 열정만으로는 부족한 것 같아요. 처음엔 '하고 싶은 말이 있고, 실천이 따라온다면 가능하지 않을까' 싶었지만, 막상 안으로 들어와 보니 지속하는 것 자체가 가장 어려운 일이더라고요. 실제로 함께 시작했던 청년 정치인들 중에 지금까지 남아 있는 사람이 별로 없어요. 한두 번의 선거로 구조를 바꿀 수 없다는 걸 알면서도, 당장 생계를 걱정해야 하는, 지지 기반 없이 혼자 버텨야 하는 현실 속에서 떠밀려 나가듯 정치를 그만두는 경우가 많았어요. 그걸 지켜보면서 한동안 깊은 회의감에 빠졌어요. '정말 이 일을 지속할 수 있을까? 남는 건 상처와 고립뿐 아닌가?' 이런 질문들을 제 안에 품고 있었어요.

제가 내린 결론은 '혼자서는 버틸 수 없다'였어요. 그리고 정치를 지속할 수 있는 관계와 구조가 있어야 한다는 것이었어요. 고민 끝에 주무열 운영위원회를 만들었고, 그 안에서 함께 판단하고 책임지는 경험을 하고 있어요. 이제는 지역을 넘어 정치인으로서의 지속 가능성을 위한 또 다른 차원의 연대가 필요하다는 걸 절감하고 있어요. 특히 청년 정치인들에게는 서로를 지지해주는 '정치적 연대체'가 절실합니다. 단순한 지지나 응원의 차원을 넘어서 공동의 실험과 실패를 함께 감당해줄 수 있는 관계, 서로가 서로에게 의지하면서도 긴장을 놓지 않는 건강한 거버넌스가 필요하다고 봐요. 예산이나 제도, 커뮤니티를 함께 만들어가는 지역 정치처럼, 청년 정치인들 간에도 그런 '지속의 구조'를 만들어야 해요. 서로에게 "계속해도 괜찮아요"라고 말해주는 사람들, 실패했을 때도 "이건 당신만의 실패가 아니에요"라고 응원해주는 사람들이 곁에 있어야 해요. 그런 관계가 없다면 아무리 좋은 의제와 실천이 있어도 결국은 사라지게 되어 있어요.

서로를 오래 기억해주고 지켜주는 구조가 필요해요. 그게 정치인으로서 살아남을 수 있는 가장 현실적인 길 같아요. 저는 그 길을 누군가와 함께 걸을 수 있기를, 그리고 그 '함께'가 오래가기를 지금도 바라고 있어요.

만약 '청년 정치인들의 연대'가 지금보다 훨씬 촘촘해지고, 동료들이 지역마다 자리를 지켜낼 수 있다면, 그 정치가 만들어낼 변화는 어떤 것이 있을까요? 그 정치가 '단절의 정치'가 아닌 '축적의 정치'가 되기 위해 앞으로 시도해보고 싶은 도전이나 구상이 있다면 듣고 싶어요.

저는 정말 그 연대의 정치가 '단절'이 아닌 '축적'의 정치가 될 수 있다고 믿고 있어요. 결국 정치는 시간이라는 토대 위에서 쌓이는 일이잖아요. 지금의 청년 정치 현실은 대부분 한 번 임기를 마치고 나면 정치를 계속하기가 어렵고, 지역에서 다시 기회를 얻기도 쉽지 않아요. 그러다 보면 결국 좋은 문제의식도, 실험도, 경험도, 관계도 전부 끊겨버리게 돼요. 그렇게 매번 처음부터 시작해야 하는 정치는 '변화'보다는 '반복'에 가까워질 수밖에 없어요. 그래서 저는 '연대'가 단지 마음을 나누는 일에 머물러선 안 된다고 생각해요. 서로의 시간을 지켜주는 일, 이어지는 정치의 토대를 함께 세우는 일이 되어야 해요. 정치 안에서 서로의 지속을 가능하게 해주는 관계망, 그게 제가 만들고 싶은 연대의 모습이에요.

만약 그런 연대가 실제로 작동한다면 정치가 훨씬 더 넓고 깊게 확장될 거라고 봅니다. 단순히 민원을 해결하거나 정책 제안을 던지는 수준을 넘어서, 삶의 조건 자체를 바꾸는 정치를 해낼 수 있을 거예요. 예를 들면 돌봄이나 주거, 청년 창업 같은 주제에 대해 지역에서 실험하고 있는 것들을 각자 품고 끝내는 게 아니라 서로 연결해서 어떤 흐름을 만들어낸다면 훨씬 더 설득력 있는 정치 서사를 만들어갈 수 있을 거예요. 같은 문제의식으로 각기 다른 조건 속에서 실행된 사례들이 축적되고 공유된다면, 단지 지역의 이야기를 넘어 이 시대 전체를 관통하는 시선이 될 수 있겠죠.

그런 가능성을 현실로 만들기 위해서는 반드시 '정치 공동체'가 필요해요. 단순히 정기적으로 모여서 회의하는 네트워크가 아니라, 정치적 언어를 공유하고, 함께 세계관을 만들어가며, 실천을 기록하고 재생산할 수 있는 구조가 갖추어져야 합니다. 현재의 '주무열 운영위원회'를 넘어서 청년 정치 전반으로 확장될 수 있는 공동체적 연대를 구성해보고 싶어요.

처음엔 작은 모임이 될 수도 있고, 정기적인 교류일 수도 있고, 혹은 정책을 함께 만드는 실질적인 조직이 될 수도 있겠죠. 언젠가 그 흐름이 정당 안에서 하나의 방향성을 만들고, 제도 바깥에서 시민들과 연결되는 커다란 그물망이 될 수 있다면, 그게 진짜 '다음 정치'가 될 거라고 확신해요. 그걸 정치에 더 오래 남고 싶은 청년 정치인들과 함께 보고 싶어요. 그리고 그 시간을 함께해 줄 동료들을 앞으로 더 많이 만나고 싶어요.

의원님의 정치가 지금까지는 '신뢰를 쌓는 시간'이었다면, 이제는 그 신뢰를 바탕으로 '변화를 축적해가는 시간'이 될 것 같아요. 그 과정에서 앞으로 꼭 실현해보고 싶은 정치의 모습이 있다면 무엇인가요? 그 정치가 다음 세대에게 어떤 변화로 이어지길 바라시나요?

정치는 결국 사람을 향하는 일이라고 생각해요. 누군가의 삶을 더 나은 쪽으로 조금이라도 움직이게 돕는, 실질적인 변화의 통로가 되어야 한다고 지금도 믿고 있어요. 지금까지 쌓아온 신뢰는 그런 변화를 가능하게 해주는 토대가 되었고요. 앞으로는 그 토대 위에 어떤 변화를 만들어낼 수 있을지가 저의 과제가 될 것 같아요. 그 변화를 먼 곳이 아니라 가장 가까운 곳에서부터 만들어내고 싶어요.

지금은 단순히 '의정 활동을 잘하고 싶다'라는 마음을 넘어서 '지역 전체가 정치적 변화의 새로운 장이 되도록 만들어가보고 싶다'라는 고민을 하고 있어요. 어떤 행정이 필요한지, 어떤 정책 구조가 작동할 수 있을지,

그걸 실행할 수 있는 정치는 무엇일지 점점 더 구체하고 있는 단계입니다. 지금 당장 그 모든 계획을 만들고 실행할 수 있는 상황은 아니에요. 하지만 언젠가는 그 신뢰를 바탕으로 더 많은 책임을 맡아야 할 때가 올 테죠. 그때를 위해 지금 제가 해야 할 일에 더 집중하고자 해요.

다음 세대가 정치를 '멀고 어려운 것'이 아니라 '함께 삶을 나누는 일'로 느낄 수 있도록, 저처럼 정치를 시작하고자 하는 누군가에게 괜찮은 사례가 될 수 있도록 차근차근 흔들리지 않고 그 길을 걸어가고 싶어요. 어떤 자리를 목표로 하기보다는 어떤 변화를 만들어낼 수 있을지를 더 고민하는 정치인이 되려 합니다.

주무열 의원에 대하여

1. 학력 및 이력

서울대학교 물리천문학부, 철학부(복수전공) 학사 수료
전 서울대학교 총학생회장
전 관악구 노동복지센터 조직팀장
전 더불어민주당 청년지방의원협의회(기초) 회장
제8대, 제9대 서울특별시 관악구의회 의원, 행정재경위원회 위원장

2. 의정 활동 직무 정보

- **소속 선거구 | 인구수**
서울특별시 관악구 라 선거구 | 6만 1,769명
※ 낙성대동 1만 7,495명, 남현동 1만 7,352명, 인헌동 2만 5,089명

- **전체 예산(2024년, 추경 포함) | 의원 수**
1조 2,006억 3,600만 원 | 22명

- **월정수당 | 의정 활동비 | 세전 급여**
300만 3,000원 | 150만 원 | 450만 3,000원

- **대표 발의 조례**
서울특별시 관악구 전세사기피해자 지원 및 주거안정에 관한 조례안

서울특별시 관악구 관악중소벤처진흥원 설립 및 운영 조례안
서울특별시 관악구 청년 문화예술 육성 및 지원 조례안
서울특별시 관악구 공무직 고용안정과 권익보호에 관한 조례안
서울특별시 관악구 플랫폼 노동자 지원 조례안

- **의정 활동 중 발의 조례 수**

대표 발의 15건, 일부 개정 발의 12건, 공동 발의 16건

3. 기타

- **SNS 계정**

instagram.com/joomooyeol
facebook.com/mooyeol.joo
threads.com/@joomooyeol

- **수상 및 출간 내역**

관악구 공무원 선정 베스트 구의원(2020, 2022, 2024)
관악구 시민단체 연합회 '관악공동행동' 선정 베스트 구의원(2022, 2024)
대한민국지역사회공헌대상 국회상임위원장상(2024)
《나는 지방의원이다: 가장 가까운 정치의 가장 몰랐던 이야기》(공저), 섀도우캐비닛, 2022

| 나가며 |

정치인이란 질문하는 사람

2023년 시작된 인터뷰 프로젝트가 한 권의 책으로 완성되기까지 꼬박 2년이라는 시간이 흘렀습니다. 열두 명의 청년 정치인과 함께한 서른여섯 번의 만남은 총 63시간 8분 39초라는 기록으로 쌓였고, 그 모든 기록은 1,729쪽에 달하는 169만 1,126자의 녹취록이 되었습니다. 이 방대한 숫자 앞에서 저는 '정치, 왜 할까요?'라는 질문에 대한 답을 찾아 헤매는 여정을 시작했습니다.

이들의 가치, 스토리, 정치를 하는 이유와 목표까지, 그 모든 것을 온전히 전하고 싶었습니다. 핵심을 추출하고 메시지를 정제하여 한정된 지면 안에 담아내고자 했습니다. 쉽지 않았습니다. 때로는 골방에 앉아 홀로 고민하며 다시 쓰기를 반복했고, 숨을 고르기 위해 잠시 밖으로 나오기도 했습니다.

그럼에도 펜을 놓을 수 없었던 것은 바로 이 시국 때문이었습니다. 2025년 12월 3일의 계엄 사태와 뒤이은 탄핵, 그리고 대통령 선거까지. 역사의 소용돌이를 거치며 저는 정치의 중요성에 대해 더욱 절감하게 되었습니다. 혼란스러운 현실 속에서 제가 품었던 질문, '정치의 기본은 무엇일까?'에 대한 답을 이 책을 통해 마주한 열두 명의 이야기 속에서 발견하고자 했습니다.

이 책은 열두 명의 개인적인 성공담이 아닙니다. 모든 분과 함께 바라보는 여정의 기록입니다. 여전히 현실의 벽은 높지만, 그 벽을 마주한 이들의 용기와 결심을 놓치지 말아야 하겠습니다.

책을 마무리하며 다시 한번 정치는 완벽한 사람이 하는 일이 아니라는 것을, 모든 것을 아는 사람이 앞에 나서야 하는 일도 아니라는 것을 되새겨봅니다. 정치는 질문이 있는 사람이 하는 일입니다. 무언가를 바꾸고자 하는 의지가 있는 사람이 함께해보자며 손 내미는 것에서 시작합니다.

이 책이 정치를 믿고 싶은 분들께 새로운 시작의 증거가 되기를 기대합니다. 다시 이 질문을 마주하게 되길 소망합니다.

"여러분의 정치는 어떻게 시작되었나요?"

당신을 위한 나의 정치는 이렇게 시작되었습니다

1판 1쇄 인쇄 2025년 10월 13일
1판 1쇄 발행 2025년 10월 20일

지은이	대표저자 김회원	공동저자 김미주, 김보미, 김샤인, 노두섭, 노성철, 노연수, 박주리, 신종혁, 오현식, 이해인, 정보현, 주무열
펴낸이	김경미
편집	이지은
디자인	디스커버
펴낸곳	섀도우캐비닛
출판등록	2021년 11월 24일(제2021-000357호)
주소	경기도 성남시 수정구 금토로 80번길 40, 스타트업스퀘어 B동 5층 섀도우캐비닛
이메일	our@shadowcabinet.kr
홈페이지	shadowcabinet.kr
인스타그램	instagram.com/shadowcabinet.kr

ⓒ 섀도우캐비닛, 2025

ISBN 979-11-977052-1-3 (03340)

- 이 책은 저작권법에 의해 한국 내에서 보호를 받는 저작물이므로 무단 전재와 복제를 금합니다. 이 책 내용의 전부 또는 일부를 사용하려면 반드시 저작권자와 섀도우캐비닛의 동의를 받아야 합니다.
- 잘못 만들어진 책은 구입하신 서점에서 바꾸어 드립니다.
- 책값은 뒤표지에 있습니다.